国家出版基金项目
NATIONAL PUBLICATION FOUNDATION

"互联网+"与文化发展研究系列丛书

互联网时代
公共文化服务的治理变革

文化部"十三五"时期文化改革发展规划重大课题

刘京晶 著

知识产权出版社
全国百佳图书出版单位

图书在版编目（CIP）数据

互联网时代：公共文化服务的治理变革 / 刘京晶著 . — 北京：知识产权出版社，2016.7
（"互联网+"与文化发展研究系列丛书 / 范周主编）
ISBN 978-7-5130-4316-8

Ⅰ.①互… Ⅱ.①刘… Ⅲ.①公共管理—文化工作—研究—中国 Ⅳ.①G123

中国版本图书馆 CIP 数据核字（2016）第 161608 号

内容提要

本书以"互联网+"对于公共文化服务的意义为中心内容，全书共分为四部分。第一部分阐述了互联网时代，公共文化服务发生着最根本的变革——思维变革，公共文化服务的智能定位将真正回归服务；第二部分从现实探索和实践案例出发，阐述了互联网时代公共文化服务的内容变革；第三部分阐述了进行公共文化服务的管理变革，才能真正适应互联网时代公共文化服务的变化和发展；第四部分通过与文化工作者的访谈，分别从管理者、从业者和社会参与者的角度共同探讨交流了互联网时代公共文化服务的新趋势和新变化。

责任编辑：李石华

互联网时代：公共文化服务的治理变革
HULIANWANG SHIDAI:GONGGONG WENHUA FUWU DE ZHILI BIANGE

刘京晶　著

出版发行：	知识产权出版社 有限责任公司	网　址：	http://www.ipph.cn	
			http://www.laichushu.com	
电　话：	010-82004826			
社　址：	北京市海淀区西外太平庄55号	邮　编：	100081	
责编电话：	010-82000860转8072	责编邮箱：	303220466@qq.com	
发行电话：	010-82000860转8101/8029	发行传真：	010-82000893/82003279	
印　刷：	保定市中画美凯印刷有限公司	经　销：	各大网上书店、新华书店及相关书店	
开　本：	720mm×1000mm　1/16	印　张：	17	
版　次：	2016年7月第1版	印　次：	2016年7月第1次印刷	
字　数：	300千字	定　价：	45.00元	

ISBN 978-7-5130-4316-8

出版权专有　侵权必究
如有印装质量问题，本社负责调换。

自 序

"互联网+"对于公共文化服务意味着什么？其不仅仅是公共文化服务的在线化、数据化，更是在互联互通、共建共享的模式下提高公共文化服务的质量和效率，更大程度地满足人民群众对于基本公共文化的需求、改善和保障文化民生、建设社会主义文化强国。

我们可以预见，"互联网+公共文化服务"将构建一个更加开放平等的公共文化体系。技术革新与不断发展将直接倒逼现有公共文化服务模式进行变革。例如，我国现在不少农家书屋存在利用率低、图书数量少且不受群众喜爱的问题。互联网社会下，农民对于获取资讯、技能的要求越来越高，而原有的旧的农家书屋模式可能不再适应农村文化建设发展的要求，而这样的需求与供给鸿沟需要更潜入式、便捷化、人文性的方式去解决，互联网基因的注入成为解决问题的重要抓手。

思维变革。在未来公共文化服务模式选择上，将可能形成"全民总动员"的新形势。在互联网与文化融合的大背景下，文化事业与文化产业的边界将进一步模糊，将会有更多社会力量参与到公共文化建设中来，真正实现产业事业联动，共同提高居民文化水平。同时，目前政府主导的"办文化"格局将转变为政府"管文化"，政府、非营利组织、社会企业、公民共同联动构建未来公共文化服务的新格局。公共文化服务在"互联网+"的影响下,将体现出"最大最小"的价值取向,即最大程度上实现公共文化服务均等化、同时满足个人最小的个性化需求。全国公共文化服务将打破原有的地区条块分割的状况,充分发挥互联网传播的实时化、互动化来实现城乡、地区间公共文化服务均等化。同时,未来公共文化服务更可以通过"云—网—端"的模式满足每一位公民的个性化公共文化需求,这将极大程度上提高公共文化服务的效率,也将推动实现公共文化服务的终极愿景。

内容变革。在供需关系结构上,互联网的连通性将构建起一张全国的网络,无论你在中心城市,还是在偏远地区、贫困地区都可以享受到均等化的文化服务。在这个巨型数据网络中,大数据的开发将会针对每一位群众提供精准化、个性化的创新服务。以公共图书馆为例,地方图书馆可能将在不远的未来转型为区域公共文化枢纽,其主要功能不再是藏书,而是成为针对不同的社会群体提供多元化的在线阅读、智慧体验、文化交流、情感沟通服务的平台。图书馆可能会为年轻人提供先进的视觉增强、虚拟现实的阅读体验,同时为其在线阅读和移动阅读提供内容服务,实现"有网络的地方就有图书馆";对于老年人来说,他们可以从图书馆找到可读可听可快速打印的纸质材料;对于儿童来说,他们可以找到更为科学化的体验材料来开发智力,根据兴趣和能力开发特长;对于视觉障碍的人群来说,3D打印可以快速为他们打印任何一本网络中的盲文版文献资料。这样的科技化、智慧化服务,将大大增强公共文化的服务效率,让公共文化服务均等化的实现不再停留在纸面上,固定在房间里,而是真正服务每一个人。

管理变革。"互联网+"深刻影响着整个社会形态和群众生活方式,也颠覆了文化事业和文化产业的发展模式,对我国的文化法律体系建设、现代治理体系建设、公共财政投入机制建设等方面都提出了新的要求。良法是善治之前提。目前我国与公共文化服务密切相关、已列入立法计划或正在修订的重大法律法规有《公共图书馆法》《著作权法》《互联网信息服务法》《全民阅读促进条例》《未成年人网络保护条例》等。这些法律法规的出台或修订将为现代公共文化服务体系建设提供更为系统、完备的法律支撑。"互联网+公共文化服务"也对这些法律制定的前瞻性提出了更高的要求。如何使得公共文化服务体系法律真正在"互联网+"社会中发挥可操作性、具有引导性作用？如何构建公平的竞争机制，引导社会资源和国家资源协同为公共文化提供支持？如何通过对公共文化服务进行规范化的引导，从而影响国民文化素养，提升国家软实力？这些实际的问题都需要更新的思维来解决。

"互联网+公共文化服务"也将创新现有的治理体系。未来，一个全民参与的综合协调机制将通过互联互通的网络建立起来，届时我国互联网管理部门的权责将加重。同时，"全国一张网"的服务模式可能会造成垂直消解，即地市级和区县级的图书馆、文化馆会转型为国家服务体系的一个实体服务终端。在这个"理想国"里，每一个个体都可以对公共文化服务进行线上监督，实时提出自己的意见与建议，实现真正的社群化管理模式，不断提高评价体系的透明指数，促进公共文化投入资源用在刀刃上。

全新公共财政投入机制将在互联网与公共文化服务体系的融合过程中建立起来。相信在现有投入结构、效能研究的基础之上，利用互联网技术，立足于大数据基础来调整财政投入的具体方向将成为可能。而数据的透明化、全民的互动化也将使得公共财政投入更加高效。

总之，"互联网+公共文化服务"带来的改变将是颠覆性、革命性的。如何在新的社会信息化、数据化洪流中把握服务导向、提高服务质量，将成为我国文化研究领域的重大课题。我们似乎可以预见在公共文化服务思维、内容、管理三次方重构的过程中，中国文化将真正实现"文以化人"，改变我们每一个人。

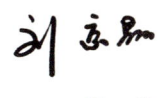

2016年7月

目录

引 言 公共文化服务，与互联网同行

一、互联网技术创新公共文化服务新模式 /003

二、互联网思维塑造公共文化服务新管理 /004

三、互联网生态营造公共文化服务新空间 /005

第一部分 互联网时代，公共文化服务的思维变革

第一节 不仅仅是掌舵，更是服务 /009

一、强化政府的掌舵职责 /010

二、服务型政府：公共文化服务的中国式治理 /015

第二节 事业产业都是服务 /020

一、文化事业和文化产业聚合 /021

二、助推文化消费——事业产业的共同任务 /025

第三节　公共文化服务的全民总动员 /030

第四节　数据即服务 /036

第五节　最大最小，公共文化服务的新追求 /041

第二部分　互联网时代，公共文化服务的内容变革

第一节　公共文化服务的最后一公里究竟有多远？ /047

　　一、全民阅读的互联网启示 /047

　　二、公共文化服务在乡村的最后一公里 /050

第二节　转型！把博物馆带回家 /058

　　一、公共文化设施的几多忧愁 /058

　　二、把博物馆带回家，可能吗？ /061

　　三、公共文化设施的多棱化未来 /063

第三节　一包纸巾的文化体验 /070

　　一、城市公共文化空间更显城市温度 /072

　　二、城市公共文化服务与智慧城市建设 /076

第四节　谁将被互联网时代遗弃？ /086

　　一、各国政府解决数字鸿沟的探索 /087

　　二、互联网时代文化权利的守望 /089

第五节　真正免费的广播电视 /102

　　一、"互联网+"时代的"真正免费" /102

　　二、为什么要实现广播电视"真正免费" /104

　　三、互联网时代，怎样让广播电视免费 /109

第六节　广场舞该怎么跳？ /114

　　一、群众文化活动——公共文化服务体系建设的重要内容 /115

二、"互联网+"能为群众文化活动做什么？/117

第七节　让传统文化留下来，让核心价值观走下去 /122

一、根植于中国传统文化的核心价值观 /123

二、"互联网+"时代：传统文化复兴与核心价值观建设黄金时代 /124

三、"中华文明+互联网"的新趋势 /129

第八节　私人定制不是妄想 /134

一、定制之路：从私人领域走向公共领域 /134

二、"互联网+"时代，定制化公共文化服务如何实现 /137

第三部分　互联网时代，公共文化服务的管理变革

第一节　《公共文化服务保障法》做加法还是减法？ /145

一、现代公共文化服务法律体系的制度框架 /147

二、公共文化服务立法的基本原则 /150

三、公共文化服务立法的基本路向 /151

四、鼓励、限制、禁止：三个立法的基本维度 /153

第二节　从垂直化到扁平化不是一步之遥 /171

一、完善各级综合协调机制 /171

二、互联网式的公共文化服务治理 /176

第三节　看得见摸得着的效能评价 /193

一、现有公共文化服务绩效评价实践 /193

二、如何实现绩效评价工作以需求为导向 /201

第四节　公共文化服务麦田的下一个春与秋 /208

一、春天的播种者：公共财政投入之"智" /208

二、秋天的收获人：公共财政产出之"质" /220

第五节　合格的互联网原住民该怎么做 /226

一、现代公民参与互联网文化生活的权利和义务规制 /226

二、法制契约下互联网公共文化服务生态圈的构建 /230

第四部分　对话互联网＋公共文化服务

第一节　朱兵："互联网+"带来公共文化服务的彻底变革 /237

第二节　闫丽娟：互联网离基层公共文化服务的距离还很远 /243

第三节　周成军：生活中的互联网 /246

第四节　李文兵：社区中的互联网服务 /249

主要参考文献 /253

后　记 /260

引　言
公共文化服务，与互联网同行

　　自20世纪80年代诞生以来，互联网作为科技进步的重要表现，逐渐渗透到社会的各个领域，深刻地改变了人们的生产生活方式。随着智能手机和移动互联网的普及，以及大数据、云计算、物联网的出现和运用，互联网迎来了加速裂变式的新一轮革命。人人手中的移动互联网终端成为互联网这张无比庞大的大网上的一个个小节点，每个人的生活因此被联结，30多亿网民共同构筑了无比精彩丰富的互联网生活，人类全面进入了互联网时代。"互联网+"已经成为全产业界思考和讨论的命题。淘宝颠覆了传统的商业零售模式，许多百货公司举步维艰；滴滴打车改变了路边招手的行业模式，乘客有了专车出行的新体验；微信抢红包成了猴年春节的主菜单……互联网推动了传统行业质的飞跃，也开辟了新兴业态的蓝海。在新创设的公司中70%都是互联网企业。一夜之间，似乎全世界都站在了互联网的风口。

　　公共文化服务和互联网的耦合并非一朝一夕，公共数字文化建设已经成为公共文化服务的重要内容。政府积极利用互联网技术改造公共文化服务的服务内容、服务手段和服务体验，在公共文化资源的数字化、公共文化服务结构的网络化及公共文化服务管理的自动化方面进行了积极探索和建设。2002年开始,政府相继实施了全国文化信息资源共享工程、数字图书馆推广工程、公共电子阅览室建设计划等三大公共数字文化重点工程[1],各级财政累计投入85亿元,初步建立了公共数字文化建设工作框架,显著提升了我国公共数字文化服务能力和水平。地方政府顺应互联网发展趋势,结合本地实际,在数字公共文化建设上做出了有益探索。如上海市推出了"城市公共文化云",把互联网、云计算等信息通信技术与文化资源打包上"云",通过云连接、云操作、云平台和云整合等手段,实现包括公共文化和商业文化在内的云应用,使用户如网上购物般实现自选文化产品或信息服务消费。[2] "浙江文化通"以移动通信网络为支撑,以图书馆、文化馆、博物馆以及影剧院等公共文化单位集成管理系统平台和基于元数据的信息资源整合为基础,以适应移动终端一站式信息搜索应用为核心,以"云"共享服务为保障,通过手机、iPad等手持移动终端设备,为公众提供搜索和阅读数字信息资源服务。公民可以在任何时间、任何地点登录,获得自助查询公共文化资讯、查阅借阅图书及相关服务。重庆市北碚区"公共数字文化体验平台"通过整合本地文化资源网站、多媒体移动APP终端、科技体验厅等,集合成文化馆数字化新媒体,为群众提供各类相关服务,内容涵盖群众艺术培训、文化展览、文化互动体验、阅读等群众性文化活动以及非物质文化遗产宣传等。[3]

但是互联网发展的迅猛速度确是始料未及的。根据中华人民共和国工业与信息化部(简称工信部)2015年2月16日发布的数据,截至2015年2月我国现有手机用户12.89亿户(相当于91.4%的中国人在使用手机);互联网宽带接入用户2.03亿户,移动互联网用户(3G和4G用户)8.8亿户,这意味着每三个中国人里就有两个人使用移动互联网。互联网已经成为国

---

[1] 李丹阳.现代公共文化服务体系建设中的数字化探索[N].中国文化报,2014-12-19.
[2] 李丹阳.现代公共文化服务体系建设中的数字化探索[N].中国文化报,2014-12-19.
[3] 李丹阳.现代公共文化服务体系建设中的数字化探索[N].中国文化报,2014-12-19.

人生活的必需品。随着信息通信、物联网、云计算、大数据等为代表的现代信息技术快速发展,互联网应用的深度和广度不断拓宽,互联网不再是简单的消费品,而是作为重要的生产要素和生活要素,渗透到经济、政治、社会、民生、军事、文化各个方面。公共文化服务与互联网的深度融合将成为公共文化服务发展的必然趋势。人们享受公共文化服务的手段、方式和途径发生重大变化,互联网已经成为公共文化服务的重要阵地。互联网的时代大潮涌来,面对如此庞大的互联网用户,公共文化服务如果仍然延续传统的服务手段、服务内容和服务方式,其效能的发挥必然无法满足互联网时代人们对公共文化服务的需求。互联网技术突飞猛进,人民群众需求迫切,服务型政府的建设要求等对现有公共文化服务体系如何适应互联网发展提出了重大命题。互联网将对公共文化服务带来什么?

互联网的核心特质是互联互通、共建共享。任何人都可以通过一台计算机自由地接入互联网,开放、平等、免费地共享互联网的精彩世界。这与公共文化服务公益性、基本性、均等性、便利性四大属性相融相通。"互联网+公共文化服务",不是简单地通过互联网技术实现公共文化服务数字化,而是将互联网互联互通、共建共享的内涵特质与公共文化服务有效嫁接、融合,使公共文化服务的运行体系全面现代化、信息化、互联网化,使公共文化空间在互联网世界全面延伸和拓展,为人们提供更多优质、便捷、实惠的公共文化服务,让人们全面享受互联网发展所带来的文化红利。随之而来的是一场全新而深刻的变革,一场对公共文化服务战略思维、内容结构、管理秩序产生极大冲击和震动的治理变革。

一、互联网技术创新公共文化服务新模式

互联网作为20世纪最伟大的科技发明之一,改变了社会的生产方式、生活方式,包括知识的生产方式和公共服务方式。在互联网技术的推动下,公共文化服务的业务内容范围不断延展,从传统的"三馆一站"主要

依靠阵地服务发展为阵地服务与数字服务线上线下互为补充的立体格局，公共文化服务业务模式发生变化、重组，传统公共文化服务过程再造再设计，公共文化服务的传播方式更加立体、服务载体更加多元、服务内容更加丰富。公共文化服务借助互联网的触角得以更广泛的延伸，更广大人群被纳入公共文化服务的保障范围，公共文化服务体系更加充实完善。传统"三馆一站"的文化阵地，在互联网的互联互通之下有望变成公共文化集成中心，人们既可以参加各种文化活动，也可以方便、快捷地享受海量的文化资源，同时利用互联网可以成为公共文化产品的生产者、传播者。甚至人们可以足不出户，浏览数字图书馆、数字博物馆，满足精神文化生活需求。

而在大数据、云计算等信息技术的助力下，公共文化服务的模式创新将全面提速。公共文化服务将被全面纳入城乡公共服务的集成平台。通过互联网技术的重组，将实现公共文化服务系统的多元化，提高公共文化服务的柔性，改进和提高服务效率，扩大公共文化服务的品种和数量，扩大信息资源共享的范围，形成社会参与的技术环境，促进公共文化服务方式从简单到丰富变革。

二、互联网思维塑造公共文化服务新管理

在互联网大行其道的时代，互联网思维几乎成为所有商业思维的起点。互联网是否可以有效改造一切事物尚不可定论，但是互联网思维以人为中心的理念却是放之四海而皆准。便捷、免费、吸引用户深度参与、注重用户体验、注重数据的价值，这些互联网思维的关键词的确深深契合公共文化服务的发展理念。

互联网的发展将使互联网思维逐渐渗透到社会的方方面面。在资源广泛共享的互联网络中，公共文化服务不再是以提供者为中心，而转变为以公众为中心，同时兼顾公众的个性化服务和增值服务；由单一渠道服务向

多渠道一体化服务变革。[1]一方面，公众可以采取不同的方式通过形式多样的渠道去获取公共文化服务资源；另一方面，对于同一项服务，公众可以根据自身需求和条件选择合适的渠道，从而推动公共文化服务范围社会化、服务对象个性化、服务体系网络化、服务层次立体化、服务内容精品化、服务方式主动化。人们对公共文化服务的评价将从是否人性化的标准去衡量，人们对公共文化服务的需求也将越来越多元越来越差异化。面对这些变化，公共文化服务的管理者难以置身事外处变不惊。

互联网将促进公共文化服务管理创新，由传统管理向现代管理变革。从宏观上，要求管理者利用互联网技术改造传统服务方式，将互联网工具广泛应用于公共文化服务管理全过程，推动文化管理方式从粗放型向集约型转变。从具体服务机构上，要求采用大数据、云计算、云存储、物联网等技术，对管理和服务的全过程进行信息化管理，从而大大提高服务效率。从社会效果上，要求由被动式服务发展到参与式服务，拓宽人们参与公共文化服务的渠道。在互联网思维的推动下，管理者的决策将民主化科学化，促使公共文化服务走向大众，由普通服务向保障权益变革，从单一管理向追求社会公平转变，从而提高公共文化服务质量和效率，加强公共文化责任，提高人民群众的满意度。

三、互联网生态营造公共文化服务新空间

互联网技术营造了一个网络虚拟空间和数字平台。基于这个虚拟空间，无数的个体跨越时间和空间的距离彼此连接，社交、工作、休闲、娱乐统统可以在这个平台上实现，形成了人人创造、人人享受的互联网生态，随之也催生了虚拟的公共文化空间，为公共文化的发展拓展了无限的可能性。虚拟的公共文化空间与实体的公共文化空间不同，公共文化服务

---

[1] 石怀成，黄鹏，杨志维.国外推行电子政府公共服务的重点做法[J].信息化建设，2007（9）.

的主要服务流程变成了文化资源的信息采集、加工和传播，公共文化资源可以克服现实环境下由于职能分工和空间分割造成的信息分散，进行跨地域、跨行业的配置和整合，实现数字资源的网络化传播、传输，有效地缩小城乡差距、消弭数字鸿沟，营造出便捷、开放、平等的公共文化网络新空间。

网络公共文化空间既可以实现现实公共文化资源的数字化，如数字图书馆、数字美术馆、数字博物馆等，又可为公众文化需求反馈拓展便捷的渠道、为公共文化服务效能的评测提供技术的支撑、为公众自主参与公共文化服务搭建广阔的平台。网络公共文化空间将与现实的公共文化服务设施网络互为支撑，共同构成一个完整的服务体系，为群众基本公共文化服务权益的实现保驾护航。

所谓风口，是机遇也是挑战。目前，我国公共文化服务建设还存在发展不均衡，城乡、区域、群体差别较大，公共文化服务效能不高等诸多突出问题。站在互联网的风口，抓住新一轮信息化浪潮的契机促进公共文化服务体系的完善和发展，与互联网携手同行，是公共文化服务的必然选择。

第一部分

互联网时代，公共文化服务的思维变革

  公共文化服务正随互联网时代嬗变，而最根本的变革是思维。在这部分谈到了在互联网时代公共文化服务的职能定位将真正回归服务，公共文化服务和文化产业应当在时代的前行中共舞，政府、企业、社会组织包括公民个人都可以成为公共文化服务建设中的重要担当者，数据对于公共文化服务具有至关重要的意义，以及公共文化服务对每个个体的关照汇成对最广大群体的服务。这些零落的观点只是这场思维变革的星星之火，燎原之势还待时间去升华、检验。

  从思维的嬗变转化为行动力，触发公共文化服务的内容、管理发生变革，未来已在想象之中。

第一节　不仅仅是掌舵，更是服务

你有多久没去过图书馆、博物馆了？

你知道自己可以免费进入这些公共文化设施场馆去享受公共文化服务吗？

你现在还会驻足在街头的报刊栏读读报纸吗？

看到社区、广场、公园里的大妈在跳广场舞，大爷们练着太极拳，你是否愿意凑凑热闹？

2014年国家投入公共文化服务建设的资金达到583.44亿元，也就是说国家在每一个公民身上实实在在地投入了42.65元，以保障公民能享受到基本的公共文化服务，包括读书、看报、听广播、看电视、参与群众文化活动、欣赏文艺演出等。如果在农村，还能通过"农村电影放映工程"免费欣赏数字电影。目前每万人公共文化设施的建筑面积已经达到508.87平方米。全国共建有县级以上公共图书馆3117个，文化馆（含群艺馆）3313个，乡镇（街道）文化站41110个，公共博物馆、纪念馆3473个，工人文化宫1300多个，青少年宫700多个，科技馆350多个，青少年校外活动中心3000多个。共开设广播电视播出机构2564个，广播电视传输发射台站21000多个。各类出版物发行单位12万多家，发行网点17万多处，建设阅报栏、阅报屏7.2万余个，建成农民体育健身工程42万多个。国家实施了"广播电视村村通工程""全国文化信息资源共享工程""农村电影放映工程""农家书屋工程"等文化惠民重大工程。截至2014年底，我国广播电视节目综合人口覆盖率分别达到97.99%和98.6%。已基本实现全国通电，农村地区广播电视村村通。全国文化信息资源共享工程已建成3.55万个乡镇（街道）基层服务点、70万个村（社区）基层服务点，基本实现覆盖所有乡镇、行政村。农村电影放映工程建设数字院线252条、放映队约5万支，年放映800万场，年观众人次约15亿。全国县级城市拥有数字银幕超过7200块，已有10个省（区、市）实现了县城数字影院全覆盖。农家书屋工程建成60.1万家书屋，为边远地区建成1.6万家卫星数字农家书屋。从2008年开始，除"遗址类"以外的公共博物馆、纪念馆和全国爱国主义教育示范基地等陆续向社会免费开放。全国2780个公共博物馆、347个爱国主义教育示范基地及43510个公共图书馆、美术馆、文化馆（站）已实现免费开放，实现了零门槛进入。2014年，丝绸之路、中国大运河列入《世界遗产名录》，我国的世界遗产项目增至47项，居世界第二。我国共有38个非物质文化遗产项目入选联合国教科文组织非遗名录，居世界第一。

以上这些内容都是国家公共文化服务的组成部分。公共文化服务，是指以政府部门为主的公共部门提供的、以保障公民的基本文化生活权利为目的、向公民提供公共文化产品与服务的制度和系统的总称，包括公共文化服务设施、资源和服务内容，以及人才、资金、技术和政策保障机制等方面内容。[1]作为政府的一项基本公共服务职能，满足人民群众的精神文化需求是政府的责任和使命。

一、强化政府的掌舵职责

公共文化服务建设是政府义不容辞的责任，是衡量政府管理水平和能

---

[1] 胡税根，宋先龙.我国西部地区基本公共文化服务均等化问题研究[J].天津行政学院学报，2011（1）.

力重要的指标。[1] 政府的文化福利承诺与文化责任担当必须兑现。因此，强化政府在公共文化服务当中的主导地位是应有之义。"政府失灵"是现有公共文化服务机制的突出弊端。财政支出权重心下移、收入权相对集中、均等化转移支付不完善等制度性失灵导致的直接后果就是公共文化服务发展滞缓，城乡区域发展失衡，甚至造成某些不发达地区出现公共文化服务"真空化"和"荒漠化"的严重后果。在长期的"唯 GDP"的考核机制下，公共文化服务职能被许多基层政府边缘化。久而久之，政府尤其是县一级政府并没有认识到自身在公共文化建设中的主导作用，缺乏主体意识，没有将其作为"基本责任"来履行，"说来重要、干来次要、忙来不要"的现象造成了公共文化服务发展的滞后。主要表现在：

第一，公共文化服务体系尚不完善。从资金投入看，随着财政对公共文化服务的持续投入，文化事业经费出现显著增长，但由于长期以来经费基数偏低，财政投入增长与文化发展的需求之间仍存在较大差距。2014年，文化体育与传媒支出为 2683 亿元，仅占全国财政总支出（15.17 万亿元）的 1.77%，全国人均文化体育与传媒支出仅为 206 元。而教育、卫生、科技的支出水平分别为 15.1%、6.6%、3.5%。我国文化服务支出占比过低，难以保障人民日益增长的精神文化需求。此外地区财政投入差异较大，如浙江 2014 年文化事业费占财政支出比重为 0.75%，人均文化事业费 52.83 元；而同期江西财政支出比重为 0.27%，人均文化事业费为 15.52 元，两者相差近 3 倍。

从设施方面看，虽然基本实现了省、市、县、乡行政层级的覆盖，但是在广大农村基层特别是城乡结合部、贫困地区、少数民族地区、边疆地区仍存在盲区。截至 2013 年底，全国仍有 619 个县级公共图书馆和 791 个县级文化馆建筑面积小于 800 平方米，分别占县级公共图书馆和文化馆的 22.8% 和 27%。全国有 4876 个乡镇综合文化站建筑面积小于 300 平方米，

---

[1] 满新英.山东省公共文化服务体系建设的新探索与未来思路[J].理论学刊,2011(9).

占总数的14.2%。而人均体育场地面积仅有1.46平方米。

从资源方面看，公共文化资源总量不足，无法满足城乡居民的需求，缺乏资源统筹整合能力。基本公共文化服务项目种类少、产品不丰富、质量有待提升。如图书资源，国际图联、联合国教科文组织2002年修订的《公共图书馆服务发展指南》中规定的人均藏书为1.5～2.5册，[1]而我国2014年人均藏书仅有0.58册。如广电综合覆盖率目前已经达到98.42%，但有线广播电视覆盖率只有50%左右。

从队伍方面看，基层文化队伍存在着门类不全、规模偏小、结构不当、素质偏低等问题。专职公共文化队伍数量严重不足。如全国公共图书馆从业人员仅5.2万人，意味着平均2.5万人才配备1名公共图书馆管理员。乡镇综合文化站等基层文化单位在编不在岗、在岗不尽责的现象仍然突出，文化专干不能"专职专用"，已成为严重制约基层公共文化服务开展的问题。以青海省格尔木市为例，全市有12名乡镇文化站工作人员，但中专以下文化程度占7人，名义上是文化专干，实际上均为兼职，主要精力在其他工作上，极大影响了公共文化服务的质量和文化惠民的效果。此外社区文化指导员、文化义工、农村文化管理员队伍不稳定，服务水平不高。

第二，公共文化服务效能不高。近些年，公共文化服务设施在各地建设成果显著，成为城镇化进程中的一大景观。但是重投入轻产出、重硬件轻软件、重建设轻管理、只管建不管转的现象普遍存在，公共文化设施利用效率普遍不高。以人均图书借阅量为例，2008年美国人均图书借阅是7册，英国是5册，中国仅为0.25册，这反映了我国公共图书藏量并没有转化为服务效能。

有的地区在公共文化设施规模上盲目求大，在建设标准上盲目求高，在设施功能上盲目求全，对配套设备购置及维护、资源建设、服务开展等

1　贾爱萍.推进石河子市文化建设的若干思考[J].兵团党校学报，2013（6）.

缺乏应有的资金支持，运营体制落后，服务水平低，相关内容不能定期更新等，逐渐地失去了对老百姓的吸引力，甚至有一些设施处于"空壳"状态，难以正常运行。公共文化服务设施运营效能偏低、闲置现象严重。据相关统计，在被调查的场馆中有近三成未公示开放时间和服务项目，推迟开放或提前闭馆的情况时有发生。[1]各类设施不按规定运营的情况也很普遍，尤其对残疾人、农民工等特殊群体的服务缺乏长效机制。

公共文化设施难以有效覆盖的问题仍然存在。以四川阿坝藏族羌族自治州为例，该州面积8.42万平方公里，相当于2.3个台湾，人口仅90万，地广人稀，人口大多以自然村寨、牧区的形式分布，导致县、乡固定文化设施的利用效率不高，流动文化设施和公共数字文化建设相对滞后。

此外，由于体制原因，我国实行的是部门主导的自上而下的"条条"建设模式，财政资金建设项目和重大文化惠民工程分散在文、广新、工、青、妇、体等各个部门，缺乏统筹和整合，难以发挥综合效益，资源不足与资源浪费并存。

第三，公共文化服务均等化水平不高。从城乡看，虽然国家2013年对"县及县以下"的文化事业费投入从2010年的占比36%上升到48%，但由于广大乡村底子薄、基础差，以及其他的资金来源渠道较少等原因，城乡差距仍然非常大。由于历史欠账较多，目前县级以下基层公共文化资源匮乏问题尤为突出。2013年在我国2712个县级公共图书馆中，无购书经费支出的有580个，占到县级公共图书馆的21.4%。

从区域看，东中西部地区的发展也不均衡。从东中西部地区文化投入的比较来看，2014年东部地区文化体育与传媒支出约占全国总量的41.6%，中部约占22.9%，西部约占29.3%。东中西部的财政投入总额均有所上升，且东中西部地区的不均衡态势有所好转，但是中西部地区的文化投入总额

---

[1] 陈原.公共文化服务：如何提高效能[N].人民日报，2013-12-19.

还是远远低于东部地区。[1] 2013 年东部地区人均文化事业费为 48.23 元，中部地区为 23.58 元，西部地区为 41.53 元，中部地区的人均文化事业费远远低于东部和西部。就各地文化事业费占财政支出的比重来看，全国平均维护事业费占财政支出比排名前五位的省市自治区是：浙江 1%、上海 0.69%，海南 0.63%、北京 0.62%、广东 0.52%，排名最末五位的地区分别是：西藏 0.3%、黑龙江 0.29%、河北 0.28%、江西 0.26%、安徽 0.23%。

总体来看，现有的公共文化服务体系还存在着三个明显"不适应"，即与全面建成小康社会的目标要求不相适应、与我国当前的经济社会发展水平不相适应、与基层群众日益增长的精神文化需求不相适应。要解决目前公共文化服务"政府失灵"的问题，将公共文化服务体系与我国经济社会发展水平相匹配，不可能完全撇开现有的文化体系"另起炉灶"，现实选择是对目前公共文化体制机制的弊端进行结构改革。无论是亚当·斯密的"自由市场"理论还是凯恩斯的"国家干预"学说，从世界各国政府的行政实践来看，不难发现，单纯的政府供应与市场调节均无法完全实现资源的优化配置。美国开国元勋杰弗逊有句格言"好的政府是管的最少的政府"，其中所蕴含的"限制政府公权力"思想影响深远。这句格言有其时代局限性，并不能完全适用于我国国情，但确实充分反映了政府治理能力与其在社会生活中扮演的角色息息相关。"政府管得过多，直接干预微观经济活动，不仅影响市场在资源配置中发挥决定性作用，增加交易成本，还容易滋生腐败。"尤其在互联网时代，在市场经济条件下，政府提供公共文化服务有三个维度：一是直接提供文化企业和社会机构不能或不愿提供的公共文化服务；二是组织民营文化企业、社会机构参与提供公共文化服务，并明确其责任；三是对公共文化服务的生产和供给进行有效监管。[2]

---

1 傅才武. 公共文化服务体系建设在国家文化战略中的价值定位 [J]. 华中人文论丛，2010（1）.

2 李佳. 我国城乡公共文化供给协调发展问题研究 [D]. 北京：首都经济贸易大学，2009.

现代公共文化服务体系建设，需要强化政府的掌舵职责，发挥政府的主导作用，着力营造环境吸引社会资源进入公共文化服务领域并积极促进资源跨体制流动，同时引入市场竞争机制，形成政府主导、社会参与的复合型公共文化服务体系，[1]通过制度设计强化政府的掌舵能力，积极推进公共文化服务社会化，从根本上解决"政府失灵"的问题。一方面，要明确政府在公共文化服务建设中的责任，做到既不缺位，也不越位。建立有效的文化考核机制，对公共文化服务建设提出明确的考核指标，将群众满意度和反馈作为评价政府文化职能的重要参与，通过考核机制强化各级政府保障公共文化服务的义务，切实履行政府保障职责，强化兜底作用。另一方面，要处理好主导与引导的关系，积极引入社会资本进入公共文化服务领域。以政府为主导建设现代公共文化服务体系的同时，要解放思想，创新工作手段，建立开放式的参与机制，积极引导其他社会资本进入公共文化建设领域，保障各类主体竞争的公正公平，从而形成文化服务均等享受、文化发展同步推进的城乡文化一体化发展格局。

二、服务型政府：公共文化服务的中国式治理

在现代国家，政府既是"社会福利的提供者"，也担当着"经济稳定和增长的主舵手"的角色。政府支配着庞大的社会资源，自然对福利保障、教育、交通、医疗、文化、环境、治安等方面承担着不可推卸的责任。社会期待政府能在尽可能节约公共财政的情况下提高服务效能，使得公共资源可以更为有效地运转。[2]对此，西方国家将私营企业优良的管理绩效和先进的管理方法作为政府进行管理创新的改革选择。1980年，英国撒切尔政府推行以缩小政府规模和进行"财政管理创新"为中心的改革，其后的

---

1 傅才武. 公共文化服务体系建设的现代性研究 [N]. 光明日报，2013-12-27.
2 黄小勇. 新公共管理理论及其借鉴意义 [J]. 中共中央党校学报，2004（3）.

梅杰政府（"公民宪章运动"）、布莱尔政府（"第三条道路"）继续推进政府改革，进一步发挥市场化作用；新西兰则在1988年开始以"政府部门法案"为蓝本的改革；加拿大在1989年成立"管理发展中心"，并于次年发表题为"加拿大公共服务2000"的政府改革指导性纲领；美国于1993年成立"国家绩效评估委员会"，用来指导政府改革，后于1998年更名为"重塑政府国家伙伴委员会"。这些改革的重要特征在于发挥市场机制在公共服务领域中的作用，积极借鉴私营管理的技术和方法，提升政府的管理能力和公共服务能力。[1]于是，西方行政改革的主体指导思想——新公共管理理论诞生。新公共管理以顾客需求为导向，以提供全面优质的公共产品、公平公正的公共服务为其第一要务。政府与公众的关系彻底扭转，不再是管理，而是服务。政府政府职能由"划桨"转为"掌舵"。[2]政府制定政策来掌控社会的发展；政府通过授权让企业或者社会力量执行政策，并将竞争机制引入行政管理，将效率作为公共行政的出发点和落脚点。建立企业家政府，是西方公共管理理念向市场法则的现实复归。

作为对传统行政理论和新公共管理理论的反思和修正，登哈特夫妇提出和建立了一种更加关注民主价值和公共利益、更加适合现代公民社会发展和公共管理实践需要的理论选择——"新公共服务"理论。传统行政理论以政府为中心，强调改革完善政府本身，"新公共服务"理论将公民置于整个治理体系的中心，新公共文化服务强调服务于公民、追求公共利益、重视公民权和人的价值。[3]政府职责既不是单一的"掌舵"，也不是"划桨"，而是通过充当公共资源的管家、公共组织的保护者、公民权利和民主对话的促进者以及社区参与的催化剂来为公民服务。[4]

新公共管理和新公共服务的理论都成为西方政府行政改革运动的重要指

1　黄小勇. 新公共管理理论及其借鉴意义[J]. 中共中央党校学报，2004（3）.
2　黄小勇. 新公共管理理论及其借鉴意义[J]. 中共中央党校学报，2004（3）.
3　毕娟. 新时期完善北京科技公共服务体系的思考[J]. 经济研究参考，2011（25）.
4　冯彦乔，陈建新. 新公共服务理论的超越性与局限性[J]. 珠江论丛，2014（4）.

导思想，也为我国政府机构改革提供了重要启示。改革开放以来，我国分别在 1982 年、1988 年、1993 年、1998 年、2003 年、2008 年和 2013 年进行了七次规模较大的政府机构改革。前四次改革的指导思想仍是传统集权性的行政管理准则，致力于建立办事高效、运转协调、行为规范的政府行政管理体系，忽视了政府的社会管理与公共服务职能。2003 年的政府机构改革是一个转折点。之前政府职责是既创造环境，又直接创造财富。2003 年以后新的时代发展对政府提出的新要求是"政府创造环境，人民创造财富"。在不断的实践当中，政府职能定位于经济调控、市场监管、社会管理和公共服务四大职能，[1]并在十六届六中全会公报中进一步指出"要建设服务型政府，强化各级政府的社会管理和公共服务职能"。"服务型政府"是在充分借鉴西方公共管理理论的基础上结合中国现实国情提出的具有中国特色的政府管理模式，其核心价值是人本精神、责任意识和服务理念。[2]

以人为本是我国建设服务型政府的灵魂。公共管理的出发点是人，只有在充分尊重人、理解人的前提下努力创造条件去满足不同人群的合理需求，公共管理活动才能顺利达成目标取得成效。以人为本，是要消除城乡差距，通过发展和完善公共文化服务体系，实现公共文化服务体系的全覆盖，不留盲区、不存死角，保障和实现每个城乡居民的基本文化权益，让公共文化服务的阳光普照城乡大地；以人为本，是要充分发挥城乡居民的主体作用，激发和调动群众的创造力以推进公共文化服务体系的建设和发展，实现全民共建共享公共文化服务的丰硕成果；以人为本，是要以城乡居民真实的文化需求为出发点，为群众提供所急所想、丰富多元的公共文化服务和产品，促进人的全面发展。

责任意识是要求政府以高度的责任感和担当力，去认真倾听人民的声

---

[1] 唐德龙，高翔，王梦娇. 服务型政府的研究理路——基于《中国行政管理》杂志 2002~2013 年的分析 [J]. 北京科技大学学报（社会科学版），2014（6）.
[2] 傅荣校.《关于加强和改进新形势下档案工作的意见》的理论思考 [J]. 档案学研究，2015（2）.

音,积极回应人民的要求,为人民提供选择的机会,创造条件让人民参与到社会管理当中。在现代公共文化服务体系建设中,政府的责任意识体现在以"坚持以人民为中心"为重要原则,这是党在文化建设领域坚持"人民性"的重要体现。坚持以人民为中心,是坚持公共文化服务发展为了人民,发展依靠人民,发展成果由人民共享。尊重人民群众在现代公共文化服务体系建设中的主体地位,发挥人民群众在文化建设中的主体作用,引导群众在公共文化服务体系建设中自我表现、自我教育、自我服务,充分发挥公共文化服务体系在丰富人民群众精神文化生活、密切社会公共交往、促进社会共识、培养现代公民、培育核心价值方面的积极作用。

服务理念作为服务型政府的核心理念,强调公共管理的权力和合法性来源于人民,强调人民的满意度是评判政府管理活动的终极衡量标准,更加强调了政府的服务意识,强化了政府的服务职能。目前公共文化服务体系建设中存着的突出问题,关键在于是对人民群众的文化需求缺乏真实的了解,还是从管理本位出发而不是以服务的理念出发。构建现代公共文化服务体系,必须将人民群众的评价作为对公共文化服务体系效能考核的重要依据,保障人民群众基本文化权益充分实现。

公共文化服务既然立足于"服务"二字,服务职能和服务意识是公共文化服务的应有之义。随着文化体制改革的不断全面深化,建设服务型政府成为推进国家治理体系和治理能力现代化的必然要求。政府职能由"办文化"向"管文化"转变,从具体的管理手段过渡到政府引导、社会力量参与的"宏观指导"。同时进一步理顺文化行政部门与所属企事业单位的关系,实现政企分开、政事分开、管办分离。多元社会主体参与的公共文化服务社会化治理将成为趋势。

而互联网将推动服务型政府的建设,加速公共文化服务职能部门从高高在上的管理者回归到以人民为中心的服务者。互联网大大降低了公共文化服务信息公开的技术门槛,倒逼公共文化职能部门和公共文化机构建立透明、通畅的反馈通道。互联网就像一个放大镜,把公共文化服务体系中的每个细节都暴露在社会公众面前，供人们审视、检阅、评价和参与。从公共文化需求的表达、公共文化设施的建设运营、公共文化资源的更新、公共文化场所的使用、公共文化活动的组织开展、公共文化服务效果的评估到公共文化服务的服务流程、服务方式、服务内容都将成为公众的关注点。

解群众文化之忧，必须将公共文化服务的内容与群众的文化需求相对接，主动适应互联网的趋势，自觉提高"用户意识"、运用"用户思维"，从群众的文化需求出发，提供更多差别化、有特色、有针对性、便捷优质的公共文化服务。如浙江省嘉兴市图书馆利用千兆网络的网速及遍布城乡总分馆的公共电子阅览室，为春节期间返乡购票的外来务工人员提供免费、快捷的网络通道。图书馆工作人员对外来务工人员进行全程免费购票培训及辅导，对于不了解网络的外来务工人员，图书馆的工作人员还会代为购票。这种服务意识值得广大的公共文化设施借鉴学习。

服务理念内化于心，外化于行，机制上的保障是基础。从制度设计上对公共文化服务的考核评价要从"量"到"质"进行转变，立足于效能建设，以群众的满意度为出发点进行公共文化资源的配置、公共文化设施的布局和公共文化人才的培养。公共文化服务本身所具有的文化涵养功能更应该充分运用到公共文化服务队伍的自身建设上，逐渐提升公共文化服务管理者的服务意识和服务理念。

第二节　事业产业都是服务

　　中间艺术园区是位于北京"西山文化创意大道",以文化创意产业为主导的文化科技园区。50多位优秀艺术家、设计师及20多家文创、科技应用企业入驻园区。这不仅仅是一个产业园区,事实上它更是一个城市公共文化设施综合体,园区内有许多文化艺术场馆。中间剧场保留着传统工业遗留的痕迹,拥有一个100座的艺术影院和450座的中型剧场。中间影院拥有5个商业影厅,同步上映最新的国内外大片。中间文化艺术广场常年举办丰富多彩的文化艺术活动。中间美术馆是由建筑大师崔恺设计的民营公益美术馆。另外依托美术馆、剧场和企业及艺术家资源,园区还开展面向社会大众的文化、艺术、科技类的教育培训基地——中间课堂。中间艺术园区为入驻企业和艺术家提供了丰富的公共文化资源,良好的公共文化艺术氛围成为园区独特的优势,不断吸引着更多知名的企业和艺术家入驻,获得了良好的经济效益。此外,中间艺术园区成为周边居民开展群众文化活动和进行艺术鉴赏的场所,集聚了大量人气,园区的知名度和美誉度也大大提升。

图 1-1　中间剧场
（注：图片来源于中间剧场官方网站）

一、文化事业和文化产业聚合

文化是民族屹立于世界之林的根本。文化作为历史积淀是全民的宝贵财富，也成为文化事业的主体。图书馆、博物馆等积淀的就是人类在过去创造的灿烂文化。与此同时，人类在改造客观世界的同时，还在不断创造新的文明成果，在充分吸收以往优秀文化的基础上，还会产生新的精神文化需求，并表现为各种市场需求。为满足人民群众的文化消费，就要依靠文化企业创作生产丰富多彩的文化产品和服务，繁荣文化市场，从而形成文化产业。

在新中国成立后的三十余年间，我国文化领域几乎是单一的国有制，文化机构作为事业单位完全服从计划经济模式的管理。改革开放之后，开始在实践当中对文化机构实行"事业单位，企业管理"，但文化的经济属性一直是被避忌的，在传统观念中文化就是"事业"。但事实上，20世纪80年代中期开始，由个体劳动者和私营企业带动的文化市场如雨后春笋发展起来，到20世纪90年代，我国的文化市场体系已经初步成型，成为社会主义市场经济体系中的一个重要组成部分。庞大的文化企业群体已经形成为文化产业，吸纳了大量经营者和从业人员，创造了可观的经济效益。文化产业已经成为第三产业中一个举足轻重的部类。而在官方文件当中第一次使用"文化产业"的概念是2001年"第十个五年计划纲要",至此,发展文化产业正式列入国家计划。2002年,党的十六大报告首次提出将文化事业与文化产业区分开,明确提出"积极发展文化事业和文化产业"。2007年,党的十七大又对二者做了进一步的论述。2011年,党的十七届六中全会通过了《中共中央关于深化文化体制改革、推动社会主义文化大发展大繁荣若干重大问题的决定》,分别强调发展公益性文化事业和文化产业,将其二者区别开来。

文化事业是以社会公益为目的,依靠国有资产举办的、在文化领域从事研究创作精神产品生产和公共文化服务的公益性活动及相关组织机构。其大致包括以下内容:九年义务教育、党和国家重要的新闻媒体和社会科学研究机构、体现民族特色和国家水准的重大文化项目和艺术院团、重要文化遗产和优秀民间艺术、老少边穷地区和中西部地区的文化发展、面向大众的文化基础设施建设等。国家支持和保障文化事业,并鼓励它们增强自身发展活力。

而文化产业则具有经营性和市场性。在2003年9月文化部制定下发的《关于支持和促进文化产业发展的若干意见》中,明确将文化产业界定为:"从事文化产品生产和提供文化服务的经营性行业。文化产业是与文化事业相对应的概念,两者都是社会主义文化建设的重要组成部分。文化产业是社会生产力发展的必然产物,是随着中国社会主义市场经济的逐步完善和现代生产方式的不断进步而发展起来的新兴产业。"既然是经营性行业,就需要充分尊重市场、适应市场经济的规则,充分发挥市场在配置文化资源中的积极作用,生产提供文化产品和服务以获取盈利来保障企业自身的可持续发展。

文化事业着眼于满足广大人民群众的基本文化需求,而文化产业更注重满足广大人民群众的多样性文化需求。发展文化事业是保障人民基本文化权益的主要途径。发展文化产业则是社会主义市场经济条件下满足人民多样化精神文化需求的重要途径。多样化文化需求就是产业分工、阶层分化、文化教育不同、职业差别带来的文化需要上的多元性。

但文化事业与文化产业之间又存在紧密的联系，两者互为依托、相互促进。

其一，文化事业与文化产业的目的是高度一致的，都是"以建设社会主义核心价值体系为根本任务，以满足人民精神文化需求为出发点和落脚点，培养高度的文化自觉和文化自信，提高全民族文明素质"[1]。因此，无论是文化事业还是文化产业，社会效益是其发展的首要目标。文化事业的性质与任务就决定了必须把社会效益放在首位。文化产业作为社会主义文化建设的重要组成部分也必须坚持社会效益和经济效益相统一，并始终把社会效益放在首位。文化事业与文化产业共同担负着满足人民群众精神文化需求的社会责任。

其二，文化事业与文化产业相辅相成。文化事业是文化产业的源泉，文化产业是文化事业的基础，两者皆不可偏废。文化事业一方面是为了满足人民群众的精神文化需求，另一方面又可以激发创作者的创作灵感并为其提供创作的素材，形成文化产品。文化企业通过对这些文化产品进一步开发来满足人民的文化需求。同时，文化企业所生产的文化产品不断积淀之后转化成文化资源进入公共文化消费领域，之后政府通过购买服务的形式把当期的文化产品转化为公共文化产品。这些文化产品和服务最终都会作为文化的积累和积淀进入到文化事业。

因此，文化事业和文化产业的关系可以分为三个方面：一是文化事业为文化产业提供素材；二是文化产业生产的文化产品经过积淀以后形成文化资源进入到公共文化消费领域，推动文化事业的发展；三是政府可以通过购买服务的形式把当期的文化产品转化为公共文化产品。从这三个方面来看，文化事业和文化产业存在着内在联系，这个联结点就是文化资源。文化事业为文化产业提供生产制作文化产品的文化资源，而文化产业的产

---

[1] 辛向阳.准确把握文化产业与文化事业的辩证关系[N].中国青年报，2012-01-04.

品经过积淀成为文化资源通过各种方式进入文化事业。[1]

公共文化服务是文化事业的重要组成部分，其具有公益性、基本性、均等性和便利性四大特性。公益性是指公共文化服务是全体人民受益的服务，是社会公平正义的体现。政府或者其他社会主体提供公共文化产品和服务都不能以营利为目的，要以公共文化利益为目标，使全体公民共建共享文化成果。因此，其成本由全体受益人分担，实现方式就是由税收形成的公共财政进行基础保障，公共文化服务基本上是免费的，或者是收费很少、带有优惠性质的。公共文化服务的基本性所体现的是政府对人民基本文化权利的保障。人民的文化需求就像生活中的油盐酱醋茶一样不可缺少，政府有义务、有责任通过不断建设和改善公共文化基础设施，提供高质量的公共文化产品和服务来满足公民的基本文化需求。公共文化服务的均等性是指不分区域、城乡、贫富、男女、老幼、户籍，每个公民都有享受公共文化服务的权利。[2] 公共文化服务要实现全国范围内的文化成果与服务普惠，需要统筹协调，实现城乡文化一体化发展，使城市乡村各级区域都能够公平、均衡、充分地享受政府提供的文化成果、文化设施和文化服务；也需要平衡东中西部，尤其向中西部地区公共文化服务倾斜，实现全国范围内的文化惠民政策。此外公共文化服务的对象要均等，要实现不同收入人群、不同特点群体的均等性。公共文化服务应惠及残疾人、老年人、城市低收入居民、农民群体的基本文化生活需求。而公共文化服务必须让公民方便享有，因此便利性是公共文化服务实现的前提。

文化产业与公共文化服务的关系也是如此。文化产业是公共文化服务的内容之源。公共文化服务要满足人民日益增长的精神文化需求，需要提供实实在在的文化产品和服务。文化及相关产业门类根据行业特点和发展趋势，无论是传统文化门类，还是新兴业态，均可以提供公益、基本的公

---

1 高书生.关于文化产业发展若干问题的思考[J].中国编辑，2011（1）.
2 辛向阳.准确把握文化产业与文化事业的辩证关系[N].中国青年报，2012-01-04.

共文化产品和服务，并随着文化业态的不断发展，拓展公共文化服务的内容建设。文化馆、图书馆在公共文化服务设施体系中占有极其重要的地位，而它们的运转则依赖于文化产业中的演艺、出版、电影电视等多个行业。文化产业的繁荣发展提供了一大批内容精良、制作考究的文化产品，丰富了公共文化服务的内容，并引导和激活了人民群众的文化消费需求。同时，在竞争激烈的文化市场上，一批有着较强市场竞争力的文化生产主体逐渐成长起来，成为公共文化服务的提供主体。反之，公共文化服务为文化产业的发展提供了方向引领，培育了人民的文化消费习惯需求。

二、助推文化消费——事业产业的共同任务

现代公共文化服务体系建设的一项重要任务是培育和促进文化消费。既是通过公共文化服务的涵养和教化作用，提升国民的文化素养，陶冶国民的艺术情操，培育国民的文化消费需求；又通过公共文化服务体系自身的完善和发展促进大量优秀公共文化产品和服务的生产和消费。公共文化服务体系不只是一种文化支出和文化基本保障，也应是激发文化生产活力、促进文化产业发展的重要动力基础。公共文化服务设施和网络、优秀的公共文化服务产品、丰富的群众性文化活动有助于营造良好的文化氛围，激发人民群众的消费潜能。文化消费，是文化产品和服务价值实现的终端环节。文化事业和文化产业在消费这一节点上只有一个根本区别，那就是出资方是国家还是个人的区别。文化事业与文化产业完全可以有效共振。

公共文化服务体系对各种文化产业资本、文化产业资源、文化智力资源、文化产权资源产生着集纳和集聚效应，以与公共文化服务密切关联的培训教育、体育健身、演艺会展、旅游休闲等产业表现最为明显。充分重视和挖掘公共文化服务与关联产业的深层关联和转换，有助于推动关联产业发展，产生文化产业效应。通过引导和支持众多关联文化企业开发公共文化产品和服务，满足人民群众多层次的文化消费需求，扩大文化消费市场。

文化消费是人们为了满足自己的精神文化生活而对文化产品和文化服务的占有、欣赏、享受和使用。文化消费的内容主要包括书刊、杂志、电影、电视、广播等各种文化产品以及教育、科技培训、艺术表演、互联网、导游服务、各种娱乐场所提供的各类文化服务。文化消费意愿基于消费者进行文化消费的能力，特别是文化消费的支出能力，是影响文化消费意愿的物质基础。从劳动经济学中劳动—闲暇决策的角度来看，文化消费与一般消费相同，都属于闲暇的消费，可支配闲暇时间也被纳入考虑。不同群体的文化消费意愿存在差异，年龄层次、受教育水平和消费习惯是影响文化消费意愿的最基本条件和因素。从文化消费本身分析，文化消费种类、文化消费价格是反映文化消费直接供给属性的指标，文化设施及场所易达性、周围消费观念与行为、媒体广告宣传则测度了环境因素对居民文化消费意愿的影响。

根据西方发达国家的规律，文化消费水平随收入水平变化而变化（详见表1-1），当人均GDP达到1000美元后，文化消费开始活跃；当超过4000美元后，文化消费不断攀升；当达到12500美元以上后，文化消费将会呈现出繁荣发展状态。当居民的基本生活需求得到充分保障之后，其文化、娱乐等精神需求将会大大增加。

表1-1 收入标准与文化消费特征

世界银行收入标准	低收入组	下中等收入组	上中等收入组	高收入组
人均GDP（美元）	1000以下	1000-4000	4000-12500	12500以上
文化消费特征	文化消费较低	文化消费开始活跃	文化消费攀升	文化消费繁荣发展

资料来源：世界银行网站，德勤研究。

在数字时代，文化与科技的融合已成大趋势，大众阅读方式也发生了改变，电子书、智能手机以及平板电脑等数字出版全新载体日新月异。目前很多传统纸媒都逐渐转向电子版，《华尔街日报》推出了网络版与APP应用，《新闻周刊》也放弃了纸质版，专攻电子版。随着互联网的快速发展、智能终端市场的兴起，网络平台已经替代传统的文化信道成为未来文化产品的核心消费管道，文化消费者逐渐转向通过网络获取信息。同时随着移动终端技术的不断进步，基于移动互联网、面向终端设备的应用服务的开发，智能终端逐渐成为数字化内容集成消费的核心平台，带动和刺激全新的文化消费需求，突破了传统的文化消费终端管道的时间、空间的限制。随着人们生活水平的不断提高，个性化的文化需求日趋增多。

但目前，我国文化消费总体状况不尽如人意。从消费总量上看，虽然居民文化消费规模增长很快，但居民文化消费占 GDP 比重一直是低位徘徊，总体规模较小；从消费观念上看，文化消费观念落后，抑制了文化消费倾向；从消费结构上看，文化产品品种少，导致不同收入群体、不同消费偏好的消费需求无法得到满足；从消费实现上看，文化资源分散，文化设施分布不均阻碍了文化消费实现；从消费潜力上看，文化创意严重不足，阻碍了市场需求潜力转化；从消费品位上看，文化消费的思想性及艺术性尚待提高。因此，无论是公共文化服务还是文化产业，在扩大文化消费方面还需要做出很多努力。

北京惠民文化消费季就是一个公共文化服务与文化产业共同发力推动文化消费、取得经济效益和社会效益双丰收的成功案例。2013 年 9 月，北京首届惠民文化消费季在北京各城区以及区县以九大专项活动、九大展销板块和十六个区县专题活动为载体展开。在一个半月左右的活动期内，累计实现文化消费 2654.3 万人次，总成交金额 52.3 亿元。2014 年第二届北京惠民文化消费季延续了 2013 年消费季的火爆场面，数百场文化惠民消费活动相继展开，参与活动的消费者近 2000 万人，累计惠民优惠达 3.96 亿元，真正实现了文化惠民的意义。而在文化市场带动方面，北京惠民文化消费季累计吸引 3772.5 万消费人次，消费金额达 101.8 亿元。连续两年的北京惠民文化消费季为用市场化方式拓宽文化消费渠道、将公共文化惠民与文化产业融会贯通并形成内生活力的创新性实践，探索出了一条以文化为引领、以惠民为目的、以消费为动力的"北京之路"。国家行政学院祁述裕教授认为，经济增长并不必然带来文化消费同比例增长，文化消费更多时候与居民的生活方式密切相关。[1] 文化消费不仅体现了人们的生活方式，也是城市发展的重要动力，更与经济的发展思路息息相关。改革开放30多年来，中国经济是以工业经济为主导的发展模式，在这种发展模式下探讨文化消费与城市发展显得不切实际。但在经济实现转型的今天，以文化拉动消费的模式成为经济发展的必然选择。

受传统文化观念及住房、养老、医疗以及教育等方面消费压力的影响，中国的居民普遍形成了较为保守的消费态度和消费习惯。传统的消费习惯制约着居民的文化消费水平。而文化消费上"等、靠、要"的现象广泛存在，进一步抑制了文化消费的活力。此外市场上文化产品良莠不齐也制约了文化消费水平的提升。具有市场吸引力的文化精品仍然短缺，缺少文化精品则难以满足居民的需求，难以形成有效文化消费。提升文化消费的关键在于培育居民的文化消费观念，使文化消费成为一种习惯、一种生活方式。

扩大文化消费，政府必须担负起应有的责任，扮演好文化发展繁荣的推手，为培育居民的文化消费观点、促进文化消费和文化产业发展提供制度保障。文化消费要想持续繁荣壮大，文化建设是根基。一方面要加快构建现代公共文化服务体系，使公共文化设施和公共文化产品、活动物尽其用，为培育公民文化消费观念发挥应有作用；另一方面要继续促进文化产业的蓬勃发展，建设良好的文化市场，为文化消费提供丰富优质的文化产品和文化服务。双管齐下，不可偏废。

互联网时代的公共文化服务，需要秉持的就是互联互通、共建共享的理念，积极主动与文化产业进行深度聚合。明确文化事业与文化产业都是为了人民服务这一宗旨，将文化事业和文化产业平等对待，把构建现代公共文化服务体系和现代文化市场体系进行通盘考虑，把实现公共文化服务的全覆盖和均等化与推动文化产业成为国民经济支柱性产业进行整体规

1　温源.激活文化消费北京应带什么头？[N].光明日报，2013-09-17.

划，统筹基本文化需求与多样化文化需求的满足，统筹公益性与市场性的要求，积极推动文化事业和文化产业协调发展。

同时深化文化体制改革，建立文化事业与文化产业相互融合转化的协调机制。打通社会力量参与公共文化服务的通路，在公共文化服务领域引入市场竞争机制，充分发挥市场在资源配置中的积极作用，采取政府采购、项目补贴、定向资助、贷款贴息、税收减免等政策措施鼓励各类文化企业参与公共文化服务，促进文化事业和文化产业比翼齐飞。[1]此外，建立面向文化事业与文化产业共同的文化产品的评价体系和激励机制，坚持把遵循社会主义先进文化前进方向、把人民群众满意度作为评价作品的最高标准。善用互联网最大限度地收集民意、整合资源，把群众评价、专家评价和市场检验统一起来形成科学的评价标准。[2]

---

[1] 高书生.关于文化产业发展若干问题的思考[J].中国编辑，2011（1）.
[2] 辛向阳.准确把握文化产业与文化事业的辩证关系[N].中国青年报，2012-01-04.

第三节 公共文化服务的全民总动员

党的十八届三中全会通过的《中共中央关于全面深化改革若干重大问题的决定》，将"推进国家治理体系和治理能力现代化"列为我国全面深化改革的总目标之一。现代化的国家治理体系和治理能力必然要求改变以往政府单方面支配管理社会的治理机制，通过制度改革和制度创新实现政府与社会的有效互动和相互制衡。重构政府公共文化服务管理机制，是政府公共服务职能创新发展战略中的重要问题，也是现代公共文化服务体系建设的必然要求。

互联网不仅仅是一场技术革命，更是一场社会革命。公共文化服务将形成一个数字化、虚拟化的服务网络，公共文化服务提供者与接受者的身份界限逐渐模糊消解，公共文化服务提供者逐渐超出了传统公共服务部门的范畴，实现主流渠道、民营企业、文化类社会组织以及个人的广泛参与，公共文化服务变成全民参与的盛宴，人人都可以变成提供者，实现了由"政府部门单向提供"向"多元主体互动提供"的转变。互联网环境下公共文化服务将形成社会化治理体系，公共文化服务更富生机和活力。

随着经济社会的快速发展，人民群众的精神文化需求也日益增长，且日趋多样化、个性化。受制于财力、人力，政府不可能满足所有人的文化需求。建立健全现代公共文化服务体系，政府有责任和义务最大限度地提供公共文化资源来保障人民群众文化权利的实现。但政府并不需要包揽提供所有的公共文化产品和服务，可以发动广大的社会力量共同参与。政府通过大量购买服务的方式激发企业参与公共文化服务的积极性，无论是公共文化机构抑或文化企业，都将成为公共文化服务的供给主体，都将成为满足人民群众文化需求的服务主体。

政府在公共文化服务建设当中应该摆脱以往生产者的角色，而是转变成为服务者、合作者，在现代公共文化服务体系中发挥催化剂的作用。凡是市场可以解决的问题，政府不应介入；凡是社会组织能够独立自主解决的事情，政府不要插手，充分发挥社会组织和企业的作用，转变目前以政府管理为主的运行机制，构建起政府、市场、社会协同治理的现代公共文化服务治理机制。

全民总动员的前提是厘定政府权责。政府是公共文化服务的责任主体，必须肩负起现代公共文化服务体系建设的重任。充分发挥企业、非政府组织、公民的主体作用，绝不意味政府可以将公共文化服务的职责推给社会，政府作为公共文化服务的责任主体毋庸置疑无法推卸。但在管理模式上应该减少行政干预，简政放权，对各类市场主体而言"法无禁止即可为"，通过制度设计和政策制定搭建公共文化服务社会化发展的机制平台，引导和推动多元化的社会主体在公共文化服务领域发挥才干贡献力量。美国联邦政府为促进文化繁荣颁布法律，通过减免所得税和遗产税等鼓励企业和公民捐助博物馆、文化艺术中心等公共文化服务设施，如今捐助博物馆等公共文化服务设施已经成为美国的社会风尚和传统。由此可见，政府通过制度对社会主体起到的引导和催化作用远远胜过直接的行政管理，公共文化服务社会化制度环境的营造和完善才应该是政府管理的发力点。

2015年4月，环北京最大的社区图书馆在永定河畔孔雀城开馆。该馆建筑面积约2000平方米，藏书多达20000册。图书馆不仅作为独立的阅读空间而存在，更成为社区甚至整个区域的文化栖息地，在加强社区居民邻里友好、丰富居民精神文化生活方面都起到重要的助推作用。伴随着人们精神文化需求的日益增长，企业更加重视产品的文化体验，主动参与公共文化服务设施建设的例子越来越多。充分激发市场主体的活力是公共文化市场繁荣的基础。通过完善市场环境，促进企业公平竞争，有利于丰富公共文化产品的种类，提高公共文化服务效率和水平，从而增强社会公共文化服务的整体供给能力，促进公共文化服务的全覆盖。市场主体理所应当成为现代公共文化服务治理的重要力量，同时政府要坚定主导作用，注重规避市场资本非理性趋利的风险，加大对公共文化服务社会化体系的规范和监督。

浙江鄞州区借用民间力量发展博物馆事业的做法，既有效地拓展了公共服务体系建设的渠道，探索了公共文化服务方式多元化、社会化问题，也大力弘扬了具有自身优势与特色的优秀文化，促进了相关产业的发展，值得借鉴。[1]鄞州区通过财政杠杆进行有效引导，鼓励民间力量合力打造"博物馆之乡"。为了促进区域内民办博物馆的发展，2008年鄞州区在全国率先出台了鼓励促进民办博物馆发展的《关于鼓励促进我区民办博物馆发展的意见（试行）》及相关实施办法，在场馆建设与运作、资金补助、用地保障、人员配备、综合设施与服务配套等方面提出了详尽有力的扶持措施，对于鼓励、促进鄞州区民办博物馆的发展壮大具有很强的指导性。在这一政策的激励下，鄞州区民间办博物馆的热情空前高涨，探索总结出博物馆运作的多样化模式，如宁波（鄞州）博物馆的"合作联办"模式，华茂堂美术馆、宁波（鄞州）明贝堂中医药博物馆的"企业+博物馆"模式，南宋石刻公园、宁波服装博物馆的"景区+博物馆"模式，紫林坊艺术馆的"生产基地+博物馆"模式等。鄞州区博物馆如雨后春笋般勃发。目前，全区已建、在建及筹建的各类博物馆共23座。这些博物馆总投资8亿多元，其中民间投资5亿多元。若全区博物馆全部建成开馆后，博物馆的密度将达到每4万人拥有一座博物馆，达到发达国家的博物馆人均拥有量。[2]

1　朱军备. 城乡居民共享文化[N]. 宁波日报，2010-05-10.
2　朱军备. 城乡居民共享文化[N]. 宁波日报，2010-05-10.

首先，文化类社会组织作为政府与市场之间的耦合剂，既可以分担政府的管理职能，同时也对市场主体进行监督和规范，政府应该大力引导支持其发展壮大，使其成为现代公共文化服务治理体系的中坚力量。公共管理领域中被多国采用的"一臂之距"管理原则即是充分发挥非政府组织的作用，由社会组织来代替政府对公共文化进行管理。广东省佛山市志愿者协会从2007年开始依靠政府提供的150万元，大胆探索"公开征集和评审志愿服务项目"的做法，开启了政府委托志愿组织购买公共服务的先河。

其次，全民总动员更需要进一步统筹整合现有公共文化资源，尽快推行公共文化服务大部制改革。目前公共文化服务管理部门过多，业务交叉重复，权责脱节，行政效能低下，这些现象显然与"现代公共文化服务体系"的要求格格不入，更无法有效适应互联网时代服务型政府的建设要求。因此，应该尽快推进政府事务综合管理与协调，顺应大部制改革趋势，将现有文化、旅游、体育、文物等管理部门合并成立一个大部门，从而整合政府公共文化服务资源，理顺政府公共文化管理机制，提高政府公共文化服务水平。同时建立跨部门的协调机制，整合基层宣传文化、党员教育、科学普及、体育健身等设施，建设一批综合性文化服务中心，[1]统筹城乡公共文化服务发展。

再者，进一步完善公共文化服务志愿服务机制。志愿服务是社会服务的重要环节，在动员社会资源、对接城乡居民文化需求、扩大公共文化服务范围等方面具有重要作用。壮大文化志愿者队伍，鼓励专业文化工作者和社会各界人士积极参与基层文化建设和群众文化活动，形成专兼结合的基层文化工作队伍。[2]同时，通过加强志愿服务立法、强化志愿服务机构责任、保障志愿者权益等举措构建志愿服务保障机制，推动形成全社会参与

---

[1] 张玮玲.浅析宁夏文化馆开展公共文化服务工作的现状与创新[J].经济与社会发展研究，2014（11）.

[2] 赵明刚.河南省农村文化发展中存在的主要问题与对策——以河南省南阳市农村文化发展为例[J].渭南师范学院学报，2014（20）.

公共文化服务志愿服务、支持公共文化服务志愿服务的良好氛围。

深圳福田区首创区级"文化议事会"制度，组建"文化议员"队伍对福田重大文化项目、重大决策进行事先调查研究、咨询论证和事后跟踪评估等相关工作。"议员"由有政府工作背景的领导和专家、文化理论研究专家学者、文化营运专家人士和社区文化工作者三大类人员组成，各占总数的三分之一。四川省宜宾市文广局创新建立"农村群众文化理事会"制度，调动居民参与社区事务的热情，在丰富和完善居民议事规则基础上，形成一整套基层民主制度，让"平台+内容+制度"的系统整合产生剧烈的化学反应，形成一种自我管理、自我服务、自我教育、自我监督的社区治理新模式。这些基层公共文化服务参与式管理模式，是畅通民众参与公共文化服务治理渠道的重要探索。

2011年，河南省安阳市内黄县马上乡李石村的村民李翠利在自己的小超市里创建了微光书苑，让乡亲和农村孩子"零门槛读书"。经过多年的坚持，她的微光书苑获得了越来越多政府机构、公益组织和爱心人士的支持。如今，微光书苑的存书已经从最初的100本增加到5万余本。2014年，李翠利在微光书苑的基础上创办了"儿童之家"，义务组织留守儿童读书、写作业、做游戏，最多时有30多个孩子集中在书苑中。微光书苑的这种模式给乡村尤其是留守儿童们带来了文化之光。[1] 如何创新基层公共文化管理机制，发挥群众主动参与公共文化服务建设的积极性是全民总动员的关键。通过管理机制的创新发挥，发挥城乡基层群众性自治组织的作用。注重培养民众公共文化服务体系建设参与意识，凝聚民众公共精神，引导城市社区居民和农村村民参与公共文化服务项目规划、建设、管理和监督，维护群众的文化选择权、参与权和自主权。

宁波市充分发挥和调动志愿者参与公共文化服务的积极性，从阵地平台、活动平台、网络平台三个平台入手，加强文化志愿者资源整合和统筹

---

[1] 刘先琴. 书香润乡村 "微光"获点赞——记河南内黄农家女李翠利和她的微光书苑[N]. 光明日报，2015-02-25.

力度，建立了文化志愿者长效工作机制。宁波市成立了文化志愿者协会，作为全市文化志愿服务的主阵地，协会全面负责文化志愿者的总体组织、策划、实施和运行。同时在各县市区相应地设立文化志愿服务分会，各乡镇（街道）设立文化志愿者之家；依托街道社区、镇村现有的78个支工委，建立文化志愿者服务站，为群众提供就近、就便的文化志愿服务；公益性文化机构继续拓展"宁波文化志愿驿站""文化志愿者基地"，如宁波博物馆与浙江大学宁波理工学院等院校合作建立了文化志愿者基地，并以基地为依托，积极开展文化活动。这些举措大大充实了志愿者的阵地平台，提升了文化志愿服务组织化。同时打造全市性文化志愿品牌活动，探索文化志愿服务项目发展，吸引更多社会组织、企业、个人参与公共文化服务活动。互联网时代，文化志愿服务信息化是应有之义。"宁波文化志愿者网站"推进文化志愿者注册、登记、认证等程序，加强了志愿者服务的供需对接、项目管理、信息沟通、考评监督等建设，实施志愿者网群联动，通过优质资源互换、热点栏目互荐，加强与宁波市志愿者协会、81890志愿服务中心网络资源链接与共享。此外，还加强了网络监管有效性，将服务活动统计、服务信息报道、活动受惠人次等相关数据纳入网络管理范畴，用以日常管理和考核评估需要，使得后期的考核评估规范真实有效。

此外，还需要畅通人民群众参与文化建设的意见反馈渠道。完善人民群众在公共文化服务需求自下而上的表达机制，提高民众在公共文化服务体系建设中的参与程度，确保人民群众的真实文化需求纳入政府的公共文化服务供给的决策范畴。统筹资源，共同参与基层文化的管理和服务。调动驻村（社区）单位、企业和社会组织等多方面力量，形成多元联动格局。鼓励、引导农民和社区居民自办文化，建设社区、乡村博物馆、图书馆等文化服务机构，开发独特文化资源，丰富面向基层、面向群众的文化产品种类和数量。

第四节　数据即服务

在传播学当中有一个著名理论叫"媒介即信息"，是20世纪60年代由加拿大学者马歇尔·麦克卢汉提出来的，是对传播媒介在人类经济社会发展中的作用和地位的高度概括。他认为，人类只有在拥有了某种媒介之后才有可能从事与之相适应的传播和其他社会活动。因此媒介最重要的作用就是影响了人们理解和思考的习惯。对于社会来说，真正有意义、有价值的"信息"不是各个时代的媒体所传播的内容，而是这个时代所使用的传播工具的性质、它所开创的可能性以及带来的社会变革。[1]这种把传播工具置于传播内容的理论在当时引起了巨大争议。而在当下来看，微信、微博等新型传播渠道的发展印证了"媒介即信息"这一论断。在互联网时代，"数据即信息"已然成为时代共识，数据蕴含着巨大的商业价值和管理价值，正在得到前所未有的重视与开发。在网络世界里，"走过必留下痕迹"。人们在互联网上的任何一个操作都能被记录，哪怕只是眼神的停留都可能被程序抓取，成为后台服务器中海量数据的一个小末梢。这些数据隐含了人们的生活习惯、价值取向、兴趣爱好、财富状况、社会阶层、精神状态等等，小到可以判断出一个人的生活轨迹，大到可以预测一个国

---

[1] 张晓霞.论微媒介在新闻传播中的作用——以微信为例[J].今传媒，2014（4）.

家的发展走向……二位进制的数据就像一座深不见底的宝藏。

大数据的价值在于通过已有的大数据输出各行业的应用成果。可以畅想，全国公共文化资源素材数据库、国民公共文化服务需求数据库、公共文化产品和服务项目库、博物馆数字化平台、中华图书库等，这些以技术为支撑的数据应用将为公共文化服务的发展带来广阔前景。数据已经成为公共文化资源的重要组成部分，而数据的公开和分享已经成为公共文化服务的重要内容。数据即服务。

谷歌公司已经提供了这样的例证。不用千里迢迢远赴纽约现代艺术博物馆，也不用购买昂贵的博物馆门票，更不用手拿放大镜，就可以欣赏到梵高的《星空》，甚至可以看到每一个笔触之间的衔接细节；在还没有感到一丝疲倦的时候，你就可以走进湖南省博物馆，欣赏齐白石《蜻蜓牵牛花》笔墨中的潇洒秀逸；假如你愿意拿来两幅作品进行中西艺术比对研究，也是轻而易举的事情。这一切都可以在谷歌"艺术项目"（Art Project）网站上轻松完成。根据2012年世界博物馆参观人数数据统计，十大最受欢迎博物馆累计参观约5300万人次，这个数字仅占全球总人口数的0.76%。全球还有非常多的人无法前往这些博物馆欣赏伟大的艺术。在数字化的今天，谷歌艺术计划给人们欣赏艺术提供了另一种形式，打破空间、时间的壁垒，只要用鼠标就可以零距离接触到全世界众多伟大的艺术作品。[1]

这个计划由谷歌与全球各地数百家艺术机构共同完成，已于2011年2月1日正式上线，当时有9个国家的17个博物馆共1000件作品参与其中。随着项目的不断推进，如今已有来自全球44个国家264家艺术机构的40000件艺术作品可以在线浏览。既有来自南非的岩石设计、巴西的街头涂鸦，也有来自中国的文物。图片清晰度甚至可达10亿级像素，比一般数码相机所拍摄的照片清晰1000倍。此外谷歌还将地图街景服务延伸至博物馆内。该网站采用了谷歌街景地图的技术，提供在线虚拟游览体

---

[1] 杨兴.谷歌艺术计划：互联网能否取代真实的博物馆？[N].中国艺术报，2013-09-11.

验，用户可在互联网上全方位"游览"整座博物馆，并了解相关知识。已加入此项目的博物馆包括美国纽约大都会艺术博物馆、美国纽约当代艺术博物馆、法国凡尔赛宫、意大利佛罗伦萨乌菲兹美术馆、俄罗斯圣彼得堡冬宫博物馆、英国伦敦国家美术馆和荷兰阿姆斯特丹梵高博物馆等。谷歌网络博物馆将人类文明延续的宝贵财富进行数字化处理，并通过文化资源跨境整合建立起全球化的公共文化资源分享平台，成为互联网互联互通、共建共享核心内涵的最好注解。2012年1月，由百度百科与中国国家博物馆等6家传统博物馆联手打造的百度百科数字博物馆正式上线，截至2013年11月，已扩大到50家。

百度创始人李彦宏曾说："技术创新是一个从量变到质变的过程。并行计算能力不断提升和云存储等技术产品成本的不断降低，使大数据真正走到了技术变革的临界点。"[1] 为了印证这一点，百度开放了"大数据引擎"技术体系，云、数据工厂、百度大脑这三项百度大数据的核心能力向社会各界开放，百度数据中心的硬件、数据分析技术和深度学习技术可被广泛应用于各个社会领域，基于可穿戴设备普及的医疗领域和基于百度地图数据的交通领域将会是最先被应用的。

在经典之作《大数据》中讲到，美国许多政府部门拥有海量大数据，但政府部门几乎都没有大数据处理和挖掘技术。我国的政府部门也是如此。交通部门有车联网、物联网、路网监控、船联网、码头车站监控等地方的大数据；卫生部门拥有流感法定报告数据、全国流感样病例哨点监测和病原学监测数据；公安部门有大量的视频监控数据。如果这些数据与百度的搜索记录、全网数据、LBS数据结合，在利用百度大数据引擎的大数据能力，则可以实现智能路径规划、运力管理、流感预测、疫苗接种指导、安防追逃等。此外许多企业也拥有海量大数据——通信、金融、物流、制造、农业等行业。不过，它们几乎都没有大数据能力，坐拥海量数

---

1 李彦宏.大数据已走到技术变革的临界点[J].上海经济，2014（5）.

据却一筹莫展。同样，这些企业也需要与像百度这样具有大数据引擎能力的公司合作。而另外两家巨头阿里巴巴、腾讯同样是在大数据时代布局。公共文化服务的职能部门是否可以与百度这样的拥有大数据及分析技术的公司合作，按照大数据及科学深度的分析，更加有针对性地提供公共文化服务、调整政府决策？答案是肯定的。2015年9月初，国务院印发的《促进大数据发展行动纲要》指出，2018年底前要建成国家政府数据统一开放平台，率先在信用、交通、医疗等重要领域实现公共数据资源合理适度向社会开放。而在此之前，广东、辽宁、四川等省份均已有地方政府成立大数据管理局，拟由政府牵头，统筹公共数据开放。[1] 利用开展数据服务已经成为政府管理不可回避的新任务。

《国家"十二五"文化改革发展规划纲要》明确提出我国文化改革发展的主要目标包括：覆盖全社会的公共文化服务体系基本建立，城乡居民能够较为便捷地享受公共文化服务；现代文化产业体系和文化市场体系基本建立；文化产品创作生产体系不断完善，内容创新和传播能力大大增强，精神文化产品和社会文化生活丰富多彩，更好地满足人民群众的精神文化需求；技术先进、传输快捷、覆盖广泛的文化传播体系更加完善。这些国家文化改发展的战略目标离不开相关数据资源的建设。此外，《"十二五"国家政务信息化工程建设规划》中，针对构建我国文化信息资源库提出了"推动文化信息资源共享和开发利用，促进中华文化的传承和传播，提升国家文化软实力"的建设目标。

公共文化服务的数字化建设是当前数字化时代的必然要求，科技进步也为构建现代公共文化服务体系提供了新的驱动力。推进公共文化服务数字化建设要从以下五方面着手：

第一，加快推进公共文化机构数字化建设。结合"宽带中国""智慧城市"等国家重大信息工程建设，通过国家网络建设、信息化建设战略的

---

[1] 韩玮. 多地政府成立"大数据管理局"急需行使两类职能[N]. 时代周报，2015-09-09.

推进，促进数字图书馆、数字博物馆、数字艺术馆、数字文化馆、数字农家书屋等公共文化机构数字化建设。

第二，推进公共数字文化服务网络建设。结合公共文化机构数字化建设，统筹实施全国文化信息资源共享、直播卫星广播电视公共服务、农村数字电影放映、城乡电子阅报屏建设等项目，构建打造全域化、标准统一、互联互通的数字化公共文化服务网络，在基层实现共建共享，解决公共文化服务的"最后一公里"问题。

第三，推进公共文化服务内容与产品数字化。需要整合现有公共文化资源进行数据化储存和开发，将文化古迹、非物质文化遗产等资料登录储存，形成庞大的公共文化数据库。通过文化产品数字化，增加公共文化服务内容的保存期和可获取性，有效提高文化资源供给的速度和便利性。

第四，提升公共数字文化资源供给和保护能力。科学规划公共数字文化资源建设，建设分布式资源库群，实现分布在不同区域的海量公共文化资源的存储、交换与整合。鼓励各地整合中华优秀文化资源，开发特色数字文化产品，来提高资源供给能力。同时，通过数字版权公共服务平台建设，实现公共数字文化资源的有效保护。

第五，重视大数据技术在公共文化服务体系中的应用。加强公共文化大数据采集、存储和分析处理。加快推进数字文化资源在智能社区中的应用，实现"一站式"服务。对公众多元化的文化需求进行动态分析，针对公众需求提供丰富的、个性化的公共文化产品，实现公共文化资源的有效供给。借助"云计算"打造全国公共文化服务统一支撑技术平台和数字化文化服务综合平台[1]，充分利用大数据技术生成公共文化的应用成果，实现城乡文化资源共享，推动建设智能化、电子化、信息化、创意化的现代公共文化服务体系。

---

1 高福安，刘亮.基于高新信息传播技术的数字化公共文化服务体系建设研究[J].管理世界，2012（8）.

第五节　最大最小，公共文化服务的新追求

"没有一项名副其实的发展项目能无视自然和文化环境的基本特点及有关人群的需要、追求和价值"。公共文化服务，作为一项文化民生，归根结底还是服务于人，为了促进人的发展。

目前，我国政府所保障的公共文化服务还是"基本公共文化服务"的范畴。基本公共文化服务是政府为满足公众最基本的公共文化需求而依据自身能力提供的产品和服务，是国家在一定发展阶段、一定的生产力水平基础上，公共文化服务应该覆盖的最小范围和边界，体现了公民最基本的文化权利。基本公共文化服务主要由政府来提供，在性质上属于基本公共服务，具有消费的非竞争性与收益的非排他性。基本公共文化服务强调的是"基本保障"。对政府而言，强调公共文化服务的"基本保障"，这是社会主义初级阶段的国情决定的，就目前国力来讲只能是广覆盖、低水平，不可能全部满足人民群众的精神文化需求。特别是文化惠民工程，要致力于消除城乡二元结构，实现社会的公平正义，但限于现有国情，要让边远山区老百姓享受的文化设施和大城市完全一样，现阶段是不可能做到的。

目前我国的公共文化服务内容主要包括读书看报、收听广播、观看电视、观赏电影、观看演出、参加文体活动和免费使用公共文化设施等内容。随着时代的发展和进步，公民的基本文化生活需求不断提高，国家赋

予公民的基本文化权利也将不断发展扩充，公共文化服务的范围和水平也势必需要与时代相适应。

互联网时代，既可能使最广大群体的文化权益得到充分保障，又能兼顾满足最小个体的个性化需求。"最大最小"的保障力度应该成为现代公共文化服务体系的新追求，成为政府和公共文化机构的工作目标。这就要求公共文化服务走向优质化、多样化，实现标准化与个性化的有机统一。

发展和完善公共文化服务体系，消除城乡差距，通过实现公共文化服务体系的全覆盖，不留盲区、不存死角，让公共文化服务的阳光普照城乡大地，实现公共文化服务均等化，保障和实现最广大群体的基本文化权益，是公共文化服务的发展目标。均等化是基本公共文化服务发展的必然方向，标准化则是推动均等化发展的核心路径。国家出台的基本公共文化服务指导标准就如同一把"尺子"，为各级政府提供基本公共文化服务确立了决策的准绳。这一标准是中央政府按照"最低公益原则"制定的、具有"兜底"性质的全国普适性保障标准，是政府对人民群众最基本的文化承诺，也是最低线的公共文化服务。在保障公共文化服务标准化实现的基础上，各地因地制宜，充分发挥城乡居民的主体作用，激发和调动群众的创造力推进公共文化服务体系的建设和发展，实现全民共建共享公共文化服务的丰硕成果；以城乡居民真实的文化需求为出发点，为群众提供所急所想、丰富多元的公共文化服务和产品，引导和推动城乡居民的文化融合，真正让城乡居民享受文化发展的成果，实现人的发展。

可以看到，随着信息化技术的迅猛发展，互联网已成为城乡居民享受公共文化资源的重要载体，成为创新公共文化服务体系建设的重要途径。促进数字化和信息化技术在公共文化服务领域的应用，有利于公共文化资源的共享和海量储存，突破现有公共文化服务硬件设施的限制，有效弥合城乡居民间的"知识鸿沟"，缩小城乡、地区间公共文化服务的发展差距；有利于拓展公共文化服务的渠道和能力，显著提升城乡居民的公共文化服务体验，城乡居民可以通过数字化公共文化服务体系享受公共文化场馆查询、文化活动预告、门票预订等综合性服务；有利于构建公共文化服务供需的反馈机制，通过网络，城乡居民可以便捷、快速、真实、直接地表达文化需求，政府则可以利用网络平台为居民提供更迅速、简便、周到的服务，形成政府与居民之间的良好互动，实现公共文化服务的"简便、透明和高效"。

"文化上海云"就是利用互联网推动公共文化服务范围最大化的典型实例。这朵"云"运用云计算、云存储、大数据等技术，打造了一个全方位覆盖、多终端访问、跨平台多通道发布的公共文化信息网状结构平台。市民可通过电脑、手机、移动终端和电视接入，享受一站式公共文化服务，包括知识服务、艺术欣赏、文化传播、虚拟场馆、交流互动等内容。目前嘉定等3个区县已率先推出"文化上海云"，到2016年"文化上海云"将整体建成。从虚拟参观美术馆、博物馆的展览，到全区共享的网上书海，以及在线"秒杀"社区文化中心的热门演出、讲座、亲子活动门票，本地市民、上海市民可以平等地享受这朵公共文化云。

无独有偶，还有另外一朵"云"，通过互联网关照到对每个个体的文化需求，为群众提供了个性化的公共文化服务，真正发挥公共文化服务惠民、育民的功能，提升了每个个体的文化幸福感。这朵"云"就是内蒙古图书馆的"彩云服务"。秉持"我阅读，你买单，我的图书馆我做主"的创新理念，内蒙古图书馆下放图书采购权于读者。读者只要手持内蒙古图书馆新的读者证即可到内蒙古新华书店总店、内蒙古图书馆内新华书店分店、内蒙古博物院书店及北京西单图书大厦的任意一个书店借书，而到了还书期限，读者不必将书还回书店，只要将图书直接还到内蒙古图书馆的自助借还机即可，10秒之内就还书完成。读者还书成功后，系统会自动将图书入藏流通。每个月，内蒙古图书馆会和书店结一次账。这种外移借阅服务职能于书店的技术创新，使新书流通率达到100%，不但提升了公共图书馆的服务效能，更重要的是让读者的个性需求被有效满足，真正实现了公共文化服务与群众需求对接。在"彩云服务"的基础上，内蒙古图书馆又自主研发了公共文化服务体系中读者、书店、图书馆集"借、采、藏"一体化服务管理平台。[1]以往图书馆里的每本书到读者手里,要经过采、分、编、借、阅、藏等环节。现在内蒙古图书馆通过"彩云服务"管理平台,让读者实现"零等待"能迅速借到想看的书。"彩云服务"管理平台即将推出手机客户端,一本好书一个读者读完,推荐给另一个读者看,书不需要还到图书馆,读者之间可以通过APP扫一扫就完成图书借阅了,大大提高了图书的流通率。

人性化的公共文化服务,还体现在对特殊人群的关照上。2014年春节期间,重庆图书馆带领重庆市少年儿童图书馆及各区县图书馆,利用已建成的公共电子阅览室,在春运前后开展免费帮助农民工网上购票服务。农民工只需携带个人身份证,便可利用全市各公共图书馆电子阅览室内的电脑进行网络订票。[2]

互联网时代,技术的跨越式发展有望推动公共文化服务体系的跨越式发展,给公共文化服务的均等化、全覆盖带来了新的机遇,为激发城乡居民的文化创造力带来无限的可能。利用互联网、大数据、云计算等为技术支撑,优化资源配置,缩小地区、城乡差异,最大限度地满足城乡居民的基本公共文化服务需求,使公共文化服务的阳光全方位覆盖,使最广大群体的文化权益得以充分保障,同时也让每个个体能享受到自己所需要的服务。

---

1 "你看书我买单"以读者为主导资源建设模式研讨实录[J].公共图书馆,2015(1).
2 李晟.43家公共图书馆帮农民工网上抢车票[N].重庆晨报,2014-01-21.

第二部分

互联网时代，公共文化服务的内容变革

　　公共文化服务的内容提供，是每个公民享受文化权益的保障和途径。聚焦公共文化服务的均等化、公共文化设施效能提升和功能转型、智慧型公共文化服务、特殊群体的文化权益保障、广播电视免费、群众文化活动开展、传统优秀文化传承、公共文化个性化服务等公共文化服务的主要内容，从现实探索和实践案例出发，探索公共文化服务内容变革的诸多可能。互联网，带来了实实在在的文化享受。

第一节　公共文化服务的最后一公里究竟有多远？

打通公共文化服务"最后一公里"，其本质在于将公共文化服务真正惠及到民，便利于民。构建现代公共文化服务体系，人民群众能否便捷地享受到公共文化服务，尤其是农村和基层居民可以平等地享受公共文化服务，是实现基本公共文化服务均等化的本质要求。因此，要将公共文化服务延伸到基层、延伸到群众身边，成为群众看得见、摸得着、用得到的"文化民生"。

一、全民阅读的互联网启示

首先，自从开天辟地以来，图书馆就已存在。任何头脑清醒的人都不会怀疑这一真实以及它所引出的必然结论，即世界将来也永远存在。人无完人，图书馆员可能是偶然的产物，也可能是别有用心的造物主的作品；配备着整齐的书架，神秘的书籍，供旅人使用的、没完没了的螺旋楼梯，和供图书馆员使用的厕所的宇宙，只能是一位神的作品。只要把我颤抖的手写在一本书封面上的笨拙的符号，同书中准确、细致、漆黑和无比对称的字母作个比较，就能看出神人之间的距离有多么大了。

——博尔特尼《通天图书馆》

"全民阅读"是中共中央宣传部、中央文明办和国家新闻出版广电总局 2006 年倡导的贯彻落实党的关于建设学习型社会要求的一项重要举措。深入开展全民阅读活动，推动全民阅读进家庭、进社区、进校园、进农村、进企业、进机关。全民阅读活动开展以来，受到了全国各界广泛参与与关注，从城市的图书馆到乡镇的读书室，从校园的朗朗读书声到工厂社区的自动借书装置。各地图书馆纷纷采取各项措施将书送到社区，送到学校，送到工厂企业，农村方面也开展了形式多样的农家书屋建设。

城市的许多社区纷纷建立起社区图书馆，可是"年轻人忙着上班，老年人多爱打牌、跳舞，很少有人到社区图书室看书"。一位负责管理某社区图书室的工作人员坦言，遇到社区搞活动，到图书室随手翻阅图书的市民会多一些，平时人很少。她说："有时一个月下来，都没几个居民专门来看书或借书。"而这并不是个案。

而在农村，农家书屋建设已成规模，可是许多农家书屋却没有发挥应有的作用。大多村依托建设村级活动场所之际，添置了一些图书，之后每年新增数量有限；从时间上来看，在农家书屋使用的过程中，也缺乏相应的监督管理和绩效评价体系，书本破损后，没能及时修补；同时还面临着资源匮乏的问题：农村书院缺乏购书经费或者是购书经费分配不能有效控制，导致农家书屋里面面临"无书可读、无书好读"的情况；同时，因为乡镇的书屋由上级部门统一配送和购置，所以导致各个乡村的书屋内容一致，书籍内容大多雷同，不能给各个村落发展特色产业带来帮助；从内容更新的角度来看，各个地区的农家书屋的报刊一般局限于党报党刊，缺乏其他生活类、科学类报刊的提供，更新较慢。另一方面农家书屋缺乏相应的管理人才，导致农家书屋处于基本荒废的状态，大多数乡村书院的管理者都是由村干部或者是村委会的在职人员兼任。在我们的调研中发现，有村干部表示，自己平时怕上级检查，担心检查的时候图书数量减少，损坏严重，于是就把书屋锁起来，只在寒暑假开放；同时，也缺乏新知识和新科技有效的传播者，导致虽然有书可看，但是仍然没有办法达到农家书屋建设时的初衷。基于以上几点问题，就造成农家书屋的借阅率低的问题。这就导致农民缺乏阅读习惯，农家书屋虽然建成，但图书的使用情况并不乐观，借书的大部分是中小学生，所借书目多为少儿和文化类书籍，大部分的图书处于闲置状态。

这个例子体现的就是公共文化服务最后一公里的问题。公共文化服务"最后一公里"关切的重点是群众的文化需求。国家对公共文化服务的投入是否能切实地落到实处，基层群众是否能实实在在地享受到公共文化服务，这最后一公里是决定性的一公里。而由政策制定的"最初一公里"到基层执行的"最后一公里"，仍然迫切需求我们的更多智慧，而互联网时代下，"互联网+"不失为解决这一问题最有效的手段。

北京市朝阳区作为全国首批国家公共文化服务体系示范区，其四级文化服务体系为打通公共文化服务的"最后一公里"积累了许多经验。在朝阳区图书馆，居民只需拿借书卡在自助借书机上轻轻一刷，借阅书籍的相关手续就会自动办理。自助借书机是以射频识别技术为基础，通过智能书架手段实现图书借阅，使读者有种在自家书房取书的感觉。朝阳区图书馆管理体系分为传统图书馆、街头自助借书机、电子阅览室和流动图书馆四个等级，每年都会进行不少于300次图书配送，以保证每个网点的图书都是流动的。据统计，仅2015年1月到5月，朝阳区新老两个图书馆的接待量已达28万人次，借还书量约60万册次，举办各类文化活动70余场次，直接参与活动近2.7万人次，在全市位居前列。不仅如此，朝阳区图书馆还在今年开设了微信公众号，读者可将想看的书名在微信中留言，图书馆将根据书名采购，并优先配送至读者家附近的文化中心。此外，朝阳区还建立了许多社区图书馆，完善公共图书馆的体系建设。

在朝阳区垡头地区文化中心，有这样一个"文化居委会"，它打破了原有的行政区划，成员主要由垡头、王四营、十八里店、黑庄户、南磨房、豆各庄周边"五乡一街"的100多个居委会组成。"文化居委会"属于居民自治组织，根据地区居民不同需求定制相应的公共文化服务。从"输送"到"定制"的改变才能最大限度地满足居民的文化需求，将文艺

图 2-1　位于北京市朝阳区定福庄的朝阳自助图书馆

演出从"我演你看"变为居民"点菜"。

除了居民提出要求以外，文化中心也有自己的工作计划，"社区营造计划"使得居民们在活动中熟悉起来；成立居民读书小组让喜欢读书的居民有一个交流的空间；"改变赤膊上街行动"则是向大街上赤裸上身的居民免费发放文化衫，改变陋习。

堡头地区文化中心自我管理的另一个举措就是志愿者的大范围介入。很难见到一名"正式"职工，取而代之的是充满活力的志愿者，中心从活动组织安排、内部管理服务等工作都将交由社区志愿者完成。志愿者以自愿为前提，承担对堡头地区文化中心的设施维护管理。中心还将向志愿者提供社会实践证书，以作为对志愿者个人表现的认可。在堡头文化中心不仅设有图书馆、电影院、民众教育学堂、为贫困儿童志愿捐书驿站等符合日常文化需求的设施，还有针对年轻人开设的绿皮火车咖啡厅、黑钻剧场、堡头青年创意、多媒体数字空间、车库创造社等现代文化空间。

二、公共文化服务在乡村的最后一公里

2015 年初，中共中央办公厅、国务院办公厅印发《关于加快构建现代

图 2-2　北京朝阳社区文化图书馆

公共文化服务体系的意见》，提出到 2020 年，基本建成覆盖城乡、便捷高效、保基本、促公平的现代公共文化服务体系的基本目标。在目标中提到：公共文化设施网络全面覆盖、互联互通，公共文化服务的内容和手段更加丰富，服务质量显著提升，公共文化管理、运行和保障机制进一步完善，政府、市场、社会共同参与公共文化服务体系建设的格局逐步形成，人民群众基本文化权益得到更好保障，基本公共文化服务均等化水平稳步提高。在这其中，提出了基本覆盖城乡、便捷高效的要求。同时，该意见提出要"统筹推进公共文化服务均衡发展"，其中，第一个统筹目标即"促进城乡基本公共文化服务均等化"，大力开展流动服务和数字服务，打通公共文化服务的"最后一公里"。

城乡公共文化服务体系均等化是将城乡的文化消费能力和服务提供能力作为基础性参考，在这个基础上，为城乡居民提供可自由选择、可参与、可受益的文化服务，以达到公平公正的目的，同时尊重与满足群众合理需求。互联网时代下的均等化不是"绝对平均"，"绝对平均"在任何时候都比较难以实现。"均等化"强调尊重每一个公民的基本文化权利，同时，让每一位公民拥有选择参与公共文化服务、参与何种公共文化服务、如何参与公共文化服务的自由。此外，不强迫每一位公民接受任何一种文化服务，每一个人都享有参与的自我偏好自由。这也表明，"均等化"背景下，将大大提高政府服务水平，这也将极大推动城乡居民文化需求的满足。

目前，"城乡二元结构"已经成为我国经济社会一体化发展的严重障碍，城乡失衡也是公共文化服务需要破解的难题。公共文化服务的发展需要经济作为支撑，而农村的经济发展水平一直与城市存在差距，依靠农村自主发展公共文化服务十分困难，政府的财政投入是农村文化建设的重要途径。然而我国公共文化服务的投入长期侧重于城市，农村公共文化服务水平与城市有较大差距；另一方面农村公共文化服务供给与农民文化需求脱节。

很长一段时期内，政府对农村公共文化事业的财政投入低于对城市的投入。2003年，国家财政对城市文化事业投入为67.64亿元，人均投入18.79元，而同时期财政对农村的文化事业投入仅为26.39亿元，人均投入仅为2.69元，财政对城市的文化投入是农村文化投入的2.56倍，[1]我国财政对文化事业投入的城市人均文化事业费则是农村居民的3.27倍。到2007年，对城市投入总额是农村的2.55倍，人均差距也达6.17倍。[2]近年来，国家逐渐加大了对农村地区的文化投入，但是在很多省市，城乡文化投入差异依然十分明显。例如根据《安徽统计年鉴2013》"各县（市）财政支出（2012年）"文化体育与传媒一项中，安徽省对市级政府投入193798万元，对县级政府投入175123万元，虽然城乡文化财政投入在总量上差距不大，但在被统计的20个市级政府和58个县级政府中，市级平均获得的文化财政投入约为9689.9万元，县级平均获得的投入约为3019.4万元。[3]由此可见，财政投入不平衡导致城乡公共文化服务发展存在较大的差距。此外，农村公共文化服务发展的融资途径相对于城市较为单一，主要依靠财政拨款，民间资本向城市转移，农村缺少多元化投资机制来进行文化建

---

1 傅才武. 公共文化服务体系建设在国家文化战略中的价值定位 [J]. 华中人文论丛, 2010（1）.

2 傅才武. 公共文化服务体系建设在国家文化战略中的价值定位 [J]. 华中人文论丛, 2010（1）.

3 汪媛, 王星明. 安徽城乡实现公共文化服务均等化的路径探析 [J]. 安徽工业大学学报（社会科学版）, 2014（6）.

设[1]。单一的融资途径使得农村公共文化服务事业发展资金来源少，发展缺乏一定的物质载体。农村公共文化设施的建设力度与城市相比有很大差距。一方面，农村公共文化设施的建设水平落后，设施面积不足，配套简陋，文化基础设施中的相关设备不足且更新慢。另一方面，农村现有的公共文化基础设施利用率偏低。由于经费短缺，待遇偏低，农村公共文化设施不完善，农村公共文化人才流失严重。又由于乡镇机构改革，部分农村基层文化机构被撤销，编制被取消，人员被分流，人才在编不在岗，队伍严重萎缩，造成"有文化却无人管"的尴尬境遇。

随着新型城镇化的发展，促进城乡基本公共文化服务均等化又出现了许多新情况，面临着许多新问题。随着新型城镇化的不断推进，城乡人口正在发生巨大的变化。首先是城市人口的变化。专家估计到2020年，中国城镇化率将超过60%，在现有2.69亿转移农业人口的基础上，每年再转移1500万人，这意味着将有大量的农村人口转为城市人口，带来对城市公共文化服务的巨大需求。其次是农村内部人口的变动，城市化每年转入1500万人，就意味着农村每年减少相应人次；而且从农村人口内部结构看，年富力强、农村社会的中坚力量将更多地入城，留守人群更多。根据2011年的统计，我国外出农民举家迁移的3279万人，仅占20.7%，由于家分两地，农村有5800万留守儿童、4700万留守妇女和2000万留守老人，三者相加，高达1.25亿人[2]。

随着农村人口向城市的集聚，城市人口必将增多，农村则逐渐减少，那么国家现在推行的六级公共文化服务体系是否还适用，应做何种调整，重点应该强化哪一级？如果不顾城乡人口的变化，机械地均等化，势必在农村造成大量浪费的同时，城市公共文化服务资源则严重不足。从不同群体间服务的差距来看，2.6亿农民工及其随迁家属，因为财权事权不匹配，

---

1 刘惠金，黄洪雷.合肥城乡文化一体化发展现状分析及对策[J].重庆科技学院学报（社会科学版），2012（15）.

2 国务院发展研究中心课题组.中国新型城镇化：道路、模式和政策[M].北京：中国发展出版社，2014.

地方政府没有对外来人口提供均等公共服务的积极性，导致农民工群体无法享受到平等的公共文化服务。因此，如何根据城镇化发展趋势和城乡常住人口变化，调整城乡公共文化设施布局、服务内容、队伍建设、资金保障等要素，加强农村地区的公共文化服务力度，转变农村地区公共文化服务模式，是打通"最后一公里"必须面临和解决的问题。

我国"文化下乡"活动开展多年，在一定程度上解决了广大农村地区文化"边缘化"和农民精神生活匮乏的问题。然而，随着新型城镇化建设的不断深入，"文化下乡"的弊病也逐渐凸显出来。单纯的"送文化"既容易忽视农村社会中的传统文化根基，无法与农民的文化需求进行有效对接，也没有发挥农民在农村公共文化建设中的积极性和主体性，无法从根本上改变农村文化建设的落后局面。

20世纪七八十年代，联合国提出了"内源式发展理论"，其核心理念在于强调发展的动力主要从地区内部产生，即"以人为中心的内源发展"。在形式上，发展应该是从内部产生的；在目的上，发展应该是为在地人服务的。[1] "文化在乡"的概念从思想内涵上契合了联合国的内源式发展理念，深耕当地文化，充分发挥当地群众的积极性，依靠当地群众的力量大力挖掘和发展在地文化，亲近当地群众真实的文化需求提供公共文化服务。

四川省攀枝花市的大地书香新农村家园工程便是从"文化下乡"到"文化在乡"的重要探索。该地构建了以市图书馆为中心，以县区图书馆为配送点、以乡村图书室为载体的服务农村、传播知识、惠民、乐民、育民、富民的全市图书阅览服务网络，本着"政府购买公共文化服务"和"养事不养人"的公共文化服务的基本理念，进行了心态认识、服务方式和队伍建设等多个方面的创新。[2] 在县城修建公共图书馆，在乡、村建设

1　赵霞. 论新型城镇化进程中的公共文化服务体系创新——以德州市为例 [J]. 新西部（理论版），2016（3）.

2　谭发祥. 西部少数民族地区公共图书馆实现乡村全覆盖模式探索——以四川省攀枝花市大地书香农村家园工程为例 [J]. 四川图书馆学报，2011（5）.

乡（镇）综合文化站和村文化活动室，对活动场地、资金投入、检验评估等都进行标准化要求的同时兼顾民族特色、地域特点和工作特性，坚持基础在"建"、关键在"管"、核心在"用"的工作思路，让农村居民享受到在地文化服务。例如，市、县两级公共财政按照各50%的比例，统一安排项目建设资金和设备购置补助资金；规定村文化活动室建设面积不少于170平方米，室外活动场地面积不少于1000平方米，投入资金不少于13万元等。[1]这些政策措施充分考虑到农村地区的现实情况和困境，使公共文化服务切实落地，让农村居民真真实实地享受到文化发展的成果。从"文化下乡"到"文化在乡"的转变，体现了农村地区在文化发展上主体地位的增强，解决了传统城镇化过度重视硬件配置而忽视文化建设的弊端，也意味着探索农村地区的文化发展新模式被提升到了一个更高的层次。

目前，城乡基本公共文化服务均等化已经纳入国民经济和社会发展总体规划及城乡规划。经过近几年的调整，城乡公共文化服务的财政投入已经基本持平，农村地区的公共文化服务水平也在不断提升。利用互联网、大数据、云计算等为技术支撑，优化资源配置，缩小地区、城乡差异，重点加强老少边穷地区公共文化服务体系的建设，精准扶贫，最大限度地满足城乡居民的基本公共文化服务需求，实现公共文化服务均等化，使公共文化服务的阳光全方位覆盖，使最广大群体的文化权益得以充分保障，是打通公共文化服务"最后一公里"的意义所在。

中宣部部长刘奇葆同志提出公共文化服务要"反弹琵琶"，即"加强资源整合，推动文化资源向农村、民族地区和贫困地区倾斜，能够使这些地区的文化设施和文化服务实现跨越发展，达到一个适合需要的较好水平"。[2]推动城乡公共文化服务均衡发展，政府需要进一步加大对农村公共文化服

---

[1] 谭发祥.西部少数民族地区公共图书馆实现乡村全覆盖模式探索——以四川省攀枝花市大地书香农村家园工程为例[J].四川图书馆学报，2011（5）.

[2] 杨翠萍.西部欠发达地区少数民族中学生阅读现状分析[J].图书馆工作与研究，2014（2）.

务的支持力度，扩大公共财政的覆盖范围，保证一定数量的中央财政转移支付资金用于乡镇和村的文化建设，新增预算内固定资产投资要优先投向农村公共文化服务项目。调整资源配置，加大文化资源向农村的倾斜，建立农村文化建设的长效机制；对接农村居民的文化需求，引导农村居民自主创造公共文化。根据新型城镇化的新趋势、新变化、新要求，对村村通、文化共享工程、农家书屋等已有重大惠民工程进行数字化服务提升，深化"广播电视户户通""文化信息资源共享工程""数字农家书屋"融合发展、进村入户。将惠民工程与农民工职业技能培训相结合，与农民就业信息和政策咨询提供结合，提高就业创业能力和职业素质结合，提升农民融入城市社会的能力，通过公共文化服务积极推动农民市民化。要建立农村公共文化服务建设的长效机制，建立健全基层文化单位的评价体系，将服务农村、服务农民作为基层文化单位工作的重要考核内容。此外，政府应该完善公共文化服务的援助机制，采取政府采购、补贴等措施，切实保障残疾人、农民工等困难群体的文化权益，满足他们的精神文化需求。

精准扶贫，也是打通"最后一公里"的关键所在。2015年3月，习近平总书记在讲话当中提出坚持精准扶贫，不能"手榴弹炸跳蚤"。有些地方以被列入国家级贫困县为自豪，有些地方挪用扶贫资金用来建设高大豪华的办公楼，甚至许多地方出现"小白宫""小长安街"的现象，和扶贫的宗旨背道而驰。"互联网+"背景下，精准扶贫的背后是利用数据库和其他社会活动痕迹来计算得出的结果，有针对性地救助贫困人群。同时要因地制宜、实事求是，不能武断地采取"一刀切"的方式，逐步改善文化民生，不断提升贫困落后地区群众和特殊群体的文化生活质量。这就要求通过数据分析来明确"老少边穷"地区的公共文化服务和文化资源的缺口，实行精准建设，精准投放，精准分析和测算。对于未能集中的少数群体而言，例如老年人、未成年人、残疾人、农民工、农村留守妇女儿童、低收入人群等，我们也可以利用他们的低保信息、银行卡相关金融记录、社会活动等数据对其收入情况进行分析，及时发现他们的需求，对其进行自由选择框架下的精准救助。关注少数群体的需求，是公共文化服务的应有之义，更是社会公平正义的具体体现。同时利用新的科技手段来解决这样的问题，更是公共文化服务体系在"互联网+"背景下的"题中之义"。精准扶贫是对旧有扶贫机制的完善，在互联网时代背景中，可以创新扶贫思路，改变我们以往的单一化的扶贫模式，更可以利用远程服务等方式，为贫困人群提供温饱之上的科技教育、农作、手工教育。扶贫工作必须要有"精准刻度"，要用在正确的领域，要精准解决政策资金用在哪里、怎么用、如何用等问题。实现精准扶贫，要明确老少边穷地区服务和资源缺口，集中实施一批重点文化扶贫项目，覆盖这些公共文化服务体系建设短板地区的人才培养、美育培养、基本文化消费、数字文化服务等。对于财政资金应该合理分配，对于贫困地区的公益性文化建设项目应取消县以下（含县）及西部地区集中连片特困地区市地级配套资金。重点加强边境地区基层公共文化设施建设，加大人才交流力度，促进地区对口帮扶，深入实施老少边穷地区文化工作者专项支持计划，支持老少边穷地区文化资源的开发和利用。

安徽省目前正在探索的"数字农家书屋"项目，是积极利用互联网对农村和基层地区进行精准扶贫的一个案例。利用安徽省新华书店集团数字出版内容的巨大资源优势，在肥田县部分乡镇试点探索"数字农家书屋"，在人均投入不到1元钱的情况下，实现了部分村镇社区文化书屋数字化、网络化、多媒体化。通过在社区农家书屋布放一个数字存储发射终端，在该书屋方圆100米半径内的居民皆可采用手机、平板电脑等连接无线网络，进入这一网上数字书屋。"数字书屋"内存储了上万本图书、数百堂农民致富和科学生活视频课、大量地方戏曲文化节目及高清影视内容。还有办事指导、法律法规等常用政务、法规内容和象棋、军棋等小游戏。[1]

1　安徽探索"数字农家书屋"　让农民搭上信息化快车［EB/OL］.（2015-01-30）［2015-07-09］.http://news.xinhuanet.com/local/2015-01/30/c_1114198841.htm.

第二节 转型！把博物馆带回家

随着人类文明的不断发展，当下，博物馆已经成为一个城市乃至国家的文化符号，承载着丰厚的文化内涵。通过文化资源展陈，提供具有历史价值、文艺价值的文化艺术作品欣赏，博物馆对公民审美能力产生潜移默化的教育和提升作用。目前全国共有4000多家博物馆登记在册，并且每年都会增加约100座博物馆。

互联网时代，每一个民众都可以网上浏览鉴赏到全国乃至全球各地的博物馆藏品，前文提到的谷歌数字博物馆已经践行了数字时代的博物馆游览新方式；民众登录数字图书馆就可以便捷地阅读。以国家图书馆为例，2015年阅读人数比2014年明显减少，但数字图书馆访问量却提高了37%。互联网对博物馆、图书馆等公共文化设施确实提出了挑战：虚拟公共文化平台可以为人们更加便捷地提供丰富的公共文化服务，那么实体的公共文化设施是否还有存在的必要？公共文化设施如何适应互联网时代的要求？这是本节要探讨的问题。

一、公共文化设施的几多忧愁

公共文化设施是公共文化服务的重要载体。近些年来，我国在公共文化设施建设方面取得了丰硕成果，但是在服务效能方面还需要很大提升，与人们的现实文化需求还有很大的距离。整体来看，现在公共文化设施发展存在着以下问题：

（1）服务总量不足，各个地区分布差距较大。从全国范围而言，公共文化设施依然总量不足，尤其是大型公共文化服务设施仍然较为贫乏。目前多数完善的公共文化设施大多分布于市区和城镇建成区，而在人口众多的农村基层公共文化设施却很少；设施不尽人意，镇（街道）综合文化站的公共文化设施依然薄弱，以博物馆为例，我国博物馆数量为3400座，美国博物馆数量为17500座，我国博物馆数量仅为美国的1/5。我国目前公共图书馆书籍人均不到0.5册，而联合国教科文组织提出的建议性标准是人均1.5～2.5册，差距还很大[1]。同时，目前多数完善的公共文化设施大多分布于市区和城镇建成区，而在人口众多的农村基层公共文化设施却很少。公共数字文化服务在北京、上海等地已经非常普及，但在不发达地区尤其是农村地区还刚刚起步。

（2）缺乏科学规划，软硬件不配套。有些地方政府非常重视公共文化设施建设，建设了很多大型的图书馆、美术馆，但缺乏对于这些公共文化设施的更新、完善、经营管理的长期科学谋划。我们发现，有的城市新建的图书馆建设在城市边缘地带，市民享受公共文化服务要承担大量的交通成本和时间成本；有的城市兴建的博物馆规模很大，外表华丽且壮观，但馆内藏品匮乏，对参观者也缺乏有效的组织，出现了许多有馆无展的情况。这些情况的根源都不同程度地反映了，某些地方政府仍然保持了旧有的服务思维方式，没有在互联网的时代中真正把保障人民群众的文化权益、维护民众文化基本权利作为公共文化服务建设的出发点进行考量。

（3）运营方式滞后，效能不足。当前，大多数公共文化设施仍承袭了传统的"谁投资、谁管理"的方式，除实行整体托管的一些大型文化设施

---

[1] 祁述裕.提高国家文化软实力"三题"[J].人民公仆，2014（2）.

外，其余镇级和村级文化设施基本都由镇（街道）文化站和村（居）委会负责管理。这种事业或准事业管理方式在群众文化消费日益多元的情况下显得十分滞后，不符合市场经济发展规律和文化发展要求。传统体制重在"管理"而非"运营"。因此，在公共文化设施的日常运行中，首先，往往注重应付上级的考评检查，而不是以服务对象为中心，场馆具体负责人也难以根据群众需求和喜好调整活动项目或服务内容，管理者也缺乏提升服务质量、丰富服务内容的内在动力。其次，公共文化设施管理机构习惯了旧有的"政府财政"，万事都指望政府拨款。但地方政府，特别是某些贫困地区的政府，囿于财力，没有足够资金维系场馆运营，公共文化设施里公共文化活动越多，财政亏损越大，所以公共文化场馆缺乏组织文化活动的动力，从而导致场馆效能极为低下。此外，由于政府的不够重视，不少公共文化设施至今还停留在出租房产收取租金聊以度日的被动状态。部分镇（街道）文化站与农村文化俱乐部，由于设施不配套、功能定位不准确、管理不到位、活动开展不正常，被挤占和挪用的情况较为普遍。镇（街道）、村（居）图书室图书结构不合理、更新速度慢、大量图书基本无人问津。

（4）监督管理不够到位，缺乏群众反馈机制。大多数公共文化设施没有日常运营和维修资金，导致设施利用率低或过度商业化等问题。监管主体的"隐身"现象导致服务规范缺失，公共文化设施的开放时间、方式、运营主体等都未有标准规定，缺乏必要的约束和标准化。同时，在互联网时代背景下，这些公共文化服务机构的绩效考评机制缺位，部分公共文化服务机构中仍然存在"干多干少一个样""创新与否一个样"的情况，多数文化机构也没有相应的绩效考评措施。同时，群众对于公共文化活动的建议、意见等缺乏反馈渠道，公共文化设施单位和群众还没有形成良好的互动机制。

要解决以上这些遗留问题，在今后的公共文化服务建设中，一方面需要加大公共文化设施的覆盖率和达标率，另一方面要盘活现有的公共文化资源和公共文化设施，优化资源配置。但是在互联网时代，我们真的还需要那么多图书馆、博物馆吗？在目前六级公共文化服务网络体系下，数千个图书馆、博物馆成为开展公共文化服务的重要场所，尤其在不发达地区，为人们提供公共文化服务的主要手段还是传统的模式。但是随着时代的发展，互联网技术的不断发展，实体文化设施所承载的功能可能将发生根本性变化。相信在不远的某一天，在一个庞大的公共文化服务云平台支撑下，在全国各地的任何一个人，可以通过一台计算机、一部手机自由选择、方便快捷地获取自己所需要的文化服务。

二、把博物馆带回家，可能吗？

当下科技的进步推动着社会日新月异的发展。以数字媒体技术为主导的数字化展览方式改变了传统实体博物馆以静态为主的展览方式。在数字环境里，三维图形和时间的结合，形成了四维空间。观众参观展览在一定程度上不必受到展示空间的限制，在虚拟的展示空间中可获得更多的展示信息，博物馆也实现了交互方式的多样化。早在2008年，由故宫博物院和IBM联合开发的虚拟体验型博物馆"超越时空的紫禁城"就已上线，人们只需轻点鼠标就能在互联网上免费"游览"故宫全貌。此后，一系列数字博物馆如雨后春笋般涌现。而随着技术的发展，数字博物馆的体验感也日渐提升。如北京西周燕都遗址博物馆制作的数字博物馆，画面清晰立体，颇有身临其境之感。这种仿真效果利用激光雷达高密度扫描、三维建模展示、全景虚拟导览等技术，将现实存在的博物馆的某个文物、某个场景甚至整个博物馆，以三维立体的方式完整呈现在网络上。而博物馆行业对于数字博物馆的建设需求越来越大，在未来3～5年将会出现爆发式增长。正是看到了数字博物馆的市场商机，各个技术提供商也开始摩拳擦掌，欲抢占市场先机。

但数字博物馆仅仅是博物馆数字化的开端，基于互联网延展出博物馆新的运营和服务方式，才是互联网的真正力量。目前，国内许多博物馆均在努力开拓数字化管理、展示的平台。在国家博物馆和首都博物馆的网站上，展览咨询、导览服务、门票预订等功能都健全。大量的馆藏珍品分门别类，并配有图片和文字解说。此外，大型博物馆纷纷开始玩转微博、微信。国家博物馆的官方微博粉丝超过160万，微信语音导览正在取代传统的人工向导和解说机。博物馆开始尝试在文物展柜旁设置二维码，用手机一扫，屏幕上很快就会出现该博物馆的微信页面，输入微信导览中的数字，就可以接收文物图片和收听相关信息。首都博物馆网站已开通网上体验馆、互动漫游和三维展示，以期突破图片和文字的局限，给游客"身临其境"的体验。中华艺术宫开通了我国首个提供全景虚拟浏览的博物馆官方网站。在电脑上点开"虚拟游览"，网友就可以循着参观路线，将中华艺术宫从内到外在掌上"逛"一番。陕西数字博物馆是国内虚拟博物馆中的佼佼者。一张充满历史感的陕西"地图"上，标出了陕西境内大大小小的博物馆名称。随意用鼠标点击其中一座，就能沿着"地图"在不同展厅进行虚拟参观，还能便捷地观看展品的高清图像与介绍。在英国纽卡斯尔市的街道上，你的手机可能会突然跳出这样一条信息："曾经扰乱治安的酒徒和斗殴分子，会受到公开羞辱的惩戒。"短暂的茫然后，你会发现自己正站在曾经酒徒横行的酒吧街上。再往前走，你又会在手机上看到，"1733年，一个表演者在城堡前召集了一群看客……"你一转身，一座历史悠久的城堡就矗立在身后。这个推送故事的手机APP正是当地泰恩·威尔档案博物馆的杰作。他们结合了当地历史、档藏珍品和手机定位，让游人身临其境地体味历史，也在不知不觉中培养起对博物馆的兴趣。许多博物馆不满足于让游客"看"得尽兴，还为他们"定制"出可以触摸的文物。英国化石标本3D数据库由英国地质调查局牵头，集合了英国各大文博机构的化石标本。每个标本都配有高品质的3D图像和3D模型。参观者可以在电脑上将模型旋转、放大和下载，如果实在爱不释手，还可以借助一台3D打印机，让立体的标本和化石呈现在你眼前。

此外，数字博物馆和文化衍生品的结合中，数字博物馆是一个综合性概念，不仅是文物的展示，还包括衍生品的展示、网购等。目前，大部分博物馆文化衍生品的交易平台还十分有限，主要是通过馆内商店，如果能嵌入到数字博物馆中，在观众点击浏览文物的同时，呈现相关衍生品的信息，也会成为一个很好的网购平台。北京故宫博物院借助新媒体新技术推广故宫文创产品、传播故宫文化的经验值得借鉴。2008年12月创立的"故宫淘宝"官方旗舰店就以电子商务推广的形式传播故宫文化。目前有约200件以故宫元素设计的各类文化创意产品，"故宫淘宝"已成为拥有四皇冠、近20万个好评，好评率超过99.3%的优质网店。微信号、微博、APP应用通过新媒体形式传播传统文化、历史典故，聚拢了超百万故宫文化的粉丝。故宫博物院不断开发优秀的数字文化产品，利用虚拟现实技术拍摄影片，让观众在感受故宫文化的震撼，从细节上体会故宫文化的深度。截至2015年，北京故宫共开发出7000种各具特色的文创衍生品，如故宫手机壳、朝珠耳机等。2016年上半年，文创产品的销售额就已突破7亿元。这些案例已经充分证明，在互联网时代，不仅可以把博物馆带回家，还可以随身携带。

日前，荷兰国立博物馆做了一个重大决定：把大批藏品的高清无码图直接放到了网上，其中包括观众熟悉的伦勃朗的《夜巡》，梵高的《自画像》等世界名作。更值得称道的是，观众可以在线欣赏这些传世名作，也可以免费下载，甚至将局部作品进行放大后再储存，完全不用担心版权问题。同时荷兰国立博物馆还给每个人提供笔和本，鼓励观众放下相机，用写生替代拍照，目的在于让更多的人感受艺术品的魅力。开放、免费、便捷等这些互联网的特质将浸润到公共文化设施的管理思维当中。

三、公共文化设施的多棱化未来

普适计算之父马克·韦泽说："最高深的技术是那些令人无法察觉的

技术,这些技术不停地把它们自己编织进日常生活,直到你无从发现为止。"[1]而互联网正是这样的技术,它潜移默化地渗透到人们的生活中,改变事物已有的形态和功能。

1. 博物馆的华丽转身——智慧博物馆

在物联网、云计算、大数据和移动互联网等信息通信技术的推动下,以人、物、数据动态多元交互传播为核心,能穿越时空的智慧博物馆应运而生,实现了博物馆从数字化向智慧化的转型升级。作为智慧城市概念的衍生概念,智慧博物馆丰富和深化了传统的实体博物馆的信息交流和文化传播功能,智慧博物馆是博物馆未来发展的趋势,未来的博物馆将成为更开放、更具历史和文化温度的"活态"空间。[2]虚拟现实技术与博物馆的结合,更可为博物馆提供高性价比的沉浸式体验。

博物馆智慧化后,任何期望了解古代文明的方式,或许都可在人们熟悉的博物馆中变为现实。观众不仅可以以虚拟主人公的视角参观博物馆,也可以"进入"数字化虚拟出来的古代世界,橱窗里的文物摆放在它千百年前所在的位置,甚至可以看到古人在观众身边徜徉,观众可以在这样的场景中拍照,从古人口中听到曾经发生的故事……智慧博物馆以动静结合的方式将展览主题展现出来,使观众能够参与进来,并将观众引入一个在体验和参与中发现和思考的双向传播模式。新的互动技术使得博物馆还会根据观众的知识结构、兴趣爱好而设计观赏路线,引导观众参观。智慧博物馆也可以通过大数据分析,对文物展陈做出合理调整,将观众关注度最高的展品放在突出展示的位置,并从海量的观众信息中悟出问题的关键,因人而异地提供相关服务,以增加观众感知的深度。智慧博物馆智慧化处理与趣味性展示并重,提供多种互动活动展示。妙趣横生的视频动画、憨态可掬的动漫人物、饶有趣味的互动游戏等都将大大提升观众与文化的融

---

1 王雷,刘刚.移动互联网背景下旅游目的地电子口碑营销研究[J].企业改革与管理,2016(3).

2 张力平.智能新技术让博物馆更"智慧"[N].人民邮电报,2016-02-19.

合度。[1]

此外，智慧博物馆重新梳理和构建博物馆各要素，使博物馆服务、保护和管理智能化，预防性维护工作更简单、高效，极大提升了管理效率和服务水平。如采用先进的计算机控制的光照调节系统，馆内可始终保持明亮而柔和的自然光照，使展品既有足够的观赏条件，又最大限度地保护展品不受紫外线的损害。当自然光线不足时，人工光照系统会自动进行必要的补充乃至完全使用最接近自然色温的灯光照明。[2]

智慧博物馆不仅仅是智能化的博物馆，更可以成为智慧的集结地。博物馆是独特的文化载体，是理解过去、思考当下、启迪未来的文化空间。博物馆最初萌发于人们的收藏意识。4000多年前，埃及和美索不达米亚的统治者就注意寻找宝藏珍品奇物。公元前4世纪，马其顿的亚历山大大帝在建立地跨欧亚非大帝国的军事行动中，把搜集和掠夺来的许多珍贵的艺术品和稀有古物交给他的教师亚里士多德整理研究，亚里士多德曾利用这些文化遗产进行教学、传播知识。亚历山大去世后，他的部下托勒密·索托建立了新的王朝，继续南征北战，搜集来更多的艺术品。公元前3世纪，托勒密·索托在埃及的亚历山大城创建了一座专门收藏文化珍品的缪斯神庙。这座缪斯神庙被公认为人类历史上最早的"博物馆"。博物馆一词，也就由希腊文的"缪斯"演变而来。缪斯神庙里面聚集陈列着大量的藏品，文学、艺术、天文、地理、医学等领域应有尽有。还设有研究室供学者们从事各个领域的研究工作。博物馆不仅拥有丰厚的文物资源，更聚集着文物领域的专业人员。以博物馆为纽带整合当地智力资源，逐渐转型成为本地文化的研究机构，为本地传统文化的保护和传承提供智力服务，拓展博物馆的服务领域和服务内容，从"博物"转变为"博智"，真正成为文化的传承者、守护者。

---

[1] 张力平.智能新技术让博物馆更"智慧"[N].人民邮电报，2016-02-19.
[2] 张力平.智能新技术让博物馆更"智慧"[N].人民邮电报，2016-02-19.

2. 公共图书馆——城市文化引擎

从上文的几个案例可以发现：全民阅读要与时俱进，与互联网共同发展。图书馆行业早就在和包括互联网在内的各种信息通信技术做加法，在公共文化服务领域图书馆行业的信息化水平并不低。从学科发展看，甚至早就把图书馆学作为信息科学的一部分了。然而从实践层面看，我国公共图书馆的数字化转型远远不够，资源、服务和管理等诸多层面都尚未真正实现转型。当前，"互联网+图书馆"的第一目标就是实现从传统图书馆向全媒体复合型图书馆转型。互联网可以让传统阅读服务更便捷、数字阅读体验更美好。互联网还可以让图书馆的读者自由地选择最适合自己的阅读资源和方式。[1]

互联网可以让数字阅读无所不在，但是充分发挥互联网技术和思维更可以提升图书馆的管理和服务、改善纸质阅读服务体验，这种改变对于促进全民阅读的作用和价值是不言而喻的。近10多年来，上海地区公共图书馆的纸质书籍的外借流通量始终保持高速增长，2014年达到创纪录的近6000万册次，其背后最重要的推动力就是利用网络技术构建的"一卡通"系统。自2000年以来，上海的市、区、街镇三级公共图书馆和部分高校专业馆已经逐步实现了通借通还的大流通，正是"一城一网一卡一系统"的图书馆集成管理信息系统和物流系统的建设运营为上海的国民阅读率在国内保持领先提供了重要保障。[2]

更为重要的是，如何借助互联网实现"让阅读无所不在"的美好愿景。书籍是保存人类文明和知识的主要载体，而阅读是人类学习进步的主要方式，所有人都需要阅读陪伴终身。阅读无所不在，伴随着信息技术的发展，从传统纸质阅读到现代数字阅读，从计算机阅读到手机阅读，从电纸书到平板电脑，从微博到微信，从精读到泛读，从深阅读、浅阅读到微

---

[1] 陈超.用"互联网+"和"图书馆+"成就全民阅读[N].文汇报，2015-04-24.
[2] 陈超.用"互联网+"和"图书馆+"成就全民阅读[N].文汇报，2015-04-24.

阅读、移动阅读，阅读方式越来越多样化，更让阅读可以无孔不入。无论技术如何发展，公共图书馆都应该运用"图书馆+"战略去主动服务所有的人群、去实现全天候服务，积极主动地把阅读文化服务和元素送入一切可以进入的领域、行业、机构和场所。所有的组织机构和各行各业也要有"阅读+"的意识，主动思考如何把阅读推广与行业工作有机结合、如何把阅读元素与行业发展紧密结合起来。[1] 目前，图书馆与公共交通工具如机场、汽车、地铁结合，与餐饮、购物、休闲甚至是家居结合的事例已比比皆是。太原图书馆的 UBER 模式就是一个鲜活的例证。读者如果在太原市图书馆找不到想看的书，可以直接凭借书证去太原的书店免费取书，看完之后归还给图书馆。图书馆据此与书店进行结算。这种模式解决了读者免费阅读的问题，图书馆因需采购更有效率，而书店的销售也得到解决，多方共赢。如果可以把这个措施落到实处，逐步在公共图书馆行业普及，那么这将会是一场彻底改变图书馆服务工作的革命。这样的服务创新将改变传统图书馆的采编规则——先采编上架，后读者流通的"后置式服务"，对于读者来说，将极大地解决"有书借不到"和"预约借书"周期过长的问题，对于图书馆，则可以解决采购图书与读者真正需求之间的矛盾，毕竟"读者想读什么书"，不应该是图书馆、出版界或者文化主管部门一厢情愿产生的，读者的问题，应该让读者自己来解决；同时将改变书店尤其是独立书店的经营状况，将支持公益性文化事业与实体书店的政府财政投入合并在一起，让读者的文化需求和书店的生存需求统一在公益文化支出的一揽子方案中；最重要的一点改变是将借阅与销售集成的大数据进行整合，从而为出版行业和教育行业提供数据支持。

在这个以数据化为特征和标志的深度信息化时代，当数字阅读已经逐渐成为人们阅读的主要方式，公共图书馆需要顺时顺势、适应和拥抱互联网的发展。从基于空间、以书籍占有为基础的物理建筑转变为基于时间、

---

1 陈超. 用"互联网+"和"图书馆+"成就全民阅读［N］. 文汇报, 2015-04-24.

以知识分享为标志的开放空间，公共图书馆不仅要继续与互联网做加法，加快向大数据时代的全媒体复合型图书馆转型，还要发扬互联网精神，借鉴互联网思维，同时实施"互联网＋"和"图书馆＋"战略，让阅读无所不在。[1] 公共图书馆应该成为城市的文化引擎，成为社会中不可或缺的文化家园。互联网时代公共图书馆可以拥有多棱化的未来。

知识空间：随着数字图书馆的建设，公共图书馆实体书的借阅职能将会大幅下降，图书馆可以突破原有单一的借阅业务，围绕知识共享延展服务内容。数字阅读、影音鉴赏、公益培训讲座、艺术创作和表演、智能穿戴设备体验、陶艺烘焙DIY制作等都可以成为公共图书馆的服务内容，公共图书馆可以成为城市、社区重要的公共文化空间。杭州图书馆转变"以我为主"的传统服务方式，采用群众自助的新手段，根据群众的需求在原有的阅读服务基础上，又增加了各种文化服务，如经典影片和音乐欣赏、艺术沙龙、文艺演出等，目前平均每天读者达到6000多人次，双休日更突破万人次。全方位的知识服务将有效提供公共图书馆的服务效能，使公共图书馆转化为提升民众文化素养、传承优秀传统文化、陶冶艺术情操的知识空间。

学术共享空间：随着学习型社会的不断发展，终身学习将成为社会成员自我发展的常态。公共图书馆可以致力于打造开放式的学术共享空间，通过综合运用互联网、计算机软硬件设施、知识库资源、图书馆馆员、计算机专家、多媒体工作者及指导教师等人力资源，为用户教学、研究及自主学习提供一站式的服务资源和服务平台。高校图书馆尤其可以发挥其学术研究优势成为学术共享空间的重要实践者。[2] 从国外经验来看，许多知名高校图书馆已经建立了各具特色的共享空间，并且实现了服务模式的成功转型。美国国会图书馆试图采用新的信息技术将全美的学校和研究机构联

---

1 陈超.用"互联网＋"和"图书馆＋"成就全民阅读［N］.文汇报，2015-04-24.
2 吕学财.高校图书馆学术共享空间建设研究初探［J］.教育教学论坛，2014（38）.

接起来，使之可以便捷地享受国会图书馆的丰厚资源，并朝着全世界共享的目标而努力。我国的公共图书馆应该加紧构建学术共享空间，为公众提供开放的学习平台。

创客空间：在"大众创业，万众创新"背景下，公共图书馆可以依托自身资源构建低成本、便利化、全要素、开放式的众创空间，孵化、培育读者的创意能力，激活读者的创新活力，从而发展成为城市名副其实的文化枢纽。数字阅读使资源载体发生了变化，图书馆的部分空间可以节省出来为创业者提供免费的办公场所；丰富的文献资料、行业报告、数据库服务是图书馆得天独厚的优势，可以为创业者提供便捷优质的信息服务。如上海图书馆开辟的"创·新空间"，不仅提供海量的资讯查阅，还为读者提供专业制图设备和设计软件、多媒体触屏、3D打印、专业会议用投影、音响等设备，还邀请各类专家为创业者进行辅导，通过支持小微企业、草根创业，促进科技创意成果产业化。

图书馆从诞生之日起就担负着保存人类文化遗产、开发信息资源、参与社会教育的重要职能。互联网技术创新了公共图书馆服务的新模式，互联网思维塑造了公共图书馆的新管理，互联网生态营造了公共图书馆的新空间，为公共图书馆履行其职责和使命提供了无限的可能性。互联网开创了公共图书馆发展的全新时代，未来总在想象之外。

第三节 一包纸巾的文化体验

在杭州旅游时,游客可以在西湖边和市区内的地铁站内免费领取到一包印刷精美的纸巾。这不是一包"随便"的纸巾,而是印有杭州旅游信息和西湖游览导航的"智慧纸巾"。打开纸巾,用手机扫描左下角的二维码,一段动听的女生导游词就从手机里流出,伴着游客一路逛杭州。在国内其他城市尚在智慧旅游的摸索阶段时,杭州的免费纸巾已经化身为电子导游,让自助旅游散发出智慧的光芒。而在2014年举办的义乌国际旅游商品博览会上,免费纸巾携带自己的智能终端,亮出了升级方案。指尖一动,扫码领纸,就可以在这个平台上实现微信支付、特产购物、电子门票等功能。智慧游杭州,让东方休闲之都更具吸引力。从2012年开始,杭州已经免费向公众开放Wi-Fi上网信号,成为全国首个向公众免费开放Wi-Fi的城市。i_hangzhou网络信号覆盖了大街、公交站亭,就像名字一样,让更多的人爱上杭州。

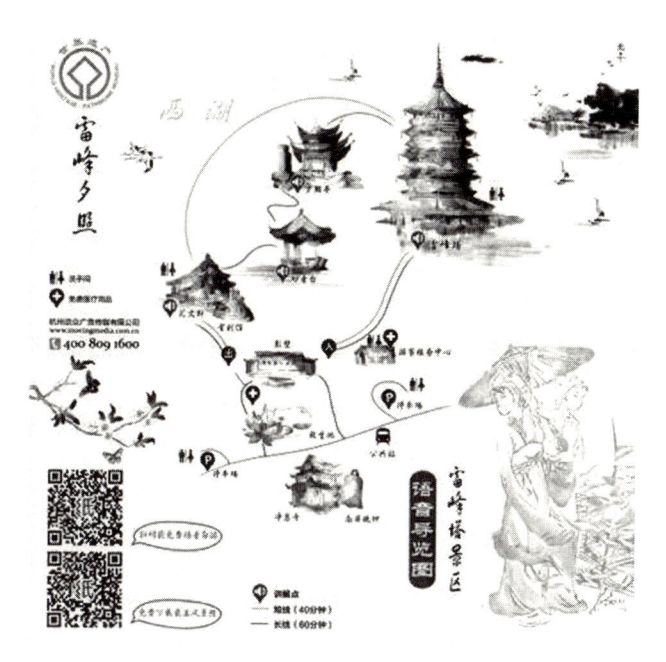

图 2-3 杭州"智慧纸巾"

水墨淡彩的纸巾上，西湖风光旖旎。这种免费纸巾在杭州已经有三年历史了，派发点遍布机场、火车站、高铁站、地铁站、景区、旅游咨询点、大学校园等400多处。除了传统的免费领纸和语音导游两个功能外，"智慧杭州"的微信号还有优惠门票、特产购物等内容。灵隐寺、岳王庙、城隍阁、印象西湖等在这个平台上可以以优惠价格购买杭州的收费景点门票，而到景区门口，也不用再换取纸质门票，验证码一扫，闸机自动过关进门。

根据杭州市旅游委员会公布的数据显示，2014年来杭州旅游总人数为1.09亿人次，杭州全市旅游总收入已经达到1886.33亿元，增长17.63%，旅游业生产总值占全部产值的6.6%，占服务业产值的11%。杭州这座城市充满温度，城市旅游不再是冰冷的历史人文景点，而是有心跳、有温度的最美杭州体验，这背后不仅仅是一张纸巾的免费体验，更体现了杭州城市建设公共文化服务的诸多智慧。

一、城市公共文化空间更显城市温度

文化空间是度量城市的另一种尺度。"城市表达和释放着人类的创造性欲望，从早期开始，当仅有少量人类居住在城市之时，城市就是积聚人类艺术、宗教、文化、商业、技术的地点。"作为人类文明的容器和磁体，城市不仅以物质的形态显现着强大的贮存功能，还以精神的方式展示着极具吸引力的磁场功能。[1] 文化空间是在新的理论视角下观察城市的另一种尺度，体现了人们对空间作用与城市发展的再认识。从具象意义上说，"文化空间"指为公共文化生活提供场所的各类设施，如博物馆、美术馆、图书馆、文化馆（站）、画廊、影院、剧场、音乐厅和文化广场等，公共文化设施都可以归为文化空间；从抽象意义看，"文化空间"是弥漫于城市中的一种文化环境，公共文化服务体系中的文化政策法规、服务方式和组织运行机制部分可归于此。文化空间依托于具体位置，既具有物理形态，又蕴含象征意义，构成了城市的文化氛围与气质，深刻地影响着城市的日常生活，它同气候、地理、经济、政治等条件一样，对于一座城市的成长及其风格的形成，以及其在区域文化中的地位意味悠远。[2] 将公共文化服务融合到城市的硬件和软件中，更能体现一个城市的温度。城市公共文化空间往往与这个城市的文化品质、城市居民的文明素养和生活幸福指数息息相关。城市的现代文明不仅仅只是密集现代的高楼大厦、四通八达的公路等硬件设施，城市的文化品位更体现在城市居民的文化生活、城市的文化氛围上。

1. 大明宫国家遗址公园：以文化之手打造最美城市公共文化空间

居住在大明宫国家遗址公园附近的西安市北郊市民，因为大明宫遗

---

[1] 马树华. "中心"与"边缘"：青岛的文化空间与城市生活（1898～1937）[D]. 武汉：华中师范大学，2011.

[2] 马树华. 公共文化服务体系与城市文化空间拓展[J]. 福建论坛（人文社会科学版），2010（6）.

址的变化而改变了他们的生活。从前遗址附近是贫民窟、城中村，公共文化设施极其匮乏，附近居民的文化生活几乎被忽略，守着文化遗址宝藏，却成为文化沙漠。2010年起西安市政府着手建设大明宫国家遗址公园，经过三年时间的改造建设，210万平方米的草坪绿草如茵，近千亩环园水系碧波荡漾，小型足球场、篮球场、网球场等体育设施星罗棋布，还拥有800套健身设施和环绕公园的自行车系统，遗址公园逐渐成为西安标志性的公共文化空间。而附近的居民，都成为这个文化空间的亲历者、享有者和参与者。依托遗址公园这个巨型文化载体，大明宫遗址区在公共文化服务体系建设上的务实创新，让市民和游客尽享城市建设和文化发展带来的最新成果[1]。

大明宫国家遗址公园不仅改变了这片城市区域老百姓的生活空间，更重要的是，它将带动这座城市实现文化自信和文化气质的全面提升，激活文化因子、促进公共文化空间大繁荣。为了使公园真正成为群众的文化舞台，政府相继出台了一系列扶持政策来引导和扶持群众文化团队参与到公园的文化建设当中。包括设立群众文化活动专项资金扶持优秀的群众演出团队和个人；举办"群众大舞台""群众演艺大赛""群众文化艺术节"等文化活动。仅2012年，大明宫遗址区在群众文化建设方面的资金投入就达400多万元[2]。如今，遗址公园已经成为群众文化活动繁荣发展的大平台，不仅是附近居民日常生活的重要组成部分，更成为西安最具人气的城市公共文化空间，成为陕西省首个"群众文化示范基地"[3]。

此外，大量的博物馆成为提升遗址区公共文化空间品质和内涵的重要组成部分。西安市出台了《关于大力发展博物馆事业的实施意见》，针对

---

[1] 葛超,王文静,刘小石,王涛.以文化之手打造最美城市公共文化空间[N].西安日报,2013-09-30.

[2] 葛超,王文静,刘小石,王涛.以文化之手打造最美城市公共文化空间[N].西安日报,2013-09-30.

[3] 秦毅,孟子发,葛超,王文静,刘小石,王涛.文化之魂"贯通"最美城市公共空间[N].中国文化报,2013-11-28.

民间资本和社会力量投资博物馆建设制定了一系列鼓励、引导和扶持政策，并积极进行体制机制创新。一方面大力推动国有博物馆建设，另一方面积极鼓励、扶持民办博物馆的建设和发展，为其免费提供展馆空间和安保、灯光等设施。博物馆的建设用地一律按成本价划拨，城市建设配套费用予以减免，并对博物馆的建设成本予以补贴；相关的规审、建审费用免除代收部分，税收5年内全额返还。这些举措大大激发了社会资本参与博物馆建设的热情。目前在大明宫遗址区，丹凤门遗址博物馆、大明宫考古探索中心、大明宫遗址博物馆、中国书法艺术博物馆、陶瓷艺术博物馆、唐都新碑林博物馆和大华工业遗产博物馆等七座博物馆相继建成并投入使用，在遗址区形成了集遗址、考古、文物、书法、陶瓷、石碑为一体的博物馆集群。[1]

科技与文化的融合更是为大明宫遗址文化的诠释插上了腾飞的翅膀。通过充分利用多媒体展示、虚拟现实、投射光影动画、实景微缩技术和各种声光电等科技手段，遗址公园展现出蓬勃的生命力和活力。游客可以体验形态丰富的文化产品，影视、动漫、演艺等应有尽有，科技呈现方式更能使游客身临其境地感受到传承大明宫文化的魅力。此外，遗址公园还通过创意再造和延伸公共文化空间，将相邻的工业文化遗产——原大华纱厂的旧厂区进行保护性利用和开放，在完整保留原有建筑风貌的基础上，将其改造为传承工业文明的大型城市文化综合体，并进一步建设各种文化创意空间，充实遗址区公共文化空间的内涵，提升文化品位。

2. 上海：用文化空间提升城市的魅力和品质

2015年，上海举办的城市空间艺术季首次以"文化兴市，艺术建城"为理念，以"城市更新"为主题，打造具有"国际性、公众性、实践性"的城市空间艺术品牌活动，从而改善生活空间品质、提升城市魅力。同时，上海市民文化节和上海城市空间艺术季也首度携手，共同推出了

---

[1] 秦毅，孟子发，葛超，王文静，刘小石，王涛. 文化之魂"贯通"最美城市公共空间[N]. 中国文化报，2013-11-28.

"100个上海最美城市空间"和"100个上海城市空间塑造案例"征集评选活动,以此来推动市民对城市空间中文化艺术元素的关注和思考。[1]大城市的拥挤局促会令人感觉压抑和不适,通过打造城市文化艺术空间能够有效缓解人们的心理压力,调解人的紧张情绪。例如,莫斯科的地铁站布置得金碧辉煌,琳琅满目的艺术品让人流连忘返,成功地消解了地铁道路过深给人带来的压抑感;台北的捷运则将车展塑造为一个展示在地文化的艺术空间;北京的798艺术区更是通过改造废旧工厂,给老建筑注入文化元素,构建了一个极具艺术气息的文化空间。

城市的物理空间是相对固定和有限的,不宜改变,但是可以通过发展文化空间去调整城市的空间局限,优化和弥补城市的功能,整体提升城市的文化品质。文化空间的构建有赖于政府、企业,尤其是广大居民的共同参与,将创意植入城市生活的点点滴滴。台湾推行"生活美学运动"就是从培育公共意识、塑造公共美学、推动公共参与三大层次着手,推广和培养"生活美学"概念。通过提升民众对生活美学的重视及美学涵养,树立城市美学地标,营造城市和乡镇的美感空间等方式,加强了美育以及民众创新能力、设计能力和艺术能力的培养,取得了良好的效果。通过十余年的坚持不懈,今天我们在台湾的大街小巷、城市乡间都可以感受到"生活美学运动"的成果,诚品书屋、台北101大楼、莺歌博物馆等文化景观更成为"生活美学运动"的标志。台湾推动的"新故乡社区营造"计划,以文化创意为内容,立足于当地特色文化、环境资源,因地制宜的营造整体创意氛围。台湾华山1914文化创意园区主打"酒"文化牌,规划了公园绿地、创意设计工坊及创意作品展示中心,提供了供艺术家与普通民众学习、交流、推广、营销创意的空间,使园区成为展现各种文化创意的最佳舞台,"老酒"酿出了新意。台北县莺歌陶瓷博物馆将当代陶艺创作展览、陶艺博物馆、陶艺教育教学等功能合为一体,打造了具有历史、文化认同

---

[1] 葛剑雄.用文化空间提升城市的魅力和品质[N].文汇报,2015-11-09.

感和兼具教育性、休闲性的文化空间，吸引了世界各地的游客。[1] 此外，还有松山文化创意园，不仅仅是文化企业的集聚，更成为地方文化展示的窗口、文化传承的场所、社区的公共文化服务中心和区域的文化地标。

二、城市公共文化服务与智慧城市建设

当前，我们正处在一个日新月异的世界，智能终端、大数据、云计算、云存储、5G 移动网络、物联网等高新技术不断刷新着现代文明的面貌，经济产业结构发生深刻变革，以互联网为标志的新兴产业不断变革着这个时代。新兴技术已经成为政治、经济、文化发展的强大推手。而城市的急剧扩张也产生了一系列严重的城市病，随着城镇化的加速推进，未来的城市将承载更多人口。如何破解城市发展难题，推动城市可持续发展，"智慧城市"已经成为世界各国城市建设的共同选择。

智慧城市是依托现代化的信息技术，以数字化的信息平台为基础，结合其他相关的创新技术，实现环境资源、公共服务、社会生活、公共空间等相关领域智能化、科学化管理为目标的城市形态与其实践过程。[2] 从全球范围看，智慧城市建设主要经历了三个阶段：一是以数字科技为中心的科技型智慧城市，重点是先进信息通信技术研发和基础设施建设；二是以市政管理为中心的管理型智慧城市，提升城市管理和运营的效率；三是以人文科学为基础的人文型智慧城市，提升城市的宜居度和人文关怀。[3] 无论是科技型智慧城市还是管理型智慧城市，都将在极大程度上满足城市居民的公共需求，提升现代城市居民的生活质量。而人文型智慧城市更是深度契合"以人为本"的城镇化发展理念，把文化注入城市发展的血脉，让城市

---

[1] 李越乾. 台湾文化创意产业的发展、经验及启示 [J]. 统一论坛，2014（3）.

[2] 张翔. 国内智慧城市与公共服务研究现状评析——基于共词分析法 [J]. 信息资源管理学报，2015（2）.

[3] 刘士林. 以人文引领智慧城市建设新常态 [N]. 文汇报，2015-05-15.

生活更加美好。

　　前瞻性地对未来城市发展做出预判和布局，大力推动信息技术带动战略，创建适应、引领未来发展的智慧城市，是实现新型城镇化的重要内涵，将大力助推信息化与城镇化、工业化、农业现代化协调发展、深度融合。上海提出建设智慧文化和智慧旅游。智慧文化即围绕市民对公共文化服务的需求，搭建文化上海云平台，汇聚整合全市文化活动、文化展示、文化演出、文化培训、场馆导览、图书阅读、非物质文化遗产等公共文化资源，市民可以在任意时间、任意地点一站式登录云平台享受公共文化服务。包括加快图书馆、博物馆等文化资源的数字化，为市民提供触手可及的公共文化服务，到2016年60%的市级博物馆和40%的区级博物馆实现数字化。鼓励企业开发推广各类满足市民需求的数字内容产品和服务，培育互联网文化服务领域龙头企业。大力发展智慧旅游，鼓励和引导旅游电子商务平台建设，为游客提供旅游线路规划和交通、住宿、门票预订购买等一站式服务。推进景区智能化建设，提供电子门票、自助导览、自助讲解等服务。包括建设旅游市场监测预警平台，开展旅游企业、行业信息动态统计和分析，提升行业运行发展分析能力和决策能力。建立旅游舒适度指标体系，提升旅游公共突发事件预防预警、快速响应和及时处置能力。加强旅游行业监督管理，强化旅游行业信用监管和服务。

　　目前上海市民可以通过智能手机、电脑、PAD、数字电视等渠道登录"城市公共文化云"获取丰富的公共文化资源和文化活动信息，同时能参与平台互动。已实现面向全市所有公共文化单位开放接口、开通账户、建立信息安全审核机制，允许公共文化单位自行发布文化资源和活动信息，实现全市现有数字文化资源和平台的对接。未来，上海"城市公共文化云"还将打造平台的升级版本，建设文化社交平台，打通社交渠道，打开老百姓发布文化内容和文化资源的入口，并借助国家"十二五"发展"云计算"的优势，借力上海智慧城市和自贸区建设的东风，成为一个互动分享平台。[1]

另外，鉴于开源数据对于城市公共文化服务建设的重要性，上海市也推动了政府公共数据开放服务的建设。建设完善上海数据服务网，形成政府公共数据对外服务统一门户，推动基于移动互联网的政务应用系统开发。加快制定政府公共数据资源向社会开放的标准规范，探索建立政府公共数据资源开发利用的规范和渠道。深化公共资金、公共资源、食品安全等政府信息公开，全面开放地理位置类、市场监管类、交通状况类等重点领域的政府数据。开发数字档案信息资源，推进档案资源数字化、管理手段现代化、档案服务网络化，提高档案便捷服务和信息共享水平。采用外包、政府购买服务等方式获取用于政府管理和公共服务的数据产品和服务，促进信息服务产业发展和公众信息消费。[2]

青岛也是积极将公共文化服务融入智慧城市建设的另一个例证。目前，青岛基本实现全光纤网络布局，完成了无线网络升级和有线电视双向传输，无线城市初步形成。中国联通云计算基地的落户以及青岛与清华大学共建大数据中心，将为进一步打造中国北方重要的数据中心、建设智慧青岛提供重要支撑。青岛市图书馆从2007年就开始探索"市民数字学习中心"的建设，目前已经形成较为完善的软硬件体系和数字应用系统。在数字资源建设方面，与中国知网、万方、重庆维普、超星、书生等公司建立了深度合作关系，为数字图书馆的建设打下了良好的基础；在实施"数字图书馆推广工程"方面，与国家图书馆的专网连接带宽达到155M，通过专网，读者在青岛市图书馆可以快速流畅地访问国家数字图书馆工程资源建设成果和一批优秀的普适性商业数字资源；在移动阅读服务平台建设方面，先后开通了电话语音、短信、微博、微信等移动信息服务，开发了青岛市图书馆移动阅读服务平台，实现了门户信息推送、移动OPAC业务

---

[1] 洪伟成.上海公共文化资源打包入"云"[N].中国文化报，2014-04-02.
[2] 贺小花.智慧上海建设独领风骚 创下耀眼成绩[J].中国公共安全，2015（9）.

及移动阅读、资源统一检索以及移动参考咨询、文献传递等功能。[1]

近年来，文化部、财政部共同组织实施了全国文化信息资源共享工程、数字图书馆推广工程和公共电子阅览室建设计划，为"十二五"时期的公共数字文化建设奠定了坚实基础。截至 2012 年 7 月，全国文化信息资源共享工程的服务网络中数字资源总量达到 130TB 的规模；截至 2012 年底，全国文化信息资源共享工程已覆盖了 99% 的行政村，累计服务群众已达 12 亿人次。[2] 但是，目前我国公共数字文化基础设施面临着资源分散、效能低下的问题。三大国家重点工程的数据资源主要还集中在国家、省、市三级，而公共数字文化最匮乏的县及县级以下广大地区还未能充分享用海量公共文化资源。其中三大问题比较突出：一是文化信息资源利用率低。三大工程之间分割不清晰，存在着内容交叉、重复建设的问题，还未形成合理的资源共享机制。重建设、轻维护，重数量、轻质量的现象较严重，资源的实用性不强，与群众的真实文化需求差距较远。二是服务手段单一。目前公共数字文化的传输存储手段相对落后，与目前快速发展的信息技术不相适应，与人们日常使用的智能手机、平板电脑等设施不相容，群众使用的便利度不高。三是运行手段传统。仍然停留在单向传播模式，未建立及时通畅的需求反馈渠道，资源的互动性不足，与群众的真实文化需求脱节。

当今世界已进入信息化、数字化时代，推动文化事业发展必须依靠文化和科技的融合，从关键技术、示范工程、基地建设、标准化创新等多个层面加大文化科技创新力度，围绕公共文化服务体系建设的重大科技需求，推进文化和科技的深度融合发展。要鼓励和支持公共文化机构、科研院所、高科技企业合作开展各类公共文化服关键技术的研究，实施一批公共文化服务科技创新应用示范项目，加强科技成果的转化应用。依靠文化

---

1 刘志亭.智慧青岛目标下的数字公共文化服务平台建设［N］.青岛日报，2015-05-16.
2 袁锦贵.科技与公共文化服务高端融合发展的趋势与促进策略［J］.广东广播电视大学学报，2014（1）.

科技创新工程带动。结合中央财政科技计划（专项、基金等）管理改革要求，将公共文化科技创新纳入科技发展专项规划，深入实施国家文化科技创新工程。同时通过标准化促进科技创新。研究制定公共文化服务领域科技标准规范，开展文化专用装备、软件、系统的研发应用。

而加快推进公共文化服务数字化建设是当前数字化时代的必然要求，推进公共文化服务数字化建设要从以下五方面着手：一是加快推进公共文化机构数字化建设。结合"宽带中国""智慧城市"等国家重大信息工程建设，通过国家网络建设、信息化建设战略的推进，促进数字图书馆、数字博物馆、数字艺术馆、数字文化馆、数字农家书屋等公共文化机构数字化建设。二是推进公共数字文化服务网络建设。结合公共文化机构数字化建设，统筹实施全国文化信息资源共享、直播卫星广播电视公共服务、农村数字电影放映、城乡电子阅报屏建设等项目，构建打造全域化、标准统一、互联互通的数字化公共文化服务网络，在基层实现共建共享，解决公共文化服务的"最后一公里"问题。三是推进公共文化服务内容与产品数字化。通过文化产品数字化，增加公共文化服务内容的保存期和可获取性，有效提高文化资源供给的速度和便利性。四是提升公共数字文化资源供给和保护能力。科学规划公共数字文化资源建设，建设分布式资源库群，实现分布在不同区域的海量公共文化资源的存储、交换与整合。鼓励各地整合中华优秀文化资源，开发特色数字文化产品来提高资源供给能力。同时，通过数字版权公共服务平台建设，实现公共数字文化资源有效保护。五是重视大数据技术在公共文化服务体系中的应用。加强公共文化大数据采集、存储和分析处理。加快推进数字文化资源在智能社区中的应用，实现"一站式"服务。对公众多元化的文化需求进行动态分析，针对公众需求提供丰富的、个性化的公共文化产品，实现公共文化资源的有效供给。

此外，还要把握新经济、新媒介、新思维带来的传播新常态，构建公共文化服务的现代传播体系，推动公共文化服务资源共建共享，提升服务效能，实现服务传播的创新性、开放性。

创新传播手段，拥抱互联网思维，实现新旧媒体的融合传播。把握传播关系的变化和受众个性化的信息需求，掌握云计算、物联网、大数据、空间地理信息集成等新一代信息技术的应用，改变固定场所、封闭的文化服务传播手段。进一步整合传播媒介，打造全媒体传播网络，实现传统媒体和新兴媒体互联互通。建立新型主流媒体和新型媒体集团，形成立体多样、融合发展的现代传播体系，充分实现不同媒介平台资源的共享。借助数字智能终端、移动互联，实现传统媒体、互联网、移动终端以及社交媒体等全方位发展，拥抱互联网思维，建立公共数字文化服务平台，让公共文化服务伴随着智能移动终端真正实现随时服务、随地享用。

创新传播内容，推动业态升级，实现内容创新。充分利用现代科技与传播手段，推动内容和功能集约化、现代化。创新传播内容，通过数字技术等对传统的公共服务内容和资源进行改造升级，推进传统文化、非物质文化遗产的数字化保存和传播，实现业态创新；通过现代传播实现全业态内容的覆盖，充分利用宽带互联网、移动互联网、广播电视、卫星网络等现代传输渠道来拓宽公共文化服务内容和资源的传播；通过现代传播普及公共文化服务权责，广泛宣传现代公共文化服务体系，使全社会了解公共文化服务体系原则、内容、要点和创新之处，明确基本文化权益和服务标准，鼓励社会力量参与，引导文化类社会组织和文化志愿服务规范、有序、健康发展。

构建多元传播主体，创新治理模式。现代传播方式和传播渠道具有互动性、参与性、体验性、定制化的特点。在互联网环境下，受众讲究的是去中心化、去传统化、去权威化的互联网精神。要积极面对信息传播格局的转变，创新体制机制，构建公共文化服务的多元传播主体格局，将社会力量引入现代公共文化服务的传播体系，形成政府、个人、社会、市场的良性互动与平衡机制。坚持政府主导，确保传播导向，实现主流渠道、民营企业、文化类单位、个人广泛参与、多屏传播、多终端接收，权威媒体与自媒体结合，非营利性与专业化经营相结合，社会管理与人文营造相结合，有效推动基层文化服务普惠大众。

注重传播效能，推进双向互动，完善考评机制。现代公共文化服务要走集约化、内涵式发展之路，对建设与管理效果提出了新的评估考核标准。充分利用现代传播方式的双向互动性，接触规模和人群覆盖的广泛性，推动服务的普及率。推动内容和功能集约化，整合文化服务资源，以提升数字化、信息化服务水平和整体效能，实现基层公共服务资源的共建共享；在重视均等化的基础上，加强个性化的市场服务意识，注重地域性和多样性问题，实现服务的精准推送、个性化服务，保障服务到达率；借助现代传播渠道构建覆盖广泛的公共文化服务供需的互动反馈机制，通过网络便捷、快速、真实、直接地表达文化需求，形成政府与居民之间的良好互动，实现公共文化服务的简便、透明和高效。

为此，国家和各级地方政府需要充分保障公共文化服务与科技的融合发展。首先，在总体规划上，要制定清晰的国家战略，对全国各个区域内公共文化数字化建设进行整体上的合理规划和指导，统一数字化规范和标准，防范出现多头交叉、重复建设和低端竞争问题，既要提高公共文化数字化资源的数量，更要引导数字化高新技术在公共文化领域的运用，注重提高数字文化的内容质量和技术质量。其次，在资金投入上，通过财政资金的基础性投入，引导社会资金、企业资金、风险基金、金融资产等进入以大型全媒体多语种数字内容资源库为重点的公共文化数字化领域。再次，在技术保障上，注重集中国家优势力量开展公共文化内容的数字化快速批量转化、多维动态环境下的数字内容开发创作、多元发布、版权保护等共性关键技术的研发，建立开放的数字内容发行控制体系及以移动终端为载体的新型数字内容投送体系，推动移动智能终端在公共文化、社交网络等领域的创新应用，培育新型商业模式和服务业态。然后，在内容开发上，注重中国民族文化传统资源和各个地域文化的深度创意性挖掘和小、微故事化讲述，以适应国际市场的需要和现代人快捷、高效的阅读习惯并加快文化遗产基础资源库的建设完善，推进数据资源的跨行业、跨领域开发应用。最后，在人才保障上，通过引培并举逐步提升公共文化服务人员的科技素养是我国政府的当务之急。一方面，公共文化管理部门要将现有的公共文化服务人员科技素养提升纳入培训计划，建立专门的人员培训资金，开展有计划有针对性的高新技术使用培训。另一方面，要加大科技素养考核力度，将考核与人员晋升、工资待遇相挂钩，倒逼公共文化服务人员自觉学习和应用高新技术。[1]

1. 上海浦东，公共文化融入智慧城市建设

当今城市，城市的发展已经逐渐趋向于智慧城市的建设。上海浦东在实现城市智慧式管理和运行时，让公共文化服务于民众，改善其生活氛围与环境，提升生活质量。其主要举措为：

第一，打造陆家嘴专属智慧生活圈。作为浦东的核心，陆家嘴地区的"生活圈"被各项公共文化服务点亮。浦东正着力在这块"智慧高地"上打造专属的文化生活圈，政府通过连续高密度文化导入，培育了一批具有市场化运作能力与活力的优质文化品牌项目。如：举办白领午间爵士会，国内外文化团体的精彩演出，音乐、话剧旬旬演，多媒体灯光秀等。

第二，公共文化助力浦东"增智"。自2013年11月浦东取得第二批"国家公共文化服务体系示范区"创建资格以来，陆家嘴街道通过"智慧社区"建设，积极打造符合智慧城市的现代公共文化服务体系。通过建设创新文化培育基地、培育社区自治管理文化、建设公共文化服务信息化平台等来实现社区的"智慧化"。

金融图书馆便是在上海全力打造国际金融中心、建设陆家嘴金融城的背景下应运而生。浦东陆家嘴金融图书馆于2007年底成功创办，一方面为金融专业人士服务，另一方面为专业人士和居民牵线搭桥，普及金融知识。"金融理财讲座下社区"品牌服务项目也由此诞生。此外，金融图书馆还与兴业证券、招商证券、东吴基金、大智慧等多家金融机构合作，让

---

[1] 袁锦贵. 科技与公共文化服务高端融合发展的趋势与促进策略［J］. 广东广播电视大学学报，2014（1）.

优秀的专业人员来到社区，为居民们带去最新的金融热点分析，引导居民合理理财，规避风险，受到居民的一致好评。

第三，文化融入科技实现生活"智慧化"。浦东公共文化数字平台建设是浦东推动文化创新和公共文化服务标准化、均等化的重要项目。2011年，浦东新区开设"浦东文化网"，2013年，开设"浦东文化"微博，2014年，开设"浦东文化"微信公众号。2014年下半年起，浦东新区整合现有的文化资源和文化服务，着手建设浦东公共文化数字平台，为市民提供统一的数字化服务入口，为构建全域数字覆盖的服务模式探索了工作机制、积累了现实样本。

2. 微信智慧城市

在"互联网+"大背景下，网络的普及让生活发生着翻天覆地的变化。智慧城市建设以数字化、网络化、智力化为主要特征。随着微信的有序开放，它将构建一个社交网络、商业网络、物联网的融合体。微信具有连接人、物、资讯和商业的连接能力，可以帮助城市实现生产生活方式的变革、提升和完善，带来更智慧的城市形态和生活形态。目前，北京、上海、广州、武汉、成都、杭州等地都已不同程度地运营微信公众账号，将微信链接智慧生活。

以武汉为例，"武汉交警"作为微信上的第一家具有"移动推送"功能的政务类微信公共账号，现在已经具备查询常见交通问题，向车主推送违法时间、地理位置、照片，微信支付"交通违法"罚款，"快速理赔"等服务。"武汉交警"现场公布的数据显示，截至2015年5月3日，"武汉交警"的关注用户数已突破50万，用户总计查询超1925万次，总计发送信息234.6亿条。微信在城市公共服务建设方面的影响力还在持续增强，继武汉交警之后，武汉十余家政府机构都开通了微信公众号，出入境办理、婚姻登记、信访等多项事务都可以通过微信公众号办理，行政审批、投诉告知、信息公开成为微信服务账号的三大主要职能。努力依靠高科技让城市变得更"智慧"，实现全网互联时代。

首先，公共文化服务体系建设要接地气，需要真正做到基层化。充分利用新媒体在基层公共文化服务建设中的重要作用，通过全媒体公共文化网络新阵地的打造，为公共文化服务体系建设闯出一条新路。其次，注重智慧化与人文化协调发展，让智慧管理与公共文化水乳交融，是公共文化服务建设中需要注意的。此外，公共文化体系建设智慧化需标准化与均等化稳步推进。公共文化服务体系的构建要兼顾不同人群，也要统筹城乡差异，政府要充分重视公共文化服务体系建设在政府工作中的重要地位，推动公共文化服务体系建设的标准化、均等化与全覆盖。最后，充分借力互联网平台，通过微信开放、规范的自运转系统和强大的连接能力，将有助于达成智慧城市的目标，即人的互联网、物的互联网、服务的互联网。随着微信官方规则的不断完善以及产品在移动互联网创新大潮下的快速迭代，微信带来的行业价值也将持续攀升。

第四节 谁将被互联网时代遗弃?

在互联网时代,并非所有人都可以如鱼得水,"数字鸿沟"有可能加剧老年人、农民、残疾人、留守儿童等特殊群体的文化困境,使其面临被时代抛弃的危险。数字鸿沟不是新鲜话题。它是不同国家、地区、行业、企业、人群之间由于对信息、网络技术应用程度的不同以及创新能力的差别造成的"信息落差""知识分隔"和"贫富分化"问题。数字鸿沟是一种无法避免的"积累沟",它是国家、地区、群体之间业已存在的社会发展差距的一种新的表现形式。[1]

数字鸿沟是信息社会发展的必然产物。在当今的信息时代,信息正成为比物质和能源更为重要的资源,以开发和利用信息资源为目的的信息经济活动迅速扩大,逐渐成为国民经济活动中一项重要内容,信息化水平的高低已成为衡量一个国家现代化水平和综合国力的重要标志。[2] 处在信息社会,一部分人拥有获取丰富信息、掌握信息技术的条件和能力,还有一部分人则受到他们的教育背景、经济条件、生存状况等因素的限制,无法自由有效地获取信息。这种信息分化使得在两部分人群之间形成了信息不对

---

[1] 丁未,张国良. 网络传播中的"知沟"现象研究[J]. 现代传播,2001(6).
[2] 李晓东. "数字鸿沟"与公共文化服务体系的构建[J]. 图书馆学刊,2011(1).

称,即数字鸿沟。贫富差距的拉大以及信息技术更新速度的日新月异,产生了信息获取的马太效应,强者更强,弱者更弱。当前,如何消弭数字鸿沟,建立公平和充满活力的信息社会已经成为世界各国在全球化、信息化发展当中不得不面对和解决的重大社会问题。

数字鸿沟表现在四个方面,简称"数字鸿沟 ABCD"。A(access)指互联网接入与使用渠道。互联网不仅需要信息基础设施,而且对终端用户来说,互联网接入价格由硬件、软件和提供接入费用及电话服务费三者组成,因此,社会经济差异是产生数字鸿沟的一大主导因素。B(basic skills)指数字化时代需要掌握的"信息智能"。群体信息智能的差异往往造成互联网利用能力方面的鸿沟。C(content)指网上内容。在四通八达的网络世界里,谁主导着多媒体、多语言的信息内容和网络信息产品,这些内容与产品又以哪些群体的利益、爱好为取向,最终决定了这些群体与其他群体之间的鸿沟。D(desire)指个人上网的动机、兴趣。不同的"使用与满足"类型,决定了互联网用户在获取信息和利用信息方面的鸿沟。上述 ABCD 所带来的种种信息落差、知识分隔和贫富分化,是互联网发展必须应对的难题。在当今的知识经济时代,数字鸿沟的存在可谓牵一发而动全身,影响着国家、社会、群体发展的方方面面。在此背景下,网络的使用者与非使用者之间的区别已成为社会分层的新维度,它对传统的社会结构正形成势不可挡的冲击。

一、各国政府解决数字鸿沟的探索

美国:从 20 世纪 90 年代开始,美国政府就采取了一系列积极措施解决数字鸿沟问题。第一是立法。美国国会 1996 年通过修改 1934 年的《通信法案》,特别强调了电信企业的"公平竞争"和"普遍服务",其中"普遍服务"主要强调让生活在乡村的美国人要和生活在城市的人一样享受到先进的电信服务。第二是政府积极倡导,社会广泛参与。克林顿总统在 2000 年曾发表"填平数字鸿沟"的白宫讲话,发出"全国行动号召",提出让学校、社区、家庭全面上网。农业部、教育部、司法部等积极响应,纷纷采取相应措施。美国的企业对缩小数字鸿沟也热烈响应,许多大公司投巨资,支持这件对公司和公众都有利的事业。第三是重视公共图书馆的服务与培训职能,多方筹集资金支持公共图书馆信息化建设,在公共图书馆配置计算机、连接互联网、提供信息技术培训等。比尔及梅林达·盖茨基金支持的美国图书馆项目,就是帮助美国的公共图书馆向低收入和处境不利的社区居民提供使用计算机、互联网、数字化信息的机会,已投入资金达几十亿美元。许多州也将自己的普遍服务基金用于基础设施建设,来支持图书馆上网。

南非:在南非的大中城市,互联网较为普及,但农村和偏远地区是其薄弱环节。为了让网络向最贫困地区延伸,南非大力发展远程计算中心和多功能社区信息中心,在黑人城镇建设数字村并进行电脑技能培训。在东开普敦省,由南非科技部和科学与工业研究委员会共同推广的"数字通道计划"把重点集中在了儿童身上,由科学与工业研究委员会向社区提供类似街头电话亭的多媒体信息终端,安装了如数学、物理、化学、音乐、语言、艾滋病预防等诸多教育科目,并在南非MTN移动通信公司的支持下与互联网相连。这种免费使用的多媒体终端极大地开阔了孩子们的眼界。

韩国:韩国政府为了推动偏远地区人民的信息化发展,推出了"信息网络村"项目。其主要目的建设内容主要包括6个部分:①ADSL线路铺设到各家各户,并建立各村的"村庄信息中心";②每个村设立"项目运作委员会",成员为15名左右村民,根据一定的标准,免费向部分家庭提供个人计算机,这一措施使韩国农村的计算机普及率达到70%;③政府开展提高村民技能的培训项目;④选取"村庄领先者"提供特殊培训,以提高他们的见识和专长;⑤内容建设确保村民是最主要的受益者,通过该项目提供的服务内容覆盖了从模拟工业技能到商品定价、从气象预报到儿童教育资源方面的信息,此外还开发了本地用户化内容;⑥开展公共认知项目,以确保人民了解通过该项目可以开展哪些事务。

截至 2006 年 5 月，韩国"信息网络村"已经达到 280 多个，有 95% 的农村家庭用上了宽带网。[1]

信息科技的最大潜力在于降低教育单位成本，进而提供平等而开放的教育机会，使社会上的人可以终身学习。前文化部部长蔡武认为，"破解城乡文化发展的二元结构，真正解决基本公共文化服务均等化问题，光靠中央和省的扶持是不够的，仅仅依靠农村自身的力量也是不可能做到的。"随着社会经济的发展，互联网的普及，广大人民群众对公共数字文化的需求日益增强。公共文化服务的均等性、便利性等基本原则决定了公共文化数字化服务也必须实现我国东中西部地区之间、城乡之间、各类群体之间的均衡发展。仅仅靠硬件设施投入无法消弭数字鸿沟，要解决这个社会问题必须从政策扶持、环境营造、权益保障等多方面共同努力。

二、互联网时代文化权利的守望

2001 年 9 月在新加坡召开的"全球背景下的文化权利"亚洲研讨会上，与会代表们曾列出如下 15 项文化权利和责任清单：

（1）文化认同的权利；

（2）自由参加所在族群文化生活的权利；

（3）享受艺术并受益于科学发展及其应用的权利；

（4）保护文化作品的道德或者物质利益的权利；

（5）保护文化财产或文化遗产，承认原住民知识产权的权利；

（6）文化创造的权利；

（7）思想、意识和总结自由的权利；

（8）自由表达的权利；

（9）少数民族和原住民接受教育和建立自己媒体的权利；

---

1 李晓松. 透过国外应对措施看全国文化信息资源共享工程在缩小数字鸿沟中的作用[J]. 图书馆建设，2008（2）.

（10）文化群体不屈服于灭亡的权利；

（11）尊重和珍惜所有文化的尊严的权利；

（12）发展和保护自己的文化的权利；

（13）传播知识、激励智慧和丰富文化的权利；

（14）彼此间达成对彼此生活方式更为理解的责任；

（15）提高人类精神和物质生活水平的责任。[1]

以上清单相当程度上代表了人类对文化权利认知的共识。而文化权利应该平等地体现在每一个个体身上，无论他是什么阶层、什么年龄。

1. 老年人

互联网的普及改变了人们的生活方式。但是互联网世界并非现实社会在互联网上的直接映射。中国互联网络信息中心（CNNIC）第36次报告显示中国网民中60岁以上老年人所占比例仅为2.4%。但是根据第六次人口普查数据，现实社会中60岁以上老年人口的比例为14.3%，远高于互联网中老年人的比例。

根据联合国世界卫生组织的统计，到2025年，中国人口的13.2%将为65岁以上的老年人；到2050年，这个数字将为22.7%。老龄化社会不期而至。老年人因为各种制约条件对于新科技的适应能力不足，而智能科技的发展似乎更加剧了年轻人和父辈们的代沟。

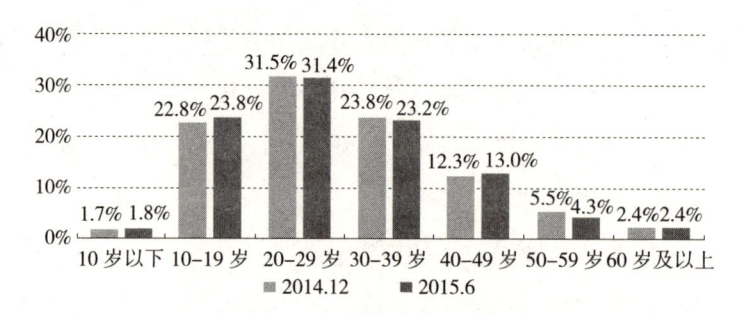

图 2-4 中国网民年龄结构

（注：数据来源于中国互联网络发展状况统计调查）

---

[1] 蒋永福.文化权利、公共文化服务体系与公共图书馆事业[J].国家图书馆学刊，2007（4）.

承德女孩李璐为年近八旬的姥姥和姥爷注册了微信,并手绘六页微信使用说明书。

无独有偶,2014年春节,也有一份网络疯传的手写微信说明书。外地工作的小伙子张明回家过年时,给父母买了两部智能手机,并且手把手教父母如何使用微信,但等到他回外地工作时,父母依旧不会使用,这让父母非常着急。于是张明决定手绘微信使用说明书,方便父母更好地学会使用,联系自己。

图2-5 手绘微信使用说明书

这些孝心背后,体现的正是老年人在互联网时代面临的困境和尴尬。在公共文化服务不断与互联网耦合的过程中,使老年人能便捷地享受公共文化服务发展的成果,满足老年人的文化需求是公共文化服务必须正视和解决的问题。

老年人与其他社会成员一样,都有权平等地享有科学进步和文化发展所带来的成果,都拥有参与文化生活、进行文化创造的权利,而他们所创造的文化成果也同样有权获得法律保护。《中华人民共和国老年人权益保障法》还专门规定,老年人有继续受教育的权利,政府和社会应当发展老年教育。受教育权是老年人应有的权利,是老年人文化权利的重要组成部分。[1]此外,新修订的《老年人权益保障法》也明确规定"博物馆、美术馆、科技馆、纪念馆、公共图书馆、文化馆、影剧院、体育场馆、公园、

---

1 周绍斌,张艳红.论老年人的文化权利与政府责任[J].人口与经济,2010(6).

旅游景点等场所,应当对老年人免费或者优惠开放"[1]"各级人民政府在制定城乡规划时,应当根据人口老龄化发展趋势、老年人口分布和老年人的特点,统筹考虑适合老年人的公共基础设施、生活服务设施、医疗卫生设施和文化体育设施"[2]"国家和社会采取措施,开展适合老年人的群众性文化、体育、娱乐活动,丰富老年人的精神文化生活"[3]。

《经济、社会和文化权利国际公约》明确规定:老年人作为一个特殊的年龄群体,其生理、经济和社会等各方面可能遭遇一系列的"丧失",呈现出一系列的"弱势性",但从人权主体资格的角度看,老年人群体与其他年龄群体并无差异,同样平等地享有文化权利。[4]

杭州是全国最早迈入老龄化社会的城市之一。据统计,截至2014年底,全市老年人口数达142.97万,占户籍总人口数比例将近20%。预计到2020年,全市老年人口将接近200万,也就是说,大约4个人中就有一个老年人。为满足老年人的文化需求,2014年开始,杭州市政府开设了以老年人为服务对象、老年人唱主角的老年文化艺术节。艺术节将"老年产业"和"孝道文化"进行有机融合,举办了老年服装设计大赛、老年服饰展演、老年舞蹈表演等一系列活动,吸引了全市8万多人次的老年人参加。此外,杭州还精心组织了"敬老月"活动,举办各式各样的老年文化活动,如老年服饰大赛、老年模特选拔、老年书画摄影比赛、老年文艺专场汇演及文化下乡等,为老年人搭建了参与文化生活的平台。目前,杭州城区多家影院开展了老年人优惠观影活动,在非节假日下午5点之前,老年观众凭有效证件花10元钱就可观看当季电影,全年有2.3万多人次观影记录。

在网络社会化的过程中,老年人被边缘化了,老年人群体与中青年群

---

1 竟明亮.当前影响老年大学发展的主要问题及解决策略[J].当代继续教育,2016(1).
2 胡小武."老年友好型"城市的宜居空间与建构逻辑[J].上海城市管理,2014(3).
3 汪文萍."文化养老"支持政策分析与研究[J].科教文汇(中旬刊),2016(3).
4 周绍斌,张艳红.论老年人的文化权利与政府责任[J].人口与经济,2010(6).

体之间存在巨大的数字鸿沟。针对老年人开展公共文化服务不仅需要针对老年人的生理特点、实际需求提供相应的互联网应用提供指导，比如北京阜四小院开设的微信使用课堂等，同时也要从整体上提升老年人的文化生活品质，促进社会和谐发展。

北京邮电大学的在校学生发起成立了"夕阳再晨"的公益组织，常年为老年人普及网络及电脑知识。他们走入社区辅导老年人使用电脑、平板电脑（Pad）、智能手机，普及当下流行的微博、微信、淘宝等应用软件，为老年人拓宽信息来源和沟通渠道，提升了老年人融入科技社会的自信心。项目首先通过组织老年人学习简单的网络交流工具，使得老年人能更方便的与亲人朋友交流；然后以网络为平台，组织各种活动，把一家三代的小家庭变成主要由老年人和青少年组成的大家庭，加强几代人的沟通互动；老年人是社会进步的最佳见证者，通过组织老少两代人互动，既可增强青少年对社会的感情，也能增强老年人的社会参与感，释放他们的创造力和活力。

2. 农民工

随着工业化进程的加快，中国千百年来乡土社会结构发生了根本性变化。现代工业、服务业取代农业成为中国经济的支柱性产业。城市空间成倍扩大，城市的建设和发展日新月异。数以亿计的农民离乡背井到城市谋生，为摆脱"泥腿子"身份成为城里人而奋力打拼。改革开放30余年，中国转移农村人口8463万人，2.6亿农民工进城务工，城镇化率达到52.6%。中国人以土地为核心的生产方式、生活方式乃至社会组织方式都发生了深刻的变化，延续千年的乡土社会结构已经土崩瓦解。在急剧的社会变革当中，原有的社会结构出现适应不力、"跟不上趟"的现象亦在所难免。城镇化严重滞后于工业化、土地城镇化与人口城镇化速度不匹配、城乡福利差距巨大、农民市民化进程缓慢、"城市病"爆发等突出矛盾极大地制约了中国社会的转型发展。

而农民工这个庞大的群体从出现到不断壮大亦经历了从被限制—被包

容—主动融合的过程。在改革开放之初，由于农村人口规模极其庞大而城市基础非常薄弱，因此政府严格控制城市规模，鼓励发展乡镇企业，采取"离土不离乡、进厂不进城"的措施，农民因此被限制在城市体系之外。在改革开放的涌流之中，市场经济不断深化，大量农民工进入城市，农民工逐渐成为城市建设发展不可或缺的重要组成部分。对农民工限制和封堵的政策逐渐转向控制和调节，即把"游离于其所属地域之外的人重新纳入国家控制之下"。1992年在城农民工4600万，1994年增加到6000万，此后，流动农民工的数量每年以800万~1000万的速度增加。[1]进入21世纪，城乡分割的社会格局逐渐被打破，农民工逐渐成为工业化、城镇化的重要主体。城乡均衡发展成为基本取向，农民工的市民化被纳入政府议事日程。但是社会结构的剧烈变革加之缺乏有效的措施，农民工身份认同问题始终未得到有效解决。据2007年《中国农民工生活质量研究》报告显示，目前我国农民工生活质量指数为0.532，仅为城镇居民的一半。文化生活贫乏、文化消费不足、文化需求不能得到基本满足是影响农民工生活质量指数的重要因素之一。[2]农民工在农村与城市社会生活中不断游离却难以找到文化身份的认同和归属，难以被纳入城市公共文化服务的保障体系当中，基本文化需求难以得到满足。在农村人口转移到城镇、农村转变为城镇的进程中，农村人口必然要实现生产方式、生活方式和思想观念向城镇现代化的转变，城镇人口则需要接纳新市民的融入。在这样错综复杂且具有颠覆性的变革当中，加强文化建设成为缓冲变革压力、增强社会承受力的必然选择。因此，无论是通过庞大的人口迁徙还是推动农村转型来实现城镇化，弥合城乡之间的文化裂缝、消除城乡观念的差异，推动农村人口尽快向市民转变，促进城乡人口的深度融合乃至塑造城镇品牌的重要意义不容置疑。

---

1 彭远春.农民工身份认同及其影响因素[D].武汉：华中科技大学，2005.
2 苏雁，丁姗.农民工文化生活"孤岛化"现象亟待解决[N].光明日报，2009-05-09.

2014年，国务院发布了《关于进一步做好为农民工服务工作的意见》（国发〔2014〕40号），明确提出把农民工纳入城市公共文化服务体系，继续推动图书馆、文化馆、博物馆等公共文化服务设施向农民工同等免费开放。推进"两看一上"（看报纸、看电视、有条件的能上网）活动，引导农民工积极参与全民阅读活动。鼓励企业开展面向农民工的公益性文化活动，鼓励文化单位、文艺工作者和其他社会力量为农民工提供免费或优惠的文化产品和服务。2016年2月3日，文化部发布了《关于进一步做好为农民工文化服务工作的意见》，提出研究制定将农民工纳入城镇公共文化服务体系的政策措施，提出具体目标、重点任务和实施步骤，逐步实现城镇基本公共文化服务覆盖在城镇常住的农民工及其随迁家属，使其平等享受市民权利。其中包括了加大公共文化设施向农民工免费开放力度以及增强基层综合性文化服务中心为农民工服务的功能。公共图书馆、文化馆、博物馆、美术馆等公共文化机构增加面向农民工的图书阅读、培训讲座、文体活动、艺术鉴赏等文化服务活动场次，因地制宜组织开展音乐会、演唱会、广场舞会、戏曲曲艺表演、民间艺术表演、艺术展览、健身游艺等适合农民工参与的形式多样、内容丰富的文化活动。通过经典诵读、展览展示、论坛讲座、读书征文等多种活动方式，组织农民工积极参加全民阅读活动。而在基层综合性文化服务中心设备配置、资源和服务供给等方面适当向农民工倾斜，基本服务项目目录中增加为农民工服务的项目。加强与各级工会组织的沟通协调，结合职工书屋、职工文化活动中心、工人俱乐部等设施建设，在农民工聚集区域规划建设简易实用的农民工文化活动场所。

四川成都青工驿站就是解决农民工文化需求的一个有益尝试。近年来，加快推进的新型工业化、城镇化进程，使成都周边涌现出一批以新一代青年农民工为主的大中型企业。几十万青年工人白天在工厂劳作，晚上回公寓睡觉，单调无趣的工余生活与充满活力的年轻心态形成巨大张力，让这个庞大的群体充满躁动。2013年以来，成都市选择高新区、郫县、都江堰等9个区（市）县，由市级财政每年配套100万元资金，区（市）县落实配套建设经费，目前已经有9家青工文化驿站正式开放运营，约25万农民工享受到日常的公共文化服务。在成都高新区西园街道，服务面积达3000多平方米的青工文化驿站，拥有电子竞技中心、艺术培训空间、视听阅览室、心灵驿站、台球娱乐厅、舞蹈排练室等20多个功能区，青工驿站已经成为周边大型电子制造企业数万名青年工人的精神家园。

依托青工文化驿站资源，成都温江区天府街道积极引入"3+2"读书荟等10余家社会组织，长期组织开展公益性文化活动、青少年服务、为老服务以及社会组织培育等，逐渐走出了一条具有成都特色的"政府提供平台、专业团队运作、组织发展培育、辖区居民受益"的公共文化服务新路径。[1]在西部第一个以创新创业为主题的创客小镇郫县菁蓉镇，每周四下午3点钟，来自菁蓉镇青工文化驿站静远瑜伽馆的文化志愿者刘谊纯准时为50多名创客辅导工间瑜伽放松术。从"送文化"到"种文化"，菁蓉镇积极探索"一站多点"青工文化嵌入式服务，目前已在大项目员工社区、创新创业区、居民社区、大学校区建立了7处文化活动场站和创客驿站。由青工文化驿站孵化培育的500多名志愿者、10多支文化服务团队正在成为推动社区文化与创新创业的骨干力量。针对探索中出现的人员和经费保障、社会组织服务的规范化管理等共性问题，目前，成都市已将青工文化驿站纳入"公共文化服务标准化"试点建设范围，加快构建现代公共文化服务体系，尽早实现真正意义上的公共文化服务由社会成员共享的发展理念。

各地为改善农民工文化生活的经验表明，提高农民工的公共文化服务水平是一项系统工程。既需要政府担当起职责，充分发挥主导作用，逐渐将农民工纳入城市公共文化服务体系，也需要企业勇于承担社会责任，大力发挥主体作用，注重农民工文化生活的建设，同时也离不开社会各界对农民工文化权益的关注和关怀。

1　王嘉.社会资源参与　服务政府买单[N].成都日报，2015-07-03.

3. 农村留守儿童

2.6亿农民工进城务工，而农民工的市民化进程迟缓，直接导致了农村留守儿童这个未成年人特殊群体的产生。2013年全国妇联发布的《中国农村留守儿童、城乡流动儿童状况研究报告》指出，中国农村留守儿童数量已超过6000万人。儿童是中国的未来，丰富的文化生活对于儿童未来的成长和性格塑造有着重要的影响。农村留守儿童长期缺少父母陪伴，加上农村社会文化生活相对匮乏，留守儿童的文化权利不同程度地受到淡化或漠视。这一庞大群体得不到身心的全面发展，将给社会发展带来重大隐患，也将给每一个农村留守儿童家庭带来苦难。联合国《儿童权利公约》明确规定儿童与成人同等地享受公民权利，并特别强调儿童应"参与文化生活、娱乐、休闲和体育活动"。为保证儿童文化权利，该公约第三十一条规定了缔约国的责任，即"缔约国应尊重并促进儿童充分参加文化和艺术生活的权利，并应鼓励提供从事文化、艺术、娱乐和休闲活动的适当和均等的机会"。[1]

而目前农村留守儿童的文化权益保护障碍重重。乡土文化的日渐凋零和衰落导致留守儿童的精神文化资源匮乏。乡土文化根植于占国土总面积90%以上的农村地区，涵盖了民俗风情、传说故事、古建遗存、名人传记、村规民约、家族族谱、传统技艺、古树名木等诸多领域，是中华文化的重要组成部分。端午包粽子赛龙舟，七夕牛郎织女鹊桥相会，中秋合家团圆赏月，除夕夜无论人在天南海北都要赶回家过年，剪纸、灯笼、舞狮、饺子，这些中国文化的烙印皆脱胎于乡土文化。乡土文化，几千年来成为中华多元文化起承转合、清晰畅通的深轴。早在20世纪40年代，费孝通先生就曾在其著作《乡土中国》中谈到"中国社会是乡土性的"。数千年来，中国人扎根于土地，向土地讨饭吃，靠农业谋生活，农民是中国社会最庞大的基层。土地的固定限制使得人口不流动，社会圈子富有地方

---

[1] 李华成，徐前权，叶蓓.农村留守儿童文化权实现的困境及其对策——基于对湖北省L县B村的调研[J].广西社会科学，2014（6）.

性，生于斯长于斯，世代定居成为社会常态。而随着工业化进程的加快，中国的乡土社会结构土崩瓦解，乡土文化发生嬗变。传统的乡土文化日渐式微，但现代的乡土文化又尚未建立。"求富裕成为乡村人压倒一切的生活目标，利益的驱动几乎淹没传统乡村社会文化价值，经济成为乡村生活的强势话语，乡村生活逐渐失去了自己独到的文化精神内涵，赌博、买码、暴力犯罪盛行"。[1] 乡土文化是留守儿童唯一的精神家园，社会文化生活趋于物质和庸俗，给留守儿童的文化困扰自不必说。而农村教育系统的薄弱使得对留守儿童的文化生活缺乏有力的引导。家庭生活中父母的缺失使得儿童失去了最重要的教育者，家庭的教育功能薄弱甚至丧失。留守儿童身心最有力的引导者缺位，而乡村学校教育的师资水平又远低于城市，农村文化设施基础薄弱，儿童文化资源更是严重匮乏。以重庆为例，重庆的农家书屋的藏书量和藏书种类总体偏低，一些贫困地区农家书屋的藏书量远远低于国家新闻出版广电总局的规定，藏书种类大部分只有5～10种，其中，儿童读物类书籍仅占10%。占全国中小学88%的农村中小学普遍缺乏必要的图书资源和与之相应的阅读指导。另外，我国农村互联网普及率仅为23.7%，远低于城镇互联网60%的普及率，留守儿童借助网络自主学习的通道也趋于狭窄。

　　针对留守儿童的文化困境予以重点关注，为留守儿童提供更加丰富、便捷的公共文化服务。如四川省图书馆开展"文化惠民·关爱未来"情系留守儿童系列活动。成都建立了"四川省图书馆人和学校流动图书站"，为留守儿童专门开辟了四川省文化共享工程少儿资源专版和一堂公共数字文化体验课。其中四川省文化共享工程少儿资源专版集合了文化部公共文化发展中心数字资源库、四川省文化共享工程少儿多媒体资源库和四川省数字图书馆少儿数字图书库。留守儿童可以通过台式电脑终端和移动终端两种方式，便捷浏览数字图书馆海量文化资源，体验在线检索和在线读

---

[1] 邓倩，胡登全.留守儿童文化生活需求下的农家书屋建设研究——以重庆市留守儿童为例[J].图书情报工作，2013（20）.

书，带来图文声像、动画互动式的新媒体阅读体验。[1]

4. 残疾人士

残疾人士的公共文化服务是考量一个城市中人文关怀和公共文化服务细节的要点。《中华人民共和国残疾人保障法》中明确指出："国家保障残疾人享有平等参与文化生活的权利。残疾人在政治、经济、文化、社会和生活等方面享有同其他公民平等的权利。"[2] 对于一个国家而言，能否让特殊人群享受公共文化服务直接反映了其均等化程度和社会发展水平，也代表了公共文化服务的保障底线。对于特殊人群而言，如何获取信息和知识，提高自身素质，并且平等地参与社会活动，既关乎其生存问题，又关乎其发展问题。

以图书馆为特殊人士提供公共文化服务为例，联合国教科文组织早在2001出版的《公共图书馆服务发展指南》中指出："所有公众都有享受图书馆服务的权利，而不受种族、国籍、年龄、性别、宗教信仰、语言、能力、经济和就业状况或教育程度的限制。必须确保那些由于某种原因不能得到主流服务的少数人群也能够平等地享受各种服务，例如少数民族、身心残疾或居住离图书馆较远而不易到馆的社区居民等。"[3]

残疾人士的文化权利不仅仅体现在公共图书馆，还包括其他公共文化服务设施所应承担的为特殊人群提供公共服务的职能和义务。

首先，特殊人群享受公共文化服务需要法律和制度保障，使之常态化。1973年美国的《康复法案》中就明确规定应当确保残疾人平等地享受图书馆设施和服务的权利。此外，2001年美国图书馆协会顾问委员会与图书馆机构协会共同制定了《针对残疾人士的图书馆服务》。[4] 同时，制度的

---

1 傅尔玲.关爱留守儿童推动公共文化服务均等化[J].四川图书馆学报，2015（1）.
2 刘燕，刘懿.服务均等化视角下公共图书馆残疾人服务体系的构建[J].江西图书馆学刊，2009（4）.
3 刘燕，刘懿.服务均等化视角下公共图书馆残疾人服务体系的构建[J].江西图书馆学刊，2009（4）.
4 刘燕，刘懿.服务均等化视角下公共图书馆残疾人服务体系的构建[J].江西图书馆学刊，2009（4）.

规范化将提高公共文化设施为特殊人群提供服务的能力和效率。应该尽快组织制定信息无障碍的相关国家标准和技术规范，并且在制度上明确，加大对于特殊人群的相关技术研发和推广的财政支持力度等，确保特殊人群享受公共文化服务能够得到法律和制度的保障。

其次，公共文化服务需要通过科学技术不断提升服务能力，使之便捷化。如2011年6月建成于北京的中国盲文图书馆，便具有开创性和示范性作用。图书馆内设立了视障文化体验馆、触觉博物馆、盲人文化艺术展室等多个展馆，参观者和读者可以用触摸的方式感知中国文化和世界文明。现在通过技术创新，开发并运用了一套"阳光软件"，由此盲人可以实现互联网"浏览"。即在使用这套"阳光软件"时，计算机会发出声音以提示页面内容，该软件还可将汉字转化为盲文，以便盲人使用。之后还将建设以移动访问和无障碍访问为标准的中国盲人移动数字图书馆，以顺应时代和技术发展，满足视障读者对于移动阅读的需求，为特殊人群享受公共文化服务提供更加便捷的方式，进一步深化现代公共文化服务均等化。

第三，公共文化服务需要创新特殊人群文化服务供给方式，使之多样化。以由上海市残联和上海广播电视台共同举办的"上海市第二届无障碍电影日活动"为例。上海市徐家汇社区文化活动中心启动了"社区无障碍电影院线"，以及为各区县的社区无障碍电影放映点配送"无障碍电影放映机"计划。启动仪式当天，全市各区县的17家商业影院同步放映了无障碍电影《从哪来，到哪去》，并通过来自上海广播电视台等单位的17位志愿者分别进行现场解说得以实现。目前上海已有15部无障碍电影制作完成，每月还将更新推送2部；已有17家影院开设无障碍电影专场，共放映影片161个场次，观影的残疾人达到1.7万人次。由此可见，技术的进步不仅为我们带来了公共文化服务供给的新内容，还带来了新方式，不断丰富着特殊人群的精神和文化生活。贵州省毕节市金沙县图书馆与金沙县聋哑学校举办了"手拉手聋哑儿童进图书馆"活动。针对聋哑儿童这一少数群体的特殊性，图书馆专业技术人员指导他们使用图书馆为特殊群体人员专门配备的电子书刊和指纹记录器。为了让盲人这一特殊群体人员能享受到公共文化服务，该县图书馆还特意在电子阅览室的服务器上为盲人安装了特殊的操作系统，此系统的作用在于盲人进入共享工程电子书刊后有语音提示操作，并有语音朗读书本内容，录入本人指纹之后，系统会自动记忆本次阅读的内容，下一次登录时扫描指纹会自动转到已记录的页面。"无碍化"在目前看来多是针对基础设施建设的硬件方面的考量，而在互联网社会下，为残障人士提供有声化、可读化、可体验的文化服务拥有了较为良好的技术基础，对于残障人士的文化服务更要体现出人本思想。

国家公共文化服务应充分保障特殊群体基本文化权益。2015年1月，中共中央办公厅、国务院办公厅印发《关于加快现代公共文化服务体系建设的意见》中明确规定："将老年人、未成年人、残疾人、农民工、农村留守妇女儿童、生活困难群众作为公共文化服务的重点对象。积极开展面向老年人、未成年人的公益性文化艺术培训服务、演展和科技普及活动。开展学龄前儿童基础阅读促进工作和向中小学生推荐优秀出版物、影片、戏曲工作。指导互联网网站、互联网文化企业等开发制作有利于青少年身心健康的优秀作品。将中小学生定期参观博物馆、美术馆、纪念馆、科技馆纳入中小学教育教学活动计划。加强乡村学校少年宫建设。实施青少年体育活动促进计划。公共文化服务机构要为残疾人提供无障碍设施。实施盲文出版项目，开发视听读物，建设有声图书馆，鼓励和支持有条件的电视台增加手语节目或加配字幕。加强对残疾人文化艺术的扶持力度。加快将农民工文化建设纳入常住地公共文化服务体系，以公共文化机构、社区和用工企业为实施主体，满足农民工群体尤其是新生代农民工的基本文化需求。"

针对特殊群体的公共文化服务其实离我们并不遥远，无论是生活在城市中的普通人，或者是留守在乡村中的孩子们，或者是对现代科技好奇却陌生的老年人，还是长期处于亚健康状态的都市白领等。文化的本质是"文以化人"，是通过文学艺术感化社会人，让每一个个体感知到社会的温度，这应该是公共文化服务的终极目标，也是最大的意义。

第五节 真正免费的广播电视

一、"互联网+"时代的"真正免费"

在传统的经济行为里,"一手交钱,一手交货"是基本准则,所以人们常说"世界上没有免费的午餐"。但随着互联网的发展和"互联网+"时代的到来,"免费的午餐"随处可见:我们浏览网页信息是免费的,观看网络视频是免费的,下载手机应用是免费的,玩网络游戏也是免费的。

值得注意的是,在"互联网+"时代,"免费"这个概念本身已经发生了变化。以前,"免费"意味着消费者不用花钱就可以得到产品或服务,而产品或服务的提供者不仅无利可图,还会赔上本钱。但在"互联网+"的时代,"免费"是促销、吸引后续消费或是集中用户注意力的手段,是互联网时代新的商业模式的前提,免费的产品或服务的提供者是有利可图的。另外,在"互联网+"时代,不管是哪种商业模式,提供免费的产品和服务归根结底是为了吸引更多用户的关注,这就要求高效率的传播,而高效率的传播要建立在畅通的渠道和高品质的内容基础上。这意味着,"互联网+"时代的"免费"对渠道和内容都提出了更高的要求。

同样,在"互联网+"时代,对于广播电视类公共文化服务而言,"免费"一方面意味着存在新的商业模式，政府不必为所有广播电视公共文化服务买单；另一方面，"免费"对于广播电视的传播渠道和传播内容提出了更高的要求。

1."真正免费"≠所有钱政府出

政府提供广播电视类公共文化服务的传统做法，是政府作为单一的服务提供者，为因提供该项服务而产生的所有费用买单。这样做能够保障群众的基本需求，但往往伴随着成本过大、效率不高的负面特点。随着物质生活的丰富，群众对广播电视类公共文化服务的需求也越来越高，在这样的发展趋势下，坚持只依赖政府提供服务的模式，不仅对人力、物力、财力有限的政府来说是一种巨大的压力，而且将伴随因成本高、效率低而产生的巨大资源浪费。

广播电视与互联网产品存在一定的共同点，都能够吸引广大用户，这也意味着，广播电视类公共文化服务存在商业空间，能够吸引非公共资本的进入。适当引入市场机制，吸引社会力量参与到公共文化服务的提供中来，也是《关于加快构建现代公共文化服务体系的意见》的题中之义。

所以说，"互联网+"时代，广播电视的"真正免费"不能也不必完全依赖政府投入。

2."真正免费"= 多渠道联动的免费

免费的目的是为了吸引更多用户，就广播电视而言，要实现最佳的公共文化服务传播效果，就需要传播渠道层面的保障。我国的广播电视传播渠道，一方面存在广播电视基础设施地区差异明显的问题；另一方面随着互联网的发展，移动媒体大热，又面临电视开机率下降的问题。

所以互联网时代，"真正的免费"首先要做到渠道畅通，在解决广播电视基础设施地区差异的同时，也要将目光放开，不能局限于电视端，还应向移动端、计算机端等多端口发展，形成多渠道的联动免费。

3."真正免费"= 有内容可看的免费

免费的东西就一定有人要吗？答案当然是否定的。东西免费却没人想要的原因是因为它没有使用价值,广播电视也是一样,只免费却没有对受众有价值的内容,受众也不会想收听或收看。

什么是对受众有价值的内容呢?这个问题需要从我国的广播电视受众的角度出发寻找答案。我国的广播电视受众有两个特点:一是从空间上看,不同地域、不同发展水平的地区对广播电视的需求不同;二是从时间上看,进入互联网时代,未来我国广播电视的受众需求向着更高的层次发展。因而,要做到让受众有内容可看,一方面要因地制宜,为不同地域、不同发展水平的地区提供差异化的内容;另一方面,还应用发展的眼光看待互联网时代的电视受众需求变化,最大限度地满足受众需求。

二、为什么要实现广播电视"真正免费"

要实现广播电视"真正免费"的原因是什么呢?归根到底是为了更好地提供公共文化服务。具体来说,广播电视在提供公共文化服务方面具有独特优势,但现阶段,我国广播电视的渠道和内容方面还存在种种问题,这些问题都阻碍了公共文化服务的有效提供。

广播电视在提供公共文化服务方面的重要性主要体现在三个方面:一是辐射力优势;二是能够满足人民群众的多样化需求;三是传播主流文化的优势。

我国自1998年开始建设广播电视"村村通"工程,后又增加了"西新工程"、直播卫星服务等广播电视重点工程,使我国广播电视网络覆盖建设有了较大发展。近年来,通过无线电视、有线电视、直播卫星、互联网等多种技术手段的组合运用,我国广播电视网络覆盖率进一步提高。从表2-1不难看出,截至2013年,我国广播电视的综合人口覆盖率均达到98%左右,可以说,目前我国基本实现广播电视信号的全面覆盖。这样的辐射力,保证了广播电视提供公共文化服务的明显优势。

表 2-1　2008—2013 年度全国广播与电视综合人口覆盖率情况

年度	广播综合人口覆盖率（%）	增量（%）	电视综合人口覆盖率（%）	增量（%）
2008 年	95.96	—	96.95	—
2009 年	96.31	0.35	97.23	0.28
2010 年	96.78	0.47	97.62	0.39
2011 年	97.06	0.28	97.82	0.20
2012 年	97.51	0.45	98.20	0.38
2013 年	97.79	0.28	98.42	9.22

广播电视分时段、分类别的播出形式，使其在满足人民群众多样化需求方面的优势凸显。分时段的节目安排，使广播电视能够基本照顾不同年龄段人群的作息时间安排。以中央一套为例，少儿节目的时间往往是下午的 5 点至 7 点，照顾少年儿童上下学等作息时间。而《新闻联播》则安排在晚上 7 点，此时成年人基本也已经下班回到家，能够收看电视节目。广播电视分类别播出，是指广播电视节目播出种类繁多，仅以文艺节目为例，就可细分为歌曲类、舞蹈类、小品类、相声类、戏曲类、器乐演奏类等多种类型，近年来，广播电视频道不断增加，节目分众化趋势明显，给观众带去了更加丰富的电视节目，因而说，广播电视在满足群众多样化需求，提供多样化公共文化服务方面优势明显。

广播电视在传播社会主义先进文化方面的优势显著，因此，其对于社会主义先进文化的传播起到了关键性的作用。广播电视相对新媒体来说，制作周期长，播出时间固定，因而它不能达到新媒体那样的实时报道速度。但也因广播电视节目的制作周期长，广播电视表现出的良好视听效果与深刻思想内涵也不是新媒体能够比拟的，其传播权威性至今还没有其他媒体能够取代。以《焦点访谈》为例，该节目真正落实了节目宣传语中的"时事追踪报道、新闻背景分析、社会热点透视、大众话题评说"，以深度报道为主，以舆论监督见长，制作水平精良，思想内涵深刻，多年来，该节目在群众心中的权威性无可替代。因此，广播电视在传播社会主义先进文化方面的优势也没有其他媒体可以取代，在社会主义先进文化传播过程中起到的关键性作用也是有目共睹的。

前文中已经提到，目前，我国的广播电视传播渠道存在两方面的问题。一方面是广播电视基础设施地区差异明显的问题；另一方面随着互联网的发展，移动媒体大热，又面临电视开机率下降的问题。

1. 地区间基础设施存在明显差异

广播电视基础设施区域差异表现为东、中、西部的差异和城乡间的差异两个方面。东、中、西部在广播电视基础设施方面的差异，虽然有自然条件和历史文化层面的原因，但最重要的原因还是经济发展水平的差异。改革开放以来，我国东、中、西部的实际发展水平是：东部经济发达，中部、西部经济欠发达。广播电视基础设施是建立在人力、财力和物力支持的基础上的，中西部地区的人力、财力、物力均相对有限，因而东、中、西部不均衡的经济发展水平也造成了东、中、西部广播电视公共文化服务基础设施水平的不平衡。即使国家有"西新工程"等政策方面的倾斜，中、西部地区的广播电视基础设施与东部地区相较仍存在较大差距。

广播电视基础设施区域差异的另一个表现是城乡间的差异。在我国广播电视公共文化服务的实践过程中，城乡间广播电视资源分配不平衡的问题非常突出。目前，城市的广播电视基础设施已实现较高的建设水平，其后续公共文化服务提升重点往往在改善和加强内容方面；但在部分农村地区，广播电视覆盖仍存在盲点，且节目资源非常有限。以家庭电视为例，从表2-2可以看出，30.7%的城市家庭通过数字化方式接入信号，数字化广播电视网络可以为城市居民提供更为多元、丰富且个性化的电视服务；而农村家庭接入数字化信号的比例仅为3.2%。广播电视渠道的不完善既是城乡间公共文化资源供给不平衡的重要表现，也是这种不平衡的重要原因。

表 2-2　国内家庭电视信号的接入方式情况（家庭比例：%）

接入方式	全国	城域	乡域
普通有线网	54.2	53.9	54.4
碟型卫星天线	18.5	9.0	23.6
一般室内/外天线	16.4	9.6	20.1
数字有线网	12.2	29.5	2.9
无线数字电视	0.4	1.0	0.0
IPTV 有线网	0.3	0.2	0.3
其他	0.1	0.1	0.1
没有电视信号/只看 DVD	0.5	0.5	0.5

2. 互联网对广播电视的分流问题

互联网高速发展，移动媒体受追捧，电视开机率下降，是广播电视渠道方面的另一个问题。

调查显示，当前用户对电视媒介的使用时间越来越少，网络视频、移动互联网视频作为重要的网络应用之一，无可避免地分流了一部分用户对电视媒体的收视。根据《2014 中国移动互联网用户行为洞察报告》显示，2014 年中国移动互联网用户平均每天的有效媒介接触时间为 5.8 小时。其中，利用手机和平板电脑上网时间总计达到 146 分钟，占 42%。远远超过 PC 互联网（100 分钟，29%）和电视（60 分钟，17%），并且已经接近 PC 互联网与电视媒体的总和。手机更是凭借其 104 分钟的媒体使用时间（不包括用户打电话、收发短信等非媒体使用时间）成为最受欢迎的移动媒体。[1]

近年来，移动视频业务的流量激增，更加催化了网络视频观看行为向移动端的转移。优酷土豆 2014 年 3 月的视频营销指数显示，在视频观看上，移动端流量已超过 PC 端；特别是 19～35 岁人群更喜欢用移动端观看视频，就日均视频播放量（VV）流量指标而言，2014 年 3 月优酷土豆

---

[1] 周峻. 经济广播如何面对移动互联时代［J］. 中国广播，2014（6）.

的移动端流量已占整体的 62%，且人均观看次数也远远高于 PC 端。

近几年，广播电视内容的发展与进步有目共睹，以电视为例，湖南卫视的《爸爸去哪儿》和浙江卫视的《奔跑吧！兄弟》都是制作精良且深受观众欢迎的高水平电视节目。但你是否发现，一方面，这些高水平电视节目只出自几个实力雄厚的省级卫视或中央台；另一方面，即使存在几个高水平电视节目，我国的整体电视内容制作水平与欧美甚至日韩相比还存在较大差距。

这就折射出我国广播电视内容方面存在的问题：从微观上看，地区间广播电视内容提供水平存在较大差异；从宏观上看，我国整体的电视节目内容制作水平相对发达国家来说较为落后。尽管广播电视免费，但观众找不到想要收听或是收看的内容，这样的免费并不能促进公共文化服务水平的提升。

3. 地区间内容提供水平差异明显

具体来说，地区间广播电视内容提供水平存在较大差异表现在中、东、西部的差异与城乡差异两个方面。

中东西部存在内容提供水平的明显差异是由两个原因引起的：一是经济水平的差异；二是中、西部地区对于特殊内容的需求加重了两个地区的内容提供负担。中、西部地区的经济发展水平相对较低，两地区的广电机构经费有限，广播电视节目制作的人力、物力远不及东部地区，其营收能力和创收规模也较弱，这从根本上制约了中、西部地区节目内容的制作水平。中、西部地区的广播电视制作水平有限，但其承担的公共文化服务任务却并不比东部地区轻，除了与中部相同的基本文化服务需求外，还存在少数民族等特殊文化需求。尽管中央财政每年都会向少数民族地区的广播电视机构拨付少数民族语言广播影视节目译制制作经费补助，我国的少数民族广播电视节目译制水平和数量也在逐年提升，但受限于少数民族集中的中、西部地区广播电视机构有限的整体水平，少数民族类广播电视节目仍然供不应求。

内容提供方面存在的城乡差异也很突出，受限于农村的广电机构制作水平，其生产节目的质量水平偏低。而城市广播电视频道的节目内容和农村地区居民的文化需求又存在着差异，无法针对性地提供适合农民的公共文化服务。尽管近年来政府鼓励广播电视向农村、农民、农业的倾斜，如中央人民广播电台中国乡村之声推出《广播惠农之十八届三中全会精神宣讲入乡村》系列节目，创新了面向农村的政策宣讲活动。但目前我国仍存在对农节目生产不足和对农节目缺乏针对性、贴近性的问题，农民对广播电视公共文化服务的需求并没有得到满足。

4. 整体内容制作水平落后

我国整体的电视节目内容制作水平相对发达国家较为落后，这也是导致受众没内容可看的重要原因。尽管近两年我国已经出现了几个高水平的广播电视节目，如浙江卫视的《中国好声音》，湖南卫视的《爸爸去哪儿》等，但这些节目一方面集中于有限的几家实力雄厚的省级卫视，另一方面均为国外原版引入。目前我国电视节目内容创作的水平还只停留在高价引进国外电视节目版权的水平上，这制约了经费有限的普通广播电视机构的发展，也制约了我国广播电视的总体原创水平，同时造成当前电视节目泛娱乐化、雷同化现象严重。

三、互联网时代，怎样让广播电视免费

1. 引入市场机制，鼓励社会力量参与

在广播电视公共文化服务领域引入市场机制并不意味着舍弃公共文化服务的公共属性。适当地引入市场机制，鼓励社会力量参与，一方面是由于市场在资源配置方面的独特优势，另一方面是由于市场的约束机制。

互联网时代的"免费"并不等于生产者或提供者赔本赚吆喝，"免费"也是可以通过集中的用户探索出合适的商业模式的。在这样的背景下，广播电视类公共文化服务如果仅依靠政府单一生产来提供，不仅会对人力、

财力、物力相对有限的政府造成巨大的压力，还会对广播电视公共文化服务所聚集受众的一种浪费。因此，应当适当引入市场机制，引导社会力量进入公共文化服务领域，鼓励竞争，提高效率。当然，市场机制的引入是有前提的：一是社会力量与市场机制参与的公共文化服务必须是适合市场化的部分，进入壁垒低，能够吸引潜在市场主体的参与，从而形成竞争机制；二是必须依靠强有力的政府监管，企业是以营利为目的的社会组织，其营利性质在哪个领域都不会改变，因此政府的监管能力必须不断提升，以避免因市场化运作过程中监管不足、处理不当而造成的广播电视公共文化服务的公共性降低问题。

市场约束机制也是引入市场机制、鼓励社会力量参与的一个重要原因。市场约束的具体表现之一就是强化信息的披露。而缺乏信息披露正是政府作为单一提供者提供公共文化服务时不能实现经济效益与社会效益统一的重要原因。引入市场机制，发挥市场约束机制作用，意味着提供者能够通过市场看到广播电视公共文化服务的实际效果，也能通过市场反馈的信息，进一步调整广播电视公共文化服务的内容与形式，以提高公共文化服务的质量与水平。

2. 从"歌华飞视"到"广电 Wi-Fi"，实现多屏联动

随着终端设备的不断发展和形态演化，用户的信息来源变得多元，不再只依赖单一的媒体，用户的媒体使用时间既被多种设备分散，又通过多种设备的联动形成一个统一的整体。从宏观上来看，用户对媒介终端使用行为的迁移，总的来说是从三屏分立向多屏联动迁移，多屏联动已开始成为用户信息生活的重要表现。

多屏联动的探索从"歌华飞视"开始，未来还可能通过"广电 Wi-Fi"实现。北京有线电视现已开通"歌华飞视"业务，用户可以通过 Wi-Fi 网络，将移动设备终端、个人电脑终端和家庭电视终端联系起来实现在移动设备或电脑上观看各类电视节目内容，形成电视、电脑、手机、平板设备等多屏联动。

广播科学研究院张伟提出建设广电公共 Wi-Fi，即在公共区域人群密集的地方实现广电 Wi-Fi 覆盖，提供免费的电视媒体服务，Wi-Fi 的覆盖使广电的内容可以推送到手机或是平板电脑上，这样做一方面可以提升广电本身的内容服务优势，另一方面可以通过多屏联动的实现，让习惯使用移动设备的人重新回到电视内容上来。

电视类公共文化服务的提供者不能只着眼于电视，而应该看到未来随着互联网的发展，多屏联动才是真正的趋势，在此基础上，应该有意识地通过架构公共 Wi-Fi 或铺设其他公共免费网络等途径不断推动多屏联动的实现，打通广播电视的多种传播渠道，为更好地提供电视类公共文化服务奠定基础。

3. 用户思维，变革内容与体验

用户思维是互联网思维的核心，也是将广播电视从高高在上拉到实际市场的最好推动力。用户思维强调在价值链的各个环节中思考问题都要以用户为中心。在提供公共文化服务时，应该明确公共文化服务的受众。用户思维一方面要求电视类的公共文化服务变革服务内容，另一方面要求广播电视类的公共文化服务要注重用户体验。

广播电视类公共文化服务提供者应该摒弃原有的"自己提供什么，群众就看什么"的落后思维，积极树立用户思维。在公共文化服务提供前，应该通过全方位收集用户信息了解用户需求。公共文化服务的提供者应该让用户参与到广播电视类公共文化服务链条的每一个环节中，从需求收集、产品构思到产品设计、研发、测试、生产、推广和服务，抓住客户心理，把握用户需求，站在用户的角度去思考，以用户需求为导向，给用户生产和提供想要的服务内容。在这方面可以学习一些积极参与市场竞争的卫视频道，如浙江卫视迎合用户对于情感与美食的需求，推出《十二道锋味》专注于美食传递情感，主打美食之外的故事，将美食上升为文化，真正迎合了电视用户的需求。

用户体验是用户思维最重要的组成部分，包括观看体验、互动体验和使用体验。现有的电视类公共文化服务虽然在提高清晰度等方面提高了用户的观看体验，但总体来说，电视类公共文化服务的提供者对于用户体验的重视度还远远不够。观看体验需要电视语言的极致表达和与之匹配的设备，这需要集合高水平声光电效果的电视节目，也需要高水平的传输技术及传输设备。互动体验要求电视类公共文化服务提供者不仅要提供电视服务，还要提供与之匹配的互动入口，一些电视频道已经开发出包括"摇电视"、微信、二维码、APP等在内的多种互动形式，未来随着可穿戴设备的普及，将会出现更为丰富多彩的互动方式。使用体验是一种综合体验，如东方卫视的《女神的新衣》通过与淘宝网合作，让观众在收看电视节目的同时，可以通过扫码等形式订购"女神的新衣"，这种即看即买的体验吸引了很多用户。以用户需求为核心，不断优化用户体验，是未来电视创新的发展趋势。电视类公共文化服务提供者应该把握这一发展趋势，把握用户对于观看、互动和使用等多方面用户体验的需求，立足当下，放眼未来，探索多种形式提升用户体验的路径。

4. 管理变革，实现体制机制创新

"互联网+"时代信息处理能力极速提升，其伴随的高效性也是这个时代的显著特点，也是这个时代的内在要求。要实现广播电视类公共文化服务提供的高效性，必须变革政府及相关机构管理方式，实现体制机制的创新。

要实现管理的高效率，就必须落实广电部门的机构整合与职能整合。宏观来讲，我国广播电视存在多头管理的问题，这导致管理部门间职责不清，影响公共文化服务的落实效率。为了解决这一问题，我国的广播电视系统正在进行新闻出版与广播电视两局合并，截至2014年底，全国31个省（区、市）已经有27个实现省级新闻出版、广播影视两局合并。[1] 未来，两局的合并还应继续深入进行，这不仅要求将两局合并由省级层面推向市

---

[1] 中国广播电影电视发展报告（2015）[M]. 北京：社会科学文献出版社，2015.

级层面，还要求在合并的过程中，真正去除多头管理，明确各部门职责范围。微观来讲，广播电视公共文化服务的审批程序繁复、审批时间长是广电管理方面的一个突出问题，要达到高效率的目的，就要打开思路，如将一些政审批示调整为后置审批，或是开放网上审批许可，方便、透明是审批的未来发展方向。方便、透明的审批能够提升公共文化服务提供的速度，还能使所提供的公共文化服务真正反映社情民意。

目前，我国基层广播电视公共文化服务存在主体缺失的现象。针对这一问题，已经有部分地区进行了积极的探索。例如，贵州以省网络公司为全省农村广播影视公共文化服务的主体，除了负责全省农村有线网络的规划、建设、维护之外，还负责直播卫星、应急广播、农村电影放映等工程的建设、维护和服务任务；四川等地实行的县对乡镇广电垂直管理措施，做到了机构、人才、资金的统筹管理，有人办事、有钱办事，推进了农村广播影视公共服务在基层的规范运营和管理。[1] 这些探索都为改善基层广播电视公共文化服务做出了积极贡献，未来，还应积极应用互联网技术，因地制宜地探索更多形式的广播电视公共文化服务运营管理方式。

---

[1] 中国广播电影电视发展报告（2015）[M]. 北京：社会科学文献出版社，2015.

第六节 广场舞该怎么跳?

在过去的几年里,广场舞扰民俨然成为一个最受公众关注的话题。

美国《华尔街日报》曾经报道,十几名中国大妈聚集在莫斯科红场跳舞招致莫斯科警察前来制止,中国大妈聚集跳舞受到噪音投诉的事件还发生在巴黎卢浮宫外、纽约中央公园等,外媒笑称中国的广场舞大妈已经占领了全世界。而在国内,由于广场舞而引发的治安事件屡见报端,甚至出现了市民用猎枪朝天鸣枪、放藏獒、泼粪来驱赶广场舞大妈的极端恶性事件。"广场舞大妈"一时成为被妖魔化的群体,被贴上了无所事事、不顾社会公德的反面标签。

那么,广场舞真的错了吗?

据不完全统计,目前我国广场舞爱好者超过2亿人,且在不断增加,年龄层分布广泛,其中老年人是主力。社会对广场舞巨大的需求印证了广场舞存在的合理性和必要性。城市化的进程在加快,老龄化的社会也在到来,忙碌的子女陪老人的时间非常有限,越来越多的老年人在城市生活中感到孤独,他们渴望有伙伴,渴望身体健康,也渴望参加集体活动。广场舞简单、易学、门槛低,不仅能满足老年人的健身需求,还能满足老年人的社交需求,让老年人在集体活动中不再感到孤独,因而备受老年人推崇。而广场舞之所以会造成扰民问题,是因为一些广场舞者找不到合适又方便的公共空间，只能选择居民区附近的空地。从本质上来讲是群众文化需求不断扩大与当前社会公共资源有限之间的矛盾。所以说，广场舞本身并没有错，解决广场舞负面影响的重点不该放在限制广场舞上，而应该放在增加社会公共资源上。

现阶段，广场舞是广场文化活动最为重要的组成部分，并具有参与人群广泛、参与地域广阔和影响范围大的特点。因而，引导广场舞健康、规范、有序地开展是满足群众基本文化需求的具体入口，是实现现代公共文化服务体系均等化的重要抓手。《关于加快构建现代公共文化服务体系的意见》第四部分第十五条明确提出要进一步活跃群众文化生活，其中重点说到了要"引导广场文化活动健康、规范、有序开展"。2015年9月文化部、体育总局、民政部、住房城乡建设部四部委联合印发《关于引导广场舞活动健康开展的通知》，不仅对广场舞在丰富城乡基层群众精神文化生活、推动全民健身运动广泛开展、展示群众良好精神风貌等方面发挥的积极作用予以正名和肯定，还对如何引导广场舞活动健康开展提出了具体措施，提出各地要积极推动将广场舞工作纳入当地现代公共文化服务体系建设和群众体育事业发展的总体规划，纳入当地政府重要议事日程，纳入公共文化服务协调机制的工作内容。

一、群众文化活动——公共文化服务体系建设的重要内容

群众文化活动是公共文化服务体系不可分割的重要组成部分，是满足人民群众基本文化需求、丰富人民群众精神文化生活的重要方式和载体，在整个公共文化服务体系建设中具有极其重要地位和作用。

基层文化建设是社会主义文化大繁荣大发展的一个重要推手，也是全面建设小康社会的内在要求。当前，我国基层地区，尤其是农村地区的基层文化建设面临诸多问题，如农民思想意识落后、民间传统技艺走向衰落等。

群众文化活动的内涵是文化，因而群众文化活动的发展能够助力基层文化建设，帮助解决基层文化建设进程中的问题。以其助力解决民间传统技艺的衰落问题为例。众所周知，我国的基层地区，尤其是广大农村地区存在不少民间传统技艺，如滦州皮影、嵊县竹编等，然而随着时代的发展，很多技艺都走向了衰落，"人死技绝"的可悲现象越来越频繁。在这样的背景下，潍坊的风筝却并未顺势走向衰落，而是逐渐发展壮大，而其壮大的原因之一，就是包括"潍坊国际风筝节"在内的多个风筝主题的群众文化活动的开展，潍坊的群众文化活动不仅挽救了一项珍贵的民间技艺，还扩大了地区的知名度，促进了当地风筝产业和旅游业的发展，为该地区的文化建设做出了突出贡献。

信息时代，广播电视和新媒体的发展为广大人民群众了解外界信息提供了极其便利的条件。但对于受教育水平不高的群众来说，他们判别信息真假的能力较低，因而爆炸式的信息不仅没能改变这部分群众原有的保守主义、利己主义等错误思想意识，还加深了他们的一些错误观念。同时，市场经济的快速发展还使得一些地区的道德状况受到冲击，集体主义思想被冲淡、诚信面临危机。

群众文化活动的参与对象是广大人民群众。群众文化活动能够通过电影下乡、农村文艺晚会等群众喜闻乐见的形式传播主流价值观、传播群众真正需要的文化，让群众在轻松的活动过程中达到受教育的目的。2015年国庆期间，由杨浦区五角场镇社区文化活动中心承接，上海市东方宣教配送服务平台提供，上海演艺工作者联合会倾情奉献的"花好月圆迎中秋，流光溢彩度佳节"专题文化巡演活动，在五角场镇百姓大舞台隆重举行。此次文化巡演活动整合了市、区、镇的各级文化资源，整场演出呈现了包括传统杂技、近景魔术、器乐演奏、歌曲联唱在内的丰富的演出内容，为观众带去了高水平的艺术享受，在引导、教育广大人民群众方面发挥了积极的作用。

当前，我国正在大力推进现代公共文化服务体系的建设，而公共文化服务体系的科学发展水平是衡量地区公共文化服务体系现代化建设的一个关键标志。

怎样的公共文化服务体系才算是科学的体系，关键是要做到结构合理、服务效能高、群众参与度高、社会影响力大。而群众文化活动本身就具有综合运行成本低、社会影响力大、服务效能明显、群众参与度高等特点。依托公共文化活动场地进行的群众文化活动能够有效利用已建成的各类公共文化基础设施，而依托广场等开放式公共空间进行的群众文化活动不仅充分利用了社会化公共空间，还能够扩大群众文化活动的影响力。不仅如此，群众文化活动可以把社会团体、文化志愿者、甚至企业等社会力量组织调动起来，充分体现群众文化活动的大众参与性、民间自主性、服务社会性。因而，真正以群众需求为中心开展群众文化活动，推进群众文化活动体制化、制度化格局建立，能够有效助力公共文化服务体系的科学发展，最终促进现代公共文化服务体系的建设落实。

二、"互联网+"能为群众文化活动做什么？

1. 大数据思维，解决公共资源供需矛盾

现有公共文化活动面临活动信息发布少，宣传到达率低，预判参加人数不准等问题，而大数据的普及能够很好地解决上述问题。在管理和服务上，大数据管理可以根据某种变量将群体细分，对每个群体量身打造相应的管理方式，实现大规模定制化服务；大数据还具备强大的预测功能，有助于满足群众的未来需求，为未来服务于群众提供参考。[1]

目前我国已有部分地区进行了将大数据应用于群众文化活动的积极尝试。济南历下区的电子地图就是一个例子。在电子地图推出前，历下区有的居民有健身需求，但不知道附近场馆、场地的地址，有的居民知道附近

---

1 党西民.以大数据提升群众路线的教育功能[N].南方日报，2014-04-12.

场馆、场地的地址，却担心收费太贵而不敢去，这就造成了部分健身场馆、场地的利用率低。为解决上述问题，方便辖区居民就近健身，济南市历下区体育局绘制的便民电子地图于2014年底启用，居民只需登录体育局门户网站即可查询。地图以图文并茂的方式公示了济南市历下区13个街道办事处健身路径和健身站点的详细信息，包括居委会联系人、联系电话、地址和健身器材数、收费情况等信息，数据精准，资料全面，给居民休闲健身、放松身心提供了极大的便利。

自上而下的活动提供方式容易造成与实际需求的脱节。举例来说，像广场舞这样的群众文化活动多为群众自发组织的，而场地则是政府规划修建的，如果场地距离广场舞参与者较远，那么广场舞的参与者们就会选择放弃政府规划的场地，选择在距离自己较近的公共空间中进行，如小区空地，这就很容易造成扰民问题。济南历下区的电子地图虽然是个好的尝试，但从本质上看还是自上而下的，其优势只在于便捷的信息获取方式。下一代的电子地图应该是自下而上的，群众将成为电子地图的消息发布者。群众来标注和补充电子地图中的各种信息，并以电子地图为媒介组织发起文化活动，或是通过电子地图向政府申请建设群众文化互动场所，而政府不仅可以通过电子地图直接听到民声民意，还能够通过对网站页面访问情况的跟踪与统计，分析各类信息的关注程度差异，进而为管理工作提供决策参考。通过电子地图直接反应的群众文化需求将成为政府等管理部门规划建设活动场地和组织群众文化活动的依据。方便群众文化活动的电子地图还应向移动互联网的方向发展，这一方面是由于智能手机等移动互联设备已经成为现代人生活的重要组成部分，另一方面是可以结合LBS（基于位置的服务）技术，为群众提供更精准的公共文化活动或场所推荐。服务于群众文化活动的电子地图还应该整合文化活动信息、气象信息、场地信息，为群众更好地开展和参与公共文化活动提供技术支撑。自下而上的电子地图会成为"互联网+"时代解决社会公共资源供需矛盾的良好路径。

2. 平台思维，解决技术设施不足的问题

文化基础设施是指供人们进行娱乐、休闲、教育等活动时所使用的基本设施，包括博物馆、文化馆（站、室）、图书馆、电影院等。然而，当前我国大部分地区仍存在着基础设施分布不均、面积小、陈旧简陋，甚至严重缺乏等问题。这样的问题在广大农村地区尤其突出，由于我国农村文化基础设施建设长期以来不被重视，起步较晚，前期积累较少，经历了一个从无到有的过程，基础薄弱。例如，很多农村的文化站面积较小，文化站内的设施比较简陋，少量的活动器材和活动设备也比较陈旧。文化基础设施不仅是传播先进文化的重要基地，而且是人们参加文化活动的重要场所，低水平的文化设施根本满足不了广大人民对于文化的渴求，制约了文化活动的开展，成为我国农村文化建设的瓶颈。

平台思维是一种重要的互联网思维，简单来说，平台思维就是一种开放、共享、共赢的思维，其精髓在于打造多方共赢的生态圈。用平台思维思考基础设施建设问题，可以得出这样的结论："政府只是建设文化活动基础设施是跟不上群众不断变化的活动需求的，政府应该做的是搭建平台，盘活已有资源，培育多元化的平台主体，利用社会资源。"目前，我国仍然有很多公共文化资源未能充分释放活力，如学校、工会、妇联、科协和共青团等组织管辖的文化活动设施和场所，还未充分发挥公共文化服务的作用。据统计，如果能够将这些领域的公共文化资源实现共享，全国的公共文化设施将会增加一倍，从而有效缓解公共文化设施资源的不足。同时，可以发现当前许多公共文化空间利用率仍然不是很高，例如社区文化活动中心。特别值得注意的是，来到这些文化活动场所的主要是老年人。例如北京常营的一个社区，文化中心建得非常漂亮，但是使用率并不高，平时也主要是老人去吹拉弹唱、练舞写字，基本上没有年轻人。因此，政府应该搭建平台，强化对现有文化设施的运营，满足不同年龄阶段人群的文化需求，增加公共文化服务场所的活力。

3. 简约思维，解决人才不足的问题

在一些基层干部眼里，存在文化建设不如经济建设重要的错误观念，因此他们对文化建设并不重视，基层文化部门不仅办公条件差、待遇低，有些地方主管文化工作的人员甚至身兼多职，每天在忙各种其他工作，根本没时间考虑如何开展群众文化活动。还有些地方主管文化的工作人员年龄偏大、思想落后、没有特长、缺乏活力和竞争意识，对基层群众文化活动缺乏指导，很难适应新形势下群众文化活动的需要。由于主管文化工作的人员素质偏低，其管理的文化活动内容单一、方法简单、缺乏创新，很难对广大人民产生吸引力，文化活动面临困境。这种状况充分说明了提高主管文化工作人员的业务素质和管理能力对于开展好群众文化活动意义重大。

简约思维即专注，将简约思维运用在群众文化活动的人才领域，一方面是要求基层应该配备专职的群众文化活动管理人员，另一方面是要求管理人员应该专心做好管理工作，专业工作可以采用外包的形式交给专业人才负责，也可以求助于专业互联网站或者互联网软件。配备对群众文化活动有热情、有能力的专职的群众文化活动管理人员可以有效解决现如今群众文化管理工作中存在的创新能力不足、对文化建设缺乏责任感、不愿费力根据群众需求开展多样的群众文化活动等问题。简约思维还要求管理人员专注管理工作，不必身兼数职，管理工作是组织群众文化活动的重中之重，各种形式的群众文化活动管理经验是相同的，是可以积累的，而各类相关专业知识则可以寄希望于专业人士，部分专业工作可以通过互联网专业软件达到更好的效果。以组织群众围棋比赛为例，前期可在"弈城围棋网""围棋高手"等专业网站或软件上为参赛人注册好专门号码，先通过线上的方式决出正式比赛的参加资格，正式比赛的部分再外聘专家进行专业裁定，这样的组织形式既可以解决专业人才短缺的问题，又可以节省经费，同时还能够保证比赛的公平公正。专注于管理工作的另一个表现是管理能力和管理效率的提高。如今的政府管理部门常见的提高管理能力和效率的方法是开设各类课程，这一方法在"互联网+"的时代应该向更为方便、快捷的在线课程发展。在教育领域，目前腾讯已与超过 5000 家教育机构合作开设腾讯课堂，面向中小学、大学、职业教育、IT 培训等多层次人群开放课程，每周上课人数超过 7 万人，课程总数达 3 万多门。[1] 政府的培训课程同样可以效法腾讯课堂，以更为便捷的方式为群众文化活动管理人员提供专业管理技能课程。互联网课程的卓越意义一方面在于为群众文化活动的管理人员提供专业管理课程，对于人才匮乏的广大农村地区这更是一个从无到有，从泛到精的过程；另一方面，这是为国外先进经验的直接传播提供了一条更为经济的路径。

4. 用户思维，解决策划组织活动脱离民众意愿的问题

想要策划和准备好任何一次群众文化活动，都必须经过群众文化工作者与活动骨干或群众代表的多次论证，这不仅意味着一项群众文化活动从构思到实践需要经历一个很长的周期，同时也意味着群众文化工作者需要付出很大的精力。但当群众文化活动落地时，却未得到广大人民群众的好评，未必能真正满足广大人民群众的需要。脱离民众意愿的群众文化活动自然得不到群众的支持，不能达到活动举办的目的，是对前期人力、物力投入的浪费。

用户思维是互联网思维的核心，群众文化活动的用户是广大人民群众，管理部门应该坚持群众至上的原则，从活动的策划开始让群众参与到活动的每一个环节，实现群众文化活动真正反映群众需求，为群众所喜爱。社交软件是让群众真正参与活动策划的利器，活动组织者在活动之初就可以通过微博、微信公众号发布活动主题和活动构想，通过社交平台征集民意，根据民意对活动内容、活动组织形式等进行调整。这样做的好处不仅使得群众的参与感增强，群众文化活动真正反映社情民意；而且基于互联网信息传播的即时性，能够迅速收集和统计全部活动参加者的意见，文化活动工作者就可以以此为基础迅速敲定活动内容和形式，节约了前期调研的成本。

1　张斯絮.Duang! 互联网＋来了！[J].中国青年，2015（7）.

第七节　让传统文化留下来，让核心价值观走下去

情人节要送玫瑰花和巧克力，圣诞节期待圣诞树和圣诞礼物，万圣节要和朋友尽情狂欢、通宵达旦……

洋节日的热闹非凡对比出传统节日的日渐冷淡。我们的祖先创造的节日曾延续了几千年，如今在人们的心中却慢慢地淡化，有的年轻人甚至并不清楚一年都有哪三大节日。尽管政府为了弘扬民族文化传统，将传统节日法定化，但依然未能唤起人们庆祝传统节日的热情。除了增加了几天假日外，远不及西方舶来的情人节、圣诞节让人狂热。

与情人节、圣诞节一起舶来的，还有西方的价值理念与文化思潮。极端个人主义、拜金主义、享乐主义等价值理念通过大众传媒，以娱乐消遣的形式大规模地渗透到人们的生活方式中，而将世界连在一起的互联网更是加速了这种渗透。现阶段，我国正处于社会转型期，经济体制在变革，社会结构和利益格局也在调整，价值理念也在发生着深刻的变化，在这样的背景下，道德评价标准混乱的局面逐步显现，某些利益群体中的个人不再认同社会的道德评价标准，而只认同自己的道德评价标准，并以之来衡量他人，这就难免产生道德评价标准的冲突。在部分人群中还存在自私自利、认同低级趣味甚至损人利己的价值观念。这些都会在一定程度上冲淡社会主义核心价值观的影响力，不利于社会主义核心价值观建设。

一、根植于中国传统文化的核心价值观

1. 传统文化是核心价值观的根基

任何时代的社会意识,都与前一时代的社会意识存在联系,新的社会意识要建立在前人所积累的思想材料基础上,在特定的民族文化环境中产生和发展起来。中国特色社会主义核心价值观是以中国传统文化为根基的。

社会主义核心价值观包含三个方面:"富强、民主、文明、和谐"是我国社会主义现代化国家的建设目标,也是从价值目标层面对社会主义核心价值观基本理念的凝练,在社会主义核心价值观中居于最高层次,对其他层次的价值理念具有统领作用;"自由、平等、公正、法治"是对美好社会的生动表述,也是从社会层面对社会主义核心价值观基本理念的凝练;"爱国、敬业、诚信、友善"是公民的基本道德规范,是从个人行为层面对社会主义核心价值观基本理念的凝练。[1] 从以上三个层面的三组关键词中,不难看出,"文明以止""保合太和""天人合一""中正之道""礼乐之教""至诚天道"这些传统文化在如今的核心价值观中仍有体现,而在民主与法治的层面,核心价值观突破了传统文化的历史局限性,表现出了对传统文化的创造性转化。社会主义核心价值观是对中国传统文化的批判继承,社会主义核心价值观是扎根于中国传统文化这片沃土上成长起来的。

2. 传统文化是核心价值观的重要思想资源

中国传统文化具有道德主义的性质,强调对人的教化,伦理道德被看作是人的本质。在数千年的文明进程中,中国的伦理文化长盛不衰,形成了世界上最发达的伦理学说。传统文化中丰富的伦理道德文化为核心价值观的形成提供了丰富的道德教育资源。

在中国传统文化中,伦理道德充斥于社会的一切领域,中国人的政治

---

[1] 吴潜涛.深刻理解社会主义核心价值观的内涵和意义[N].人民日报,2013-05-22.

榜样是"德治",文学追求是"文以载道",经济目标是"不患寡而患不均",即便练武之人也要讲究"武德第一,武功第二"。中国传统文化对伦理道德的偏爱,以及对人循循善诱的道德教化,在中国人的心理田园中积淀了一层厚厚的道德沃土。在道德主义的驱使下,人们本能地以道德尺度去要求自己,并衡量身边的人与事。核心价值观作为道德建设的一部分,中国人本能地愿意接受社会主义核心价值观所内含的道德要求,这也是中国传统文化为现代文化建设提供思想传统的最重要的表现。

二、"互联网+"时代:传统文化复兴与核心价值观建设黄金时代

1. 线上线下同步发展

孔学堂文化发展(贵州)股份有限公司于2014年11月23日成立,旨在通过产业手段、市场渠道弘扬传统文化。该公司以孔学堂品牌为载体,进行传统文化创意产品的开发、生产、销售,并适应大数据时代需要,提供文化型互联网产品。[1]

贵州孔学堂的发展分为线上和线下两个部分。线下部分依托文创园区,以"学习"与"研究"为主,目的在于传播、交流和分享中国传统文化。孔学堂定期举办国学讲座、祭祀活动及成人礼、开笔礼、中华婚礼等具有传统文化的活动,现在已经举办了"《法华经》的核心思想"讲座、开笔礼、成人礼、清明文化周等一系列国学特色活动。线下部分还注重运用科技手段增强体验感,在孔子儒学博物馆内,利用现代技术手段,用数字互动的展示方式展示孔子生平、学术历程、学术成果,以此来拓展贵阳孔学堂的传播教化功能。贵阳孔学堂积极瞄准和利用最新网络、信息技术,以"古为今用""推陈出新"的理念,提出用最新科学技术成果弘

---

[1] 吕慎,柳路.贵阳孔学堂:产业为传统文化插上翅膀[N].光明日报,2014-11-30.

扬中华优秀传统文化的思路发展孔学堂的线上部分。目前，线上部分主体为孔学堂官方网站和贵阳孔学堂微信公众号，孔学堂官方网站会定期发布线下讲座、国学活动信息，举办线上讲座，并为包含书籍、音像制品、蜡染、大方漆器在内国学商品的营销提供平台。贵阳孔学堂的公众微信号除了发布线下活动信息外，还会发布一些与传统文化有关的文章，如《文房四宝的配合》《端午习俗知多少》等。

未来，贵阳孔学堂还计划采用云计算和大数据技术，推动传统文化和新兴媒体融合发展，建成海量检索、在线互动、超限传播、受众分析的中国第一个国学云计算平台，构建弘扬、传播、教育、学习和研究中华优秀传统文化的"数字孔学堂"，将孔学堂打造成真正具备全面透彻的感知、泛在网络，智能融合应用以及可持续创新的智慧"生活圈"，为国学爱好者、学习者提供权威、海量、开放的信息服务，只要爱好者输入学习国学需求，国学云将帮助他们量身定制解决方案。

习近平总书记强调，提高国家文化软实力，关系"两个一百年"奋斗目标和中华民族伟大复兴中国梦的实现。中华民族在5000多年的文明进程中创造了博大精深的灿烂文化，如果要使中华民族的文化基因与现代社会相协调，就要把跨越时空、超越国度、富有永恒魅力、具有当代价值的文化精神弘扬起来；实现这个目标，就需要系统地梳理传统文化资源，让收藏在禁宫里的文物、陈列在广阔大地上的遗产、书写在古籍里的文字都活起来。[1]

目前我国的传统文化资源主要聚集在两类地方：一个是公共文化机构，像博物馆、纪念馆、图书馆、美术馆、文化馆；另一个是文化生产部门，像电影制片厂、出版机构、唱片公司、广播电台电视台。[2] 对这些文化资源进行系统的梳理，然后实现数字化、碎片化、标签化，就形成了中华文化的素材库。例如北京世纪超星信息技术发展有限责任公司在近十年的

---

1 祎旸. 坚持核心价值 观提升文化软实力[J]. 新长征，2014(9).
2 高书生. 让文化资源"活起来"[N]. 光明日报，2014-05-29.

时间里把全国 400 多家公共文化机构的图书、藏书全部扫描一遍，掌握了 270 万种中文图书的元数据，从而形成了中华字库。我们通过对文化事业单位的资源进行开发，可以形成 6 个文化资源和文化资产库——字库、音库、像库、乐库、舞库、剧库，在未来将充分服务中国文化产业的发展，为文化产业和国民经济体系融合提供更强有力的支持。

中华素材库的建立就是为了将不同的文化资源通过数字化、碎片化、标签化处理之后，再通过展示、交易，然后进入到创作生产。一方面变成了文化产品，满足人们的精神文化需求，另一方面通过文化创意和设计服务进入到国民经济体系，与制造业结合，与现代服务业结合，就形成了物质消费，整个文化和国民经济体系紧密相连，文化产业的发展空间更加广阔。

"互联网+"时代，核心价值观的传播同样应该线上线下同步发展，形成线上线下互为补充的完整体系。线下部分应该积极组织各项宣传社会主义核心价值观文化活动，增强参与群众的体验感，使得群众能够真真切切感受到社会主义核心价值观建设的重要意义；线上部分，积极利用互联网、移动互联网、大数据、云计算平台等新技术，现阶段最主要的是把握好新媒体对于核心价值观的传播作用。新媒体的高度普及和快速发展打破了以往传统官方媒体独挑大梁的局面，新媒体成了新的传播语境下的生力军。社会主义核心价值观作为高度抽象、凝练的价值表达，仅仅停留在理性认识层面。核心价值观从认识飞跃至实践，切实成为指引和约束社会成员行为和国家建设目标的价值规范，是培育和践行社会主义核心价值观的最终目标。实现这一目标，与媒体的宣传和传播密不可分。新媒体应利用其高度普及、广泛覆盖以及双向互动的优势积极培养社会主义核心价值观的传播土壤，营造社会主义核心价值观的传播氛围，避免陷入单向、僵化的传播困境，使全体社会成员都能够接触到这一价值观念，并对其形成积极的、正确的认识，主动将其内化为个人理想的构建框架、人生价值的实现坐标。新媒体双向性、交互式的传播方式，可以直接与受众形成对话和沟通，有利于及时调整传播策略，降低传播成本。网络媒体是整合了传统媒体中文字、声音、图像等多种传播形式的媒介，这种融合了多种媒体特性的传播方式能够调动和刺激受众的多个感官。将新媒体的这种特性应用于社会主义核心价值观的传播，有利于将理论层面的价值观具象为大众化、亲民化的传播内容，从而得到更有效的传播效果。

2. 更新话语体系，实现差异化传播

北京故宫最近一组名为"雍正：感觉自己萌萌哒"的动态照片迅速蹿红，故宫工作人员通过数字技术，让静态古画中的雍正帝"活"了起来，这组图片是由故宫博物院微信"故宫淘宝"发布的。该组图片以《雍正行乐图》为基础，使用现代技术手段，让古画中静止的雍正帝"活"了起来，《雍正行乐图》的《濯足图》中，雍正帝身穿常服坐于江水之畔，将双脚放入水中，还会偶尔抬起一条腿往另一条腿上蹭一下，并配一句"朕……脚痒……"《松间抚琴图》中，雍正帝身着儒服，一边投入地弹奏，一边还对琴说："我们做朋友吧。"《射箭图》里，雍正身着胡服头戴胡帽，弯弓搭箭，射向天空掠过的飞鸟，旁白则是"你飞向前方自由翱翔，朕却始终跟不上你的脚步。好累……"这样富有趣味性的动态图片加上令人捧腹的旁白，一下抓住了年轻人的心。《雍正行乐图》动画版上传后，短短几天网络阅读量已达 80 余万次。从此，那个一年工作 364 天，13 年亲笔批了 360 卷、7000 多件奏章的皇帝，竟通过这种娱乐方式，让一个二次元的自己优游人间，然后收拢起来，继续批奏章。

图 2-6　雍正皇帝画像

如此放低身段，让雍正出来"卖萌"，这和故宫以往古典又严肃的形象大相径庭。但这正是故宫在碎片化传播的时代更新话语体系，实现差异化传播的体现。故宫的服务对象和受众群体非常广泛，年长一些的观众会带着一点沉重感来参观，但年青一代有自己的语言方式和偏好，历史中的雍正对于年轻人来说没有丝毫温度，但"感觉自己萌萌哒"的雍正却让人们看到他喜欢"角色扮演"的一面，这样的雍正是逗趣的、温暖的，对于年轻人的吸引力从其阅读量就可以看出。

微距理论指出，当网络发展到了社会化传播阶段的时候，传播的整体环境存在着信息碎片化的特点，人人皆媒体的情绪化特点。基于此，人们接受传播的概念、方向开始有了以自我为中心的偏好习惯，而受众对于商业信息、品牌信息的解读，更多愿意从"感性立面"切入——单向的、教条式、简单枯燥的内容传播早已为人们所诟病和抛弃。[1]

社会主义核心价值观具有政治性和权威性的特点，对于这样严肃的价值传播来说，微距理论也适用吗？前文中已经提到，现阶段由于我国广播电视具有权威性的特点，所以"感性立面"并不适用于广播电视等媒体传播核心价值观，但可以适用于网络媒体，尤其是微博、微信等自媒体对核心价值观的传播。"感性立面"的实质是强调文字要有温度、有变化，让人易于接受，具体来讲，就是更新话语体系，实现差异化传播。

更新话语体系就是做到像故宫一样放下身段，用受众最能接受的方式传播核心价值观。《人民日报》的官方微博是主流媒体更新话语体系的一个出色案例。《人民日报》作为中国共产党中央委员会机关报，具有很高的政治性与权威性，但其官方微博却不局限于政治性与权威性，《人民日报》的官方微博做到了可以"高高在上"，也可以"接地气"。"中国造世界最大射电望远镜，参与搜寻地外文明""满满的爱：美国一妈妈每天给儿子画一幅餐巾纸画"。以上分别是《人民日报》官方微博于 2015 年 10 月 8 号和

---

[1] 王一淼. 浅谈我国文化传播的新趋势[J]. 青年文学家，2013（19）.

10月9号发布的两条微博的标题,每个微博均配有相关图片,从这两条微博不难看出,这个微博不仅在发布国家大事,也在关注让人觉得很"有爱"的小事情,国家大事让网民了解最新形式与动态,"有爱"小事也在无形中传递了社会主义核心价值观。而《人民日报》官方微博动辄几千的转发量也肯定了其更新话语体系来传播社会主义核心价值观的效果。

差异化传播是以了解网民结构特征和受众的需求为前提的。实行差异化传播,是由于不同的受众接受习惯不同、心理需求也不同,要想达到核心价值观的最佳传播效果,就必须区分受众,实行差异化的传播策略,增强传播的针对性。举个例子,年轻人是微博的主要受众,而年轻人对于核心价值观的理解一般没有年长的人那么深刻,他们的认识往往仅停留在抽象的理论层面,并不清楚怎样的实践才算是践行社会主义核心价值观,年轻人还十分反感说教和硬性灌输的传播形式,基于年轻人的这些特点,在利用微博传播社会主义核心价值观时,一方面可以将价值观分解为荣辱观、爱国主义等较为具体的价值,另一方面,还可以采用歌曲、视频等形式呈现感动中国等践行社会主义核心价值观的鲜活案例。比起强行灌输理论的"冰冷"传播方式,上述形式灵活、内容多样的"温暖"传播方式更符合年轻人的心理需求。

三、"中华文明+互联网"的新趋势

中华文明是中华民族发展的文化脉络,古典古籍、文物和历史遗存都体现着中华文明的丰厚内涵。在互联网时代,中华文明也面临着自我更新和延续发展,正如美国学者马歇尔·萨林斯所说,文化每一次实际的变迁都是一次再生产。互联网凭借其海量容量、互动性、即时性、链接和检索功能为中华文明开创了新的保存方式,使中华文明立体多维地表现和传播。在"互联网+"背景下,通过科学有序的保护和开发,中华文明不再是固化、尘封的历史,而是鲜活的、社会生活中的文化图景。

1. "中华文明+互联网"发展现状

通过互联网实现中华文明的活化与传播已成为"新常态"，文化文物单位开展了大量实践。以博物馆为例，根据国家文物局年度博物馆年检备案情况，截至2014年底，全国博物馆总数达到4510家，几乎所有博物馆都建有专门网站，展览咨询、导览服务、门票预订等功能十分健全。上海博物馆、首都博物馆等都可以在网站上实现全景三维游览、三维藏品展示，用户不出门就可以"逛"博物馆。移动互联网应用的发展也促进了博物馆的公众传播，国家博物馆的官方微博粉丝已超过160万，二维码扫描和微信语音导览突破了图片、文字和展陈空间的局限，正在取代传统的人工向导和解说机。随着线上、线下各种渠道的整合，中华文明借助互联网突破了物理空间，在电脑屏和手机屏上展现中华文明的深厚魅力。

随着互联网大数据、云服务等方面的工具升级优化，中华文明的数字化信息得以科学动态管理和展示，并实现跨区域整合。陕西数字博物馆作为我国首座省级文物行政管理机构创建、依托全省馆藏文物数据库信息的大型综合数字博物馆，实现全省免费开放的五六十家博物馆以及全省有展厅的约200家博物馆在同一平台全部"上线"。

互联网天然的无边界特质，促使中华文明逐渐与其他行业相融合，在社交、餐饮、旅游、教育等领域跨界应用。我国"大学数字博物馆项目"采用大规模分布式系统，包括南北两个中心，连接各地方站点，建立了一个涵盖4个学科分类的巨大虚拟博物馆，用户访问时不会察觉藏品的物理空间不同，在推动大学生素质教育、教学科研，培养创新人才方面发挥了重要作用。

互联网去中心化、泛在高效的生产、流通和传播方式，促使每一个互联网用户都成为中华文明的梳理者、记录者和传播者。2005年发起的"中国桶"工程，号召广大炎黄子孙，将自己所知道的、所收藏的历史文字、文物和文明遗存提交到网上，整个工程预计文字总量约500亿字，图、像、影、音等其他介质文件约3500万件。共修国史、共享文明的方式，有力补充了政府、学者主导的由上至下信息收集方式的不足之处。

2. "中华文明＋互联网"面临的问题

由于公众对中华文明认知需求的上升，大量互联网企业进行产品研发、上线，但缺乏行业标准的前置规范，导致相关平台杂乱，内容缺乏可信度和权威性。艾媒咨询发布的《2015中国"互联网+"传统文化发展专题报告》显示，69.1%的用户认为当前互联网上的传统文化APP应用缺乏内涵，出现大量信息错漏，极大影响了正面传播。进入互联网应用后，中华文明必然面临来自商业利益的冲击，何种文化资源适合互联网化，都需要一个标准探讨和界定。

长期以来文化文物单位的经费来源主要是靠国家和地方财政划拨，不可避免地受地方经济发展水平和行政级别的制约。在原有经费来源体制下，用传统方式实现中华文明的传承和保护尚且困难，"互联网＋"时代拓展网络服务更需要建设经费，筹措资金成为现实难题。

文化文物单位互联网专业技术人才匮乏，决策层构成成员缺少互联网技术知识与运营能力的储备，极大影响内部决策的科学性和执行效率。"中华文明＋互联网"的成功需要内部引入洞察互联网趋势的专门人才，外部连接专家团队和专业公司。

目前由于缺乏内部激励机制和外部专业评估，文化文物单位首要保证提供最基本的文化服务，难以形成推进"中华文明＋互联网"的积极性。网络时代中华文化的传承和发展需要凝聚最广泛的社会力量，按照互联网的要求进行资源重组和生态重构，吸纳社会各方参与共建。

3. "中华文明＋互联网"发展趋势

习近平总书记指出："系统梳理传统文化资源，让收藏在禁宫里的文物、陈列在广阔大地上的遗产、书写在古籍里的文字都活起来。"明确提出了文博系统不能成为"藏品库"，而应该成为一个开放平台。活化文化资源也是国际主流趋势，美国总统奥巴马在提交2016财年政府预算时，要求增加960万美元投入，其中超过90%用于支持国家数字平台建设，帮助博物馆、图书馆等文化机构实现数字化。通过互联网技术和平台让中华文明"活"起来，在与公众的互动中产生价值，从而根本上为社会发展服务。

"中华文明＋互联网"不是对文化内容的生搬硬套或简单再现，而要用现代生活的能量"激活"，建构中华文明在日常生活中的场景应用和创意研发，中华文明才有永恒活力。文化资源与教育、旅游、工业设计、城市规划和景观设计的融合能实现中华文明回归文化的本真状态，变为可见、可触碰、可亲近的文化生活。

建设跨机构跨国界的大平台，已经成为西方国家和知名互联网公司进行文明传播的重要举措。谷歌公司2012年启动的"艺术计划"覆盖了40多个国家和地区的艺术机构，包括绘画、纺织品、玻璃制品和陶瓷制品等多种门类。"艺术英国"项目向公众推广超过3000家英国公共以及私人艺术品收藏机构，数据库内已收入英国全部公共收藏油画，超过21.2万件作品，来自3258个艺术收藏机构。未来中华文明的互联网传播应突破现有的行业分工和体制框架，形成一个跨行业、跨机构的整合平台，实现标准化建设和对外组团。

"中华文明＋互联网"的推进需要社会在物质、技术、资金、藏品等方面提供支持，改变业务与行政的细分化和专业化程度不够的现状。国际通行的做法是采取以理事会为核心的法人治理，十八届三中全会也提出"推动公共图书馆、博物馆、文化馆、科技馆等组建理事会，吸纳有关方面代表、专业人士、各界群众参与管理"，积极推进文化事业单位改革，完善法人治理结构，实现广泛的社会协作是根本的体制保障。

（1）深化体制改革，平衡公益单位与市场开发的关系。推进事业单位分类改革，明确文化文物单位公益一类、公益二类划分标准，依法赋予公益性文化事业单位自主权，政府变直接管理为间接管理。建立由公共财政投入的非政府机构实行的理事会制度，引入具有互联网经验的专业人士进入理事会，真正建立起"政府主导、法律规范、社会参与的管理体系"，加强重大项目的科学决策。

（2）梳理文化资源，构建标准规范的开放性整合平台。推进文化文物单位各类文化资源的系统梳理、分类整理，明晰知识产权归属。加快文化资源数字化、标准化进程，研究制定中华文明的核心元数据、分类编码和目录体系、数据格式等通用技术标准规范和内容标准，促进中华文明准确正面传播。支持数字文化资源库建设，引领不同类别、不同文化文物机构的互联互通，建立统一开放的整合平台。

（3）培育行业生态，加强社会协作体系建设。加大关键环节服务机构培育力度，设计"中华文明＋互联网"服务购买名录，吸引有资质的互联网内容供应商、技术方案提供商进行文化资源开发。积极与高等院校开展合作，依托专业教育开展中华文明网络文化产品的设计、开发。加大中华文明的社会共享和开发利用，进行知识产权运营，通过网络文学、数字音乐、电影电视、手机游戏、动漫作品等形式实现产业化运作，反哺文化文物保护与传承。

（4）拓展资金渠道，引导社会资本投入。依托理事会制度吸引社会捐资人，符合一定出资数额或者出资比例要求的捐资人进入理事会。"中华文明＋互联网"中的重大项目采用PPP融资模式，授权有资质的互联网企业代替文化文物单位进行项目建设、运营或管理并向公众提供公共服务。除公共财政外，借鉴西方国家建立社会化基金会的形式，吸纳社会资本加入。

（5）支持跨界整合，发展文博创意产业。深入挖掘中华文明的价值内涵和文化元素，提升文化创意产品和服务的设计水平，利用VR、AR等互联网技术打造数字化的文博创意体验。推动优秀文化资源融入城市数字化公共设施，嵌入智慧城市建设，丰富城市文化内涵。

第八节 私人定制不是妄想

2013年,冯小刚的《私人订制》让不少人捧腹大笑,这部电影讲述了由愿望规划师杨重、情境设计师小白、梦境重建师小璐与心灵麻醉师马青4人以"替他人圆梦"为自身业务组成的公司"私人订制",在专门为不同客户量身订制"圆梦方案"中发生的爆笑故事。这部电影虽然在讽刺一些人不切实际的梦想,但却实实在在的反映了当下人们对于差异化服务的需求。

一、定制之路:从私人领域走向公共领域

"定制"一词最早起源于伦敦中央梅费尔的购物街区萨维尔街,意思是为私人客户量身剪裁,后逐步扩展到皮鞋、家具、酒、茶、首饰等行业。[1]随着大规模生产的发展和个性化需求的增加,定制衍生到了汽车、家电等领域。

随着社会的发展,经济水平得到提升,物质资源不断丰富,群众的生活水平得到提高,需求的多源化趋势日益明显,"定制"由私人领域走入

---

[1] 原磊.国际视野:私人定制,引领商业模式创新[EB/OL].(2014-06-18)[2016-05-09].http://opinion.people.com.cn/n/2014/0618/c1003-25164935.html.

了公共领域。

定制公交就是"定制"走入公共领域的一个鲜明的例子。

青岛交运集团是国内首个推出定制公交的企业，目前已根据细分市场需求开通包括就医公交、学子公交、旅游公交在内的100多条定制公交线路，成为常规公交的一种补充。以就医公交为例，由于到青岛的旅客就医量占到了到青人数的10%左右，青岛交运集团基于这样大的就医群体定制就医公交。下一步还将对汽车站的迎客厅功能进行改造、完善和提高，直接在汽车站就可以挂号，挂了号以后坐上车就可到医院看病。上午到了医院，下午或者中午就有定点、定线、定人、定价的车再回汽车站，完全实现无缝衔接。

定制公交是根据交通的市场发展需要，进行的市场细分、错位经营和差异化发展。公共交通可以定制，公共文化服务当然也可以定制。

公共文化服务之所以要"定制"，是由群众需求的多样化和差异化趋势决定的，不同的细分市场对于公共文化服务的差异化要求越来越明显。值得关注的是，为了实现真正意义上的"公平"，公共文化服务应该向特殊群体倾斜，特殊群体的特殊公共文化服务需求也是公共文化服务需要"定制化"的原因。

1. 从故宫定制参观看细分市场的需求

今后，去故宫博物院参观，不用再走三大殿加御花园的老路，而是可以来一次高大上的"私人定制"之旅了。

故宫博物院自2015年起尝试"定制参观"，当前"定制参观"的目标群体主要为中小学生。故宫相关负责人介绍，"定制参观"是由学校提出活动需求，再由故宫量身定制活动内容。"为不同学校、不同年级的学生定制不同的参观线路。除了参观古建筑、常规展览和现成的教育活动外，我们希望给中小学生提供更深入的活动体验。"首个故宫"私定"团为北京166中学的两个文博考古特长班，这些同学将参与正在进行的考古发掘。"已经给他们准备好了专业的考古工具，专家不仅可以现场讲解，而且可以让同学们亲手参与。"更难得的是，这些考古发掘现场都位于非开放区内，一般人是没有机会参观的。

今年，随着故宫东华门开放，从东华门到午门之间的城楼也将成为定制参观的一条线路。午门附近还将开辟22间房子，作为青少年活动体验中心。除了团队学生可以深度游故宫，学习传统文化，散客学生也可以随时参与活动。故宫还计划将书画装裱、木工等非物质文化遗产项目也"编"入定制参观的范畴，揭秘更多传承的"活文物"。

随着社会的发展，单一形式的公共文化服务已不能满足所有人的需求，细分市场的出现要求提供差异化的公共文化服务。传统的故宫游览路线不能满足中学生了解文物、了解历史的需求，于是为中学生定制的"考古发掘之旅"应运而生，随着细分市场需求的逐渐明确，越来越多的定制参观将陆续出现，最大限度地满足人们对于公共文化服务的需求。

2. 从宁波市鄞州区"私人定制"看特殊群体的需求

宁波市鄞州区2014年实施了"文化进企业——暖流工程"，安排150万元资金，预计送5000册图书、1000场电影、50场培训辅导、20场戏曲综艺演出，通过公共文化"私人定制"模式，将文化服务送至80余万外来务工人员身边。

鄞州区面向企业外来务工人员的"私人定制"文化服务，是由区文广局、经信局、工商联3家单位联合，通过区文化馆、图书馆、越剧团、电影公司及宁波天天演文化艺术有限公司、宁波飞越歌舞团、宁波歌乐文化传媒有限公司、宁波市演出有限公司、宁波爱珂文化集团有限公司、宁波市甬剧团等10余家文化企事业单位，向全区外来务工人员集中的企业提供点到点的定制服务。企业可以通过"文化服务备选菜单"，自由选择定制文化服务项目、服务时间、服务形式、服务数量等，经主办单位审核后，统一委托相关承办单位配送。

包括外来务工人员、少数民族、残疾人群在内的特殊群体均有适应自身群体特殊的文化需求。在公共文化服务定制化以前，这些特殊群体的公共文化需求的实现必须经历一个制度程序的公共选择过程，而保证特殊群体享有对应的公共文化服务主要通过社会呼吁和政府主导的形式实现。如2011年文化部、人力资源和社会保障部等部门下发的《关于进一步加强农民工文化工作的意见》，就强调了"注重满足农民工群体尤其是新生代农民工特殊文化需求"。[1]而随着定制化公共文化服务的发展，特殊群体所需的公共文化服务可以直接定制，不用再担心自己的文化需求在公共选择的过程中可能会被抹掉的问题了。

二、"互联网+"时代，定制化公共文化服务如何实现

随着经济的发展和社会的进步，群众对于公共文化服务的要求越来越高，群众需求的多样化、差异化要求政府提供定制化的公共文化服务。因此，对定制化公共文化服务的路径进行探讨，有利于政府更好地为群众提供公共文化服务。

1. 政府路径

（1）转变理念，以个性化需求为导向。以前，政府作为公共服务的单一提供者，只能通过大规模生产来保证足够数量的公共文化服务，而由于群众的消费水平有限，群众乐于接受大众化的公共文化服务来满足基本的文化需求。但如今，随着经济水平的提升，政府能力在提升，群众的文化需求朝着多样化、个性化的方向发展，在这样的背景下，政府必须转变理念，变"我提供什么，群众就要什么"为"群众要什么，我就提供什么"。尤其注重群众的个性化需求导向，提供差异化的公共文化服务。

"群众要什么，我就提供什么"是一个美好的愿望，而这个愿望要实现，单独依靠政府是不切实际的。公共文化服务领域的市场细分众多，想要实现多样化、差异化细分市场的要求，必须吸引社会力量参与其中。

---

1 吕方.我国公共文化服务需求导向转变研究[J].学海，2012（6）.

民间非企业组织"妈妈家"为中坝社区居民提供个性化文化活动就是社会力量参与公共文化服务的一个鲜活案例。位于成都市青羊区西郊的中坝社区，居民多为近年来进城的农民，他们虽然随着城镇化的进程来到了城市，但在精神文化层面还做不到完全地融入，因此，他们在公共文化服务方面的需求也不同于城市居民。在当地政府的支持下，"妈妈家"在中坝社区落地，针对该社区居民的特点，针对妇女开展刺绣学习、厨艺切磋等活动，针对老年人开展保健养生课堂，针对青少年开展青少年社区素质课堂，家庭读书会、周末亲子厨房更是"妈妈家"一直在开展的常规活动。政府给"妈妈家"免费提供活动场所，代缴水、电、网等费用，并以购买服务的形式向"妈妈家"支付一定的费用。"关键不在于政府花钱的多少，而在于通过将社会力量引入公共文化建设，办成了政府一直以来想办而办不成或办不好的事情。"[1]

（2）借助互联网，创新公共文化服务管理与提供方式。互联网具有强大的信息处理能力，因而政府在管理公共服务的过程中如果采用计算机和网络来收集和处理群众反映的数据，其效率是远远高于人力的。在"互联网+"的时代，政府应该积极将云计算、物联网等新技术应用于公共文化服务的管理领域，不断创新公共文化服务的管理方式，进而提高定制化公共文化服务的落地效率。

北京市石景山区的公共文化"菜单式"服务模式就是依托新媒体传播途径来完成的。公共文化"菜单式"服务是指围绕群众文化需求，以区文化馆、图书馆、少儿图书馆业务资源为基础，以街道综合文化中心为平台，利用新媒体发布途径，依据公共文化服务菜单，让群众结合自身需求选择公共文化服务内容和项目的一种惠民服务方式。

目前，"菜单式"服务可以提供四种服务模式，"定制化服务"也是其中的一项。这四项服务内容包括：一是"点菜式服务"，即把所有能够提供的

---

1 韩业庭. 社会力量办文化 构建公共文化新格局[N]. 光明日报, 2015-01-31.

服务项目和内容以菜单化的方式列述预发布出来,以供群众的多样选择。二是"融合式服务",即对基层文化部门和相关需求单位和个人的需求提供合作式服务,例如有的行业需要做行业歌曲,创作了歌词,文化馆提供专业工作者为其作曲、配器、录音等;群众创作话剧剧本,由文化馆专业人员提供舞台成品化排演等。三是"定制式服务",即对菜单中没有列出的项目,根据民众需求,定制特殊的服务项目和内容,并提供相应的服务。四是"配送式服务",即根据部门业务职能,开展送文化到基层活动,如慰问演出、流动展览、图书配送等活动,让群众就近享受高品质文化服务。

定制化的公共文化服务要求政府提高信息处理能力,也要求政府提高信息传播能力,而这两种能力都可以依托互联网来实现提升,所以,提供定制化的公共文化服务,要求政府必须依托互联网,创新公共文化服务管理与提供方式。

2. 众包路径

(1)"土豆运动"。2009—2011年,希腊的经济平均每年以5%的速度衰退,但物价却以3%的速度上涨,这一升一降之间,折磨着挤在中间的希腊市民,甚至影响了希腊的政局,但从2011年3月起,希腊的土豆价格下降了24.6%,这是一年以来希腊价格下降幅度最大的商品。促使物价下跌的是一个名为"土豆运动"的行动,最早发起这个活动的是皮诶利亚支援行动组,2012年2月19日,他们在卡泰里尼小镇的广场组织了临时的土豆市场,在这里土豆的售价是市价的1/3。"土豆运动"在希腊引起了不小的波澜,后来,种植土豆的农民们在互联网上与市民沟通后发现,市民们对农民直销土豆的反响非常热烈,并大获成功。一些热心的学生通过互联网替供销双方撮合,其他耐贮藏的食品,如橄榄油、面粉、大米、蜂蜜等,也开始尝试通过直供的模式来销售,价格普遍被拉下来了一半。[1]

"土豆运动"的影响已经远远超出了改变土豆市场价格本身。它甚至

---

[1] 赵鹏."土豆运动":希腊草根应对欧债危机[EB/OL].(2012-06-27)[2016-05-09]. http://blog.sina.com.cn/s/blog_70f23ce30100zo9u.html.

唤醒了希腊民众的"我能行"精神，使越来越多的人积极参与到公共服务中去。

（2）"大物移云"时代的众包。"众包指的是一个公司或机构把过去由员工执行的工作任务，以自由自愿的形式外包给非特定的（而且通常是大型的）大众网络的做法，众包的任务通常是由个人来承担，但如果涉及需要多人协作完成的任务，也有可能以依靠开源的个体生产的形式出现。"[1]

与传统服务外包相比，外包是企业把不具核心竞争力的业务转移给外部供应商，众包则是通过引入外部资源加强企业核心竞争力。[2] 众包主要有三大特征：一是开放式平台上的大众创业、万众创新。众包利用网络将全球资源都纳入其中，任何有兴趣的个体和群体都能参与，从而实现全球范围内的资源优化配置。外包是一对一的关系，企业通过特定业务的外包与接包方形成一对一的密切合作关系；众包则是一对多的关系，众包的接包方可能有成千上万。外包是组织与组织之间的关系，企业把业务外包给另一家企业；而众包是组织与公众之间的关系。二是无界化时空内的整合资源。众包模式的产生是基于互联网所创造的虚拟空间，借助这一虚拟空间，众包资源突破了时间和地域的限制，使人们的业余时间得到了有效利用，分布于世界各角落的资源通过众包模式加以整合。三是全程化参与其中的消费者生产模式。外包是企业把不具核心竞争力的业务转移给外部供应商，众包将消费者纳入生产体系，企业更容易直接获取用户和市场信息，提升产品和服务满意度。通过外包，消费者的身份也将逐渐转变为生产参与者。创新的过程也就成为产品市场化的过程。

"大物移云"新技术的发展带动服务外包产业进入3.0时代，云计算和移动互联网成为3.0时代的关键驱动力，众包的产生和发展恰恰迎合了这一趋势。众包正是基于互联网技术的日益成熟和完善，让企业通过互联

---

[1] 张晓霞.众包与外包商业模式比较及其启示[J].商业时代，2010（16）.
[2] 东方.众包在国外图书馆中的应用及有益启示[J].新世纪图书馆，2012（12）.

网将工作分包给网络大众，而网络大众则借助网络平台提供创意或解决方案并获取相应报酬。这一模式得以实施的关键就是网络平台的搭建和潜在参与者的网络连接。目前国外主要大型跨国公司都开始尝试众包模式，将研发或设计业务进行众包，并有不少成功案例。例如，星巴克通过众包网络平台，在14个月内收到了超过17000条关于咖啡的提案，并成功对产品进行改良，此外加入众包行列的大型公司还有宝洁、思科、戴尔、耐克和联想等，众包这一商业模式具有广阔的发展前景和巨大的发展潜力。在2012年Gartner公布的技术趋势曲线中，除了移动Web应用、大数据、数据库平台之外还包括众包，由此可以预见，众包将成为引领服务外包产业的发展趋势。

（3）定制化公共文化服务的众包路径。前文中已经提到，定制化的公共文化服务以群众需求为核心，开发周期短，更新速度快，对信息的依赖程度高，对群众的参与性要求高，这些都对政府提出了更高的要求，同时也增加了政府提供公共文化服务的难度，而众包不仅可以解决了政府的难题，还能够增强政府的核心竞争力和服务水平。"大物移云"是众包的技术基础，而"土豆运动"则让我们看到众包的群众基础，群众是有意愿参加到公共服务中去的。

众包的前提是政府要明确众包的适合范畴，在定制化公共文化服务中有些是不可以众包而必须由政府提供的，例如广播电视服务；而有些是可以众包的，例如群众文化活动等。在明确了确定了众包范畴后，政府应该积极利用众包，如将某社区的特色群众文化活动以众包的形式进行，这样不仅能够降低政府工作难度，提供高质量的定制化公共文化服务，还能够鼓励万众创新，同时突破时间、区域限制实现资源最大效度的整合。

第三部分

互联网时代，公共文化服务的管理变革

　　无论是思维变革抑或内容变革，最终都需要落脚到政府文化主管部门的管理上才能真正适应互联网时代公共文化服务的变化和发展。法制建设、管理结构、绩效评估、财政投入、公民的网络自律等，公共文化服务管理的各个环节将会如何应对？

第一节 《公共文化服务保障法》做加法还是减法？

改革开放30多年来，我国经济社会发展取得了举世瞩目的伟大成就，人民日益增长的精神文化生活水平得到极大提高，公共文化服务立法也取得了丰硕成果。但是"伴随着经济社会的整体转型，中国已实现从生存型社会到发展型社会的历史性跨越"。[1] 人民群众的文化需求日益增长且呈现多样化、差异化趋势，对公共文化服务的供给内容和服务水平要求越来越高。党和政府将构建现代公共文化服务体系作为保障人民群众基本文化权益、保障和改善文化民生、建设社会主义文化强国的重要制度设计。而法制作为具有权威性、稳定性、强制性的社会规范，是构建现代公共文化服务体系的制度保障。党的十八届四中全会明确提出完善的中国特色社会主义法律体系是依法治国的前提和基础，依法治国要立法先行，并将文化立法作为重点立法领域。加强公共文化服务立法成为现代公共文化服务体系建设的应有之义。

但是，现有公共文化服务立法与党和国家对公共文化服务的重视程度不相协调，与构建现代公共文化服务体系的需要不相适应。梳理现有公共

---

[1] 曹爱军. 公共文化服务的兴起及其发展取向 [J]. 重庆社会科学，2010（5）.

表 3-1　公共文化服务立法现状

规范层级	规范名称	制定主体	颁布时间
党内文件	《中共中央办公厅国务院办公厅关于加快构建现代公共文化服务体系的意见》	中共中央办公厅和国务院办公厅	2015年
部门规章	《文化部"十二五"时期公共文化服务体系建设实施纲要》	文化部	2013年
党内文件	《国家"十二五"时期文化改革发展规划纲要》	中共中央办公厅和国务院办公厅	2012年
行政规章	《国家基本公共服务体系"十二五"规划》	国务院	2012年
部门规章	《全国地市级公共文化服务设施建设规划》	国家发展改革委、文化部和国家文物局	2012年
部门规章	《文化部"十二五"时期文化改革发展规划》	文化部	2012年
党内文件	《中共中央关于深化文化体制改革 推动社会主义文化大发展大繁荣若干重大问题的决定》	中国共产党中央委员会	2011年
党内文件	《国务院办公厅、中共中央办公厅关于加强公共文化服务体系建设的若干意见》	国务院办公厅和中共中央办公厅	2007年
部门规章	《关于进一步支持文化事业发展的若干经济政策》	财政部和中宣部	2006年
党内文件	《中共中央办公厅国务院办公厅关于进一步加强农村文化建设的意见》	中共中央办公厅和国务院办公厅	2005年
行政法规	《公共文化体育设施条例》	国务院	2003年
部门规章	《国家计委、文化部关于"十五"期间加强基层公共文化服务设施建设的通知》	原国家计委、文化部	2001年
地方政府规章	《深圳市基层公共文化服务规定》	深圳市文体旅游局	2013年
地方性法规	《上海市社区公共文化服务规定》	上海市人大常委会	2012年
地方政府规章	《江苏省农村公共文化服务管理办法》	江苏省人民政府	2012年
地方性法规	《广东省公共文化服务促进条例》	广东省人大常委会	2011年
地方政府规章	《浙江省基层公共文化服务建设专项补助资金管理办法》	浙江省财政厅和浙江省文化厅	2011年
地方政府规章	《北京市基层公共文化服务设施服务规范（试行）》	北京市文化局	2011年

续表

规范层级	规范名称	制定主体	颁布时间
地方政府规章	《昆明市政府采购公共文化产品和服务的办法（试行）》	昆明市文化体制改革和文化产业发展领导小组、中共昆明市委宣传部、昆明市财政局、昆明市文化广播电视体育局	2010年
地方政府规章	《西宁市人民政府关于加强公共文化服务体系建设的实施意见》	西宁市人民政府	2010年
地方政府规章	《黑龙江省公共文化服务设施管理规定》	黑龙江省人民政府	2002年
地方政府规章	《上海市公共文化馆管理办法》	上海市人民政府	1997年

文化服务法律法规体系（见表3-1），可以发现目前公共文化服务法律体系尚不健全：第一，立法盲点多，公共文化服务基本法、单行法缺失，公共文化服务法律体系缺少主干支撑；第二，立法效力层次低，法规数量少，主要依靠部门规章和政策文件来调节公共文化服务，立法的权威性和规则的稳定性不强；第三，立法内容存在片面性，多强调政府的管理责任，忽视公民文化权利的保障。

因此，加强公共文化服务立法，既是推进依法治国的必然要求，也是实现国家文化治理体系和文化治理能力现代化的重要前提，更是实现文化强国的有力基石。加强公共文化服务立法已经成为构建现代公共文化服务体系的迫切需要。

一、现代公共文化服务法律体系的制度框架

我国文化立法主要由文化基础法、文化事业法、文化产业法和文化权

利保障法四大部分内容组成。[1]公共文化服务是政府主导、由社会力量参与，以满足人民基本文化生活需求的公共文化设施、公益性文化产品和活动以及相关文化服务，强调文化利益和文化目标的公共性。公共文化服务法律体系是调整公共文化服务领域社会关系的法律规范的总称，是文化事业法的重要内容。建构良好的法律制度框架是完善立法的前提，将为现代公共文化服务法律体系的建立提供规划指导。

公共文化服务法律体系的框架设计应当在把握公共文化服务内涵的基础上，以宪法为根本，以公共文化服务基本法、单行法和行政法规为主干，以地方性法规和行政规章为补充，形成完备、与时俱进的现代公共文化服务法律体系。

宪法是所有立法的根本遵循。我国《宪法》第22条和第47条规定了国家的公共文化服务职能和公民的基本文化权利。现阶段我国公共文化服务立法是满足公民基本文化权益的需要。作为政府有义务保障公民基本文化权利的实现，公共文化服务保障则是政府职能之一。

基本法是为公共文化服务的发展提供"顶层设计"。在基本法中应明确公共文化服务及其相关概念的内涵外延、公共文化服务的供给模式、公共文化服务的政府责任、公共文化服务供给的具体制度及公共文化服务的法律责任，为公共文化服务领域的文化活动提供最基础的行为规范。

单行法是在基本法的规范之下对某一领域的公共文化服务社会关系进行调整。单行法和基本法相互配合可以优化公共文化服务法律体系的结构，有利于发挥法律体系的整体功能。国外有许多立法经验可借鉴，如英国通过《博物馆法》《公共图书馆法》等单行法的制定保障公共文化服务设施的建设与完善。法国不仅在各级政府组织法中明确了政府保障公共文化服务的法律义务，还制定《图书馆法》《博物馆法》等单行法来保障公

---

1 葛鸿义. 法理学［M］. 北京：中国法制出版社，2007.

共文化服务的高效供给。[1]

行政法规、地方性法规和行政规章作为公共文化服务法律体系的重要组成部分，衔接了公共文化服务重大法律的落地实行。此外，现代公共文化服务体系与文化建设的各个领域息息相关。公共文化服务相关法律法规也是公共文化服务法律体系的重要补充，都将为现代公共文化服务体系建设提供重要支撑（见表3-2）。

表3-2 公共文化服务相关现行法律法规

层级	领域	名称	颁布出台时间
法律	文物	中华人民共和国文物保护法	2002年
	非物质遗产	中华人民共和国非物质遗产法	2011年
	著作权	中华人民共和国著作权法	1990年颁布，2001年修订
	互联网	全国人民代表大会常务委员会关于维护互联网安全的决定	2000年
		全国人民代表大会常务委员会关于加强网络信息保护的决定	2012年
行政法规	文化	传统工艺美术保护条例	1997年
		互联网上网服务营业场所管理条例	2002年公布，2011年修订
		公共文化体育设施条例	2003年
	文物	中华人民共和国文物保护法实施条例	2003年公布，2013年修订
		中华人民共和国水下文物保护管理条例	1989年公布，2011年修订
		长城保护条例	2006年
		历史文化名城名镇名村保护条例	2008年
	广播电影电视	广播电视设施保护条例	2000年
		电影管理条例	2001年
		广播电台电视台播放录音制品支付报酬暂行办法	2009年公布，2011年修订
	新闻出版	出版管理条例	2001年公布，2011年修订
		音像制品管理条例	2001年公布，2011年修订
		印刷业管理条例	2011年公布
		互联网信息服务管理办法	2000年公布，2011年修订
	著作权	中华人民共和国著作权法实施条例	2002年公布，2013年修订
		计算机软件保护条例	2001年公布，2011年第一次修订，2013年第二次修订
		著作权集体管理条例	2004年公布，2011年第一次修订，2013年第二次修订
		信息网络传播权保护条例	2006年公布，2013年修订

---

1 曹爱军. 公共文化服务的兴起及其发展取向[J]. 重庆社会科学，2010（5）.

二、公共文化服务立法的基本原则

"法律制度作为国家社会生活的价值导引与行为规范,是文化的规则化形态和制度化认可"。[1] 公共文化服务的立法原则是贯穿公共文化服务法律体系,对公共文化服务法律规范的制定和实施具有普遍的指导意义,其本身就是现代公共文化服务体系建设的纲领体现。公共文化服务的立法原则应是共性和个性的统一,一方面需要与我国文化建设的价值诉求保持一致,另一方面要对长期以来公共文化服务的现状及走向进行回顾、总结和前瞻,从公共文化服务的特点、底蕴和规律出发进行确立。公共文化服务立法的基本原则应包括以下四点:

第一,以保证公益性为首要原则。这是由公共文化服务的性质决定的。公共文化服务是以社会全体成员为服务对象、为社会成员提供免费或者优惠的文化产品和服务的公共服务体系。公共文化服务是全体人民受益的服务,是社会公平正义的体现。因此,其成本由全体受益人分担,实现方式就是由税收形成的公共财政进行基础保障。政府或者其他社会主体提供公共文化产品和服务都不能以营利为目的,要以公共文化利益为目标,使全体公民共建共享文化成果。公共文化服务立法要将保持公共文化服务的公益性作为首要原则,保障公共文化服务能够为社会全体成员享有。

第二,以保障公民的基本文化权益为核心原则。公共文化服务立法作为构建现代公共文化服务体系的制度工具,必然要承载现代公共文化服务体系的价值内涵。坚持以人民为中心,是构建现代公共文化服务体系的出发点和落脚点。公共文化服务立法将保障公民的基本文化权益作为核心原则,强调尊重和关注公民的文化需求,注重发挥公民作为文化主体的主观能动性,并促进公民的文化实践和文化参与,以不断满足公民的文化消费

---

[1] 周叶中,蔡武进.中国特色社会主义文化立法初论[J].法学论坛,2014(5).

和文化发展诉求为出发点和归属。

第三，以优化公共文化秩序为主线原则。优化公共文化秩序既强调通过法律规范来引导公共文化产品和公共文化活动的价值取向，以社会主义核心价值观为引领，代表和体现社会主义先进文化的前进方向，不断积淀和塑造社会文化价值共识；同时又包括建立现代化的公共文化服务治理体系，健全多元主体参与公共文化服务的机制，营造活力有序的公共文化环境。

第四，以促进均衡发展为关键原则。均衡发展是现代公共文化服务体系的基本特点。社会主义的本质是要消除两极分化，最终达到共同富裕。均衡发展原则强调通过法律规范和制度设计保障地区间、城乡间、不同群体的公民都能公平、平等地实现基本文化权益。

三、公共文化服务立法的基本路向

公共文化服务立法不能停留在理论层面，有必要从立法思路、制度构建等方面强化和发展公共文化服务立法，完善现代公共文化服务法律体系。

（一）加强公共文化服务立法的思路

第一，立法攻坚，解决立法难点、盲点。过去数十年我国文化立法一直坚持"重点突破、先易后难、整体推进"的原则，客观上造成了目前公共文化服务领域的基本法缺失，立法盲点较多，法规效力层级偏低的局面。在当前推动社会主义文化大发展大繁荣的时代背景下，纵深推进现代公共文化服务体系建设必须抓住发展的主线，从公共文化服务基本法、单行法的立法着手。可喜的是我国《公共文化服务保障法》已经列入本届全国人民代表大会的立法计划并顺利推进，有望在2016年正式颁布。这部基本大法如得以顺利出台，将为公共文化法律体系建设奠定坚实的基础。

此外,《公共图书馆法》等单行法也已经进入立法程序。

第二,推动立法顶层设计与基层探索相结合。目前我国公共文化服务立法虽然存在着很多盲点,但是很多省市已经在多个立法领域开展了有益尝试,形成了一批具有地域特色的地方性公共文化服务法规,如《北京市博物馆条例》《内蒙古自治区公共图书馆管理条例》《四川省世界遗产保护条例》《广东省公共文化服务促进条例》等。这些地方性法规为法律法规的制定积累了宝贵的实践经验,也成为我国公共文化服务法律体系的重要组成部分。因此,要鼓励地方政府解放思想、积极进行公共文化服务立法探索,从地方立法实践当中总结一般性规律作为国家重大法律法规的立法借鉴和参考,形成顶层设计和基层探索的有机结合。

第三,加强公共文化服务立法与文化体制改革决策的衔接。公共文化服务立法要主动适应经济社会发展的需要,适应文化体制改革深化发展的要求。在公共文化服务实践当中行之有效的经验应该及时上升为法律;对实践条件还不成熟、需要先行先试的,按照法定程序做出授权;对不适应改革要求的法律法规,要及时修改和废止,做到重大文化改革于法有据。

第四,与时俱进,构建现代公共文化服务法律体系。我国现行的公共文化服务法律法规,偏重于以政府为主体对公共文化活动进行管理、规范、限制、义务和处罚内容的设定,而疏于对公民权利保障、社会主体参与等内容的设定。公共文化服务立法,应该充分吸收借鉴世界其他国家的立法实践,从公共文化服务的实施与保障、公民文化权利的保障和实现、政府公共文化职能的界定与约束三大方面进行制度创设。同时,积极适应互联网时代信息技术的发展,及时修订现行法律法规。

(二)完善公共文化服务立法机制

要充分发挥国家公共文化服务体系建设协调组的平台作用,建立全国人大、中宣部、国务院法制办等部门的立法联动机制。统筹推进公共文化服务相关法律法规的立法进程,完善与现代公共文化服务体系建设相配套的法律法规。现代公共文化服务体系与文化建设的各个领域息息相关，公共文化服务的法制保障也是一个庞大的系统工程。目前，我国与公共文化服务密切相关、已列入立法计划或正在修订的重大法律法规有《著作权法》《互联网信息服务法》《民间文艺条例》《全民阅读促进条例》《博物馆条例》《未成年人网络保护条例》《志愿者管理条例》等。这些法律法规的出台或修订将为现代公共文化服务体系建设提供较为系统、完备的法律支撑。同时，要尽快推动《文化产业促进法》出台，使得文化事业与文化产业互为促进、协调发展。

此外要完善公民参与立法的机制。现代公共文化服务体系的构建作为一项政策工具，其价值内涵在于形成与我国当前的经济社会水平相适应的公共文化领域，[1]培育社会成员的文化自觉、文化自信及公民精神。因此，公共文化服务立法应该拓宽社会各界人士有序参与立法的途径，与人民群众最深切的需求对接，科学立法、民主立法。充分尊重文化发展的客观规律性，注重发挥文化的引导力和创造力，保持文化活力和社会弹性。

良法是善治之前提。现代公共文化服务体系建设必须加强公共文化服务立法，从人民群众的文化需求出发，立足于我国公共文化服务体系建设实践和发展需求，在遵循文化发展规律基础上将有益于人民享有先进文化成果、有益于激发人民文化创造力的成功经验和做法制度化、规范化，并提出具有前瞻性的制度设计，让法制为现代公共文化服务体系建设保驾护航。

四、鼓励、限制、禁止：三个立法的基本维度

2014 年，全国人大教科文卫委员会按照中央的要求和全国人大常委会的立法规划，牵头和组织起草《公共文化服务保障法》。2015 年 5 月《公

1　石东坡.文化立法基本原则的反思、评价与重构[J].浙江工业大学学报(社会科学版)，2009（2）.

共文化服务保障法（草案）》（以下简称《草案》）开始向社会公开征求意见。《草案》从起草伊始，笔者有幸参与研究和起草，听取了社会各界对于《公共文化服务保障法》的建议和意见，主要集中在公共文化服务保障立法的主要目标和基本内容、公共文化服务保障主体的法律地位、公共文化设施的运营机制、公共文化服务社会参与机制、公共文化服务经费保障机制、公共服务的人才队伍建设、公共文化服务的技术支撑、公共文化服务评价考核体系等重点问题上。保障实现全体国民的公共文化服务权利，是公共文化服务的起点和动力，公共文化服务发展为了人民，文化发展依靠人民，文化发展成果由人民共享，人民群众在公共文化服务建设中应发挥主体地位和主体作用。立法的目的是要培养有思想、有道德、有文化创新和科技创新能力的现代国民，公共文化服务应该代表先进的文化指向。因此，《草案》鼓励什么、限制什么、禁止什么，是审视法律价值取向的基本维度。鼓励性法条对参与公共文化服务的各方主体能够产生积极正面的引导和促进作用。限制和禁止性法条则体现了国家对公共文化服务及其相关活动做出的原则和底线性的约束。限制和禁止性法条并不意味着封闭和固化，而是在明确法律底线的前提下，给予公共文化服务更多地自由空间。"法立于上则俗成于下"，通过公共文化服务各种法律法规的制定，公民对于什么鼓励能做、什么限制做、什么不能做有了更加清晰的了解和界定。对于公共文化服务的基本内容、公共文化设施、公共文化服务相关的人员与经费保障等也有了规范性的约束。

（一）赋权：充分激活社会多元主体的文化活力

基希曼曾说，"立法者三句修改的话，全部藏书就会变成废纸。"国家立法强调政府在公共文化当中的主体地位，但政府的主体地位并不意味着大包大揽。只有正确看待政府的主体地位，允许和鼓励多元社会主体参与到公共文化服务的建设上来，调动各方面社会主体的积极性，培育一批有强烈社会责任意识、有公共文化服务专业能力的文化非营利组织，使之成为公共文化服务的新生力量，才能更好地推动公共文化服务的发展。

前文中已经提到，"政府失灵"是现有公共文化服务机制的突出弊端。解决这一问题的现实选择是针对目前公共文化体制机制的弊端进行结构改革，通过制度设计推进公共文化服务社会化，这也是现代公共文化服务体系建设的必由之路。而中央对公共文化服务社会化的制度建设已经由来已久。从战略部署来看，《十八届三中全会关于全面深化改革若干重大问题的决定》中明确提出，要建立现代公共文化服务体系。引入竞争机制，推动公共文化服务社会化发展。鼓励社会力量、社会资本参与公共文化服务体系建设，培育文化非营利组织。《中华人民共和国国民经济和社会发展第十三个五年规划纲要》指出要丰富文化产品和服务，推进文化事业和文化产业双轮驱动，构建现代公共文化服务体系。2015年，中共中央办公厅、国务院办公厅印发《关于加快构建现代公共文化服务体系的意见》相关论述——坚持社会参与。简政放权，减少行政审批项目，引入市场机制，激发各类社会主体参与公共文化服务的积极性，提供多样化的产品和服务，增强发展活力，积极培育和引导群众文化消费需求等。

目前我国部分发达地区在公共文化服务社会化探索上相对超前，例如《广东省公共文化服务促进条例》明确提出："鼓励社会力量向公众提供公共文化设施和公益性文化产品、文化活动及相关文化服务。"同时明确鼓励社会力量以捐赠赞助、委托管理、共享文化资源、业务合作、人员参与等方式参与公共文化服务的提供，并给出具体的激励保障措施。《上海市社区公共文化服务规定》第十条提出："鼓励社区文化活动中心实行社会化、专业化运作。"但总体而言，目前社会力量参与公共文化服务体系建设基本处于无法可依的状态。不同社会主体的法律地位不明，所应享有的权利和应承担的责任不清晰，尤其是"民办"公益性文化机构在财税、人事、职称等方面仍难以与公立机构享有平等的政策和权力，缺乏法律保障。

而目前我国社会力量参与公共文化服务体系建设存在政策和体制障

碍，社会资本进入公共文化服务领域的路径较少。很多地方的主管部门和文化事业单位，对公共文化服务体系与市场经济的关系认识不足，公共文化产品和服务完全由政府包办，市场开放尚不到位。民营的公共文化机构进入公共文化服务领域受到极大限制，同时由于缺乏政府的引导和激励，社会力量提供的公共文化服务与公民需求存在一定差距，加上宣传推广能力不足，导致民营的公共文化机构后继乏力。目前社会力量参与公共文化服务体系建设的形式主要包括："实体型公共设施建设的无偿捐赠、投资建设、设施共享的方式；市场化运作的冠名赞助、活动运作、设施管理的模式；人员参与式的社团服务、志愿者服务、自办分享的形式。"这些参与形式大多自发性、随意性较强，缺乏前期的投标审核和后期的考核评价环节，社会力量未能有针对性的参与公共文化服务项目的决策、执行、监督及评估等各个环节之中。因此完善社会力量参与公共文化服务的共享共建机制，通过投入机制和共享共建机制的设计，推动多元主体的参与，对保障公民文化权利的实现将起到非常重要的作用。

1995年，上海浦东新区委托基督教青年会管理综合性的市民社区活动中心——罗山会馆之始，政府对公共文化服务提供方式的多元化探索之路就此开启。政府通过直接或间接的方式向社会力量购买公共文化服务，创新了政府提供公共文化服务的方式，将政府掌管的权力分散到社会组织之中，不再大包大揽，全盘投入，并且将探索试点范围逐渐扩大到各个省份和不同的领域。2015年5月5日，由文化部、财政部、新闻出版广电总局、体育总局发布的《关于做好政府向社会力量购买公共文化服务工作的意见》（以下简称《意见》）提出，到2020年，我国公共文化服务建设的目标任务，是在全国基本建立比较完善的政府向社会力量购买公共文化服务体系，形成与经济社会发展水平相适应、与人民群众精神文化和体育健身需求相符合的公共文化资源配置机制和供给机制，社会力量参与和提供公共文化服务的氛围更加浓厚，公共文化服务内容日益丰富，公共文化服务质量和效率显著提高。《意见》对于完善社会力量购买公共文化服务体系的提出，是简政放权，建设服务型政府的一大举措，是推动公共文化服务社会化的重要方案，鼓励更多社会主体参与公共文化服务建设，提高公共文化服务效能，实现公共文化服务均等化、便利化。

近几年来，政府引入社会资本的政策频出，PPP模式也在全国广泛开展起来。2014年11月26日，国务院发布的《关于创新重点领域投融资机制鼓励社会投资的指导意见》中提出要建立健全政府和社会资本合作与退出机制，积极推广PPP模式，同时形成政府监管部门、投资者、社会公众、专家、媒体等共同参与的监督机制；2015年4月18日，发改委印发了《关于进一步做好政府和社会资本合作项目推介工作的通知》，要求各地发展改革部门尽快搭建信息平台，及时做好PPP项目的推介工作。2015年5月25日，发改委在门户网站开辟PPP项目库专栏，鼓励各类社会资本通过特许经营、政府购买服务、股权合作等方式参与建设与运营，同日国办转发《关于在公共服务领域推广政府和社会资本合作模式的指导意见》，重点明确了政府和社会资本法律地位平等、权利义务对等，必须树立契约理念，坚持平等协商、互利互惠、诚实守信、严格履约的原则。此外，《基础设施和公用事业特许经营管理办法》也于2015年6月1日起正式实施。

政府与社会资本合作、政府向社会力量购买公共文化服务等政策的陆续发布，体现出在公共文化服务领域，政府鼓励多元社会主体参与的倾向，同时也表明政府在公共文化服务社会化提供方面，逐步走出了无法可依的状态。

多元社会主体的广泛参与是《公共文化服务保障法（草案）》（以下简称《草案》）的一大亮点。此次《草案》当中的60条中有10条涉及"公共文化服务社会化"的相关内容，通过立法对公共文化服务社会化打开了通路。而多元社会主体与政府之间如何制定共建共享机制，提供公共文化服务，也是《公共文化服务保障法》的一大难点。

（1）民间力量如何参与公共文化设施的运营管理。公共文化设施的社会化运营，有利于形成注重以效能为导向的方式。通过转变政府职能，减轻政府大包大揽的压力，提高政府管理公共文化服务的整体效率，为老百姓提供对路的文化服务。通过与民间组织机构的合作，公共文化服务在市场上的运作将会更加有经验和成效。但民间力量参与公共文化设施的过程中也会存在各种问题，如民间准入标准问题、参与程度深浅、权责大小、绩效考核方式以及民间力量在参与运营过程中出现的其他各种细化事务等。北京朝阳街道图书馆在引入社会力量运营方面，就取得了成功经验。

2014年1月2日，朝阳区图书馆、朝外街道文化服务中心与悠贝亲子图书馆共同签署了《社会力量参与朝外地区图书馆运营合作协议书》，朝阳区成为北京市首个借助民办图书馆力量运营管理街道公共图书馆的区县。[1]根据协议，朝阳区文委和街道两方出资，购买悠贝一年的运营经费。由街道与朝阳区图书馆制定服务标准、考核办法，如可能要达到的借阅量、地区活动的数量等，以及承担运维费用，悠贝负责图书馆的日常运营管理，并组织相关文化活动，坚持全年开放，且每天服务时间不少于8小时，北京市公共图书馆"一卡通"及通借通还服务仍可以使用，同时开展阅读指导、专家讲座、文化沙龙等各类体验活动。在政府购买方面，通过调研，朝阳区图书馆与悠贝合作运营的3个月的时间里，无论是跟周边同等的街乡级图书馆对比，还是与2013年同等月份朝外图书馆运营状况对比，整个图书馆的服务人次、图书的流通量都有了比较明显的提升。

北京朝阳试水社会力量运营公共图书馆，是一次公共图书馆与民营图书馆合作的成功尝试。朝阳区图书馆注重公共文化服务，悠贝亲子图书馆擅长运营，两者结合得当，就能够发挥各自的优势，实现效益的最大化。首都图书馆副馆长邓菊英谈道："对朝阳几百万人口来讲，图书馆专业人员有限，要真正延伸到基层，政府的手还触不到这么远。引进有成熟运作模式的民间力量取长补短，是很好的尝试。"不仅如此，朝阳区也在探索

---

1 贾华瑞."公""私"合力，共促阅读[J].出版人，2014（5）.

引入地区的当地的名人文化资源,如游本昌、李煜等。通过开办游本昌工作室、李煜工作室,提供排练厅等场所进行作品排演,吸引社区民众参加,发挥名人效应,进行社区价值文化的普及。如何把社会力量引入到原有的公办机构当中来,实现民办与公办的双赢,朝阳区图书馆给了我们一个很好的诠释。

(2)高校设施为社区公共文化服务发挥余热。随着社会发展,人民生活水平的不断提高,群众的基本文化需求也在日益增长。而公共文化服务能力与人民群众日益增长的需求不足之间的矛盾,使得建设覆盖全社会的公共文化服务体系也日益重要。根据国家图书馆馆长周和平提供的数据表明,全国平均46万人拥有一所公共图书馆(国际图联规定,每5万人应拥有一所图书馆)。可见我国的公共图书馆事业远远不能满足民众需求。高校图书馆拥有丰富的文献资源、高素质的人才队伍和先进的技术手段,是国家公共文化事业的潜在主力军。但在公共文化服务方面,高校图书馆还处于起步阶段,大部分高校图书馆都进行封闭式管理,只对内开放,社会化服务也局限于个别项目,如文献传递、借阅证等,在为公共文化服务发挥余热方面还有待提升。高校是否将学校的图书馆、体育馆等校园设施开放,实现校园设施与周边社区的有效对接,是《公共文化服务保障法》立法内容的一个关键。宁波大学园区图书馆则是高校图书馆对外开放的首创者。

宁波大学园区图书馆是为宁波市民和大学园区内各校师生提供信息和文化休闲服务的社会公益性服务机构。它由宁波市教育局投资建设,总投资近1.2亿人民币,总建筑面积29278平方米。除了提供各类文献书籍,图书馆还提供丰富的文化休闲活动,设有多媒体视听室、公众教学区、报告厅、科普展览厅、小音乐厅、文化沙龙和健身中心等。早期的宁波大学园区图书馆仅仅是大学图书馆,只对学校开放,首任馆长颜务林提出建立公共图书馆。目前宁波大学园区图书馆延伸了传统图书馆的功能,既是宁波大学园区中各大中专院校共享的大学图书馆,同时又是宁波市第二图书馆和宁波市鄞州区图书馆。它对宁波全体市民和高教园区内师生提供完全平等的服务。

宁波大学园区图书馆既将公共图书馆和高校图书馆进行结合，又将数字图书馆的功能引入图书馆，对内服务学校、对外服务社区，是实现资源共享的一次创新，同时也是对构建"智慧型城市"的重要贡献。同时，目前这种校地共建图书馆的模式，国内已超过10所。通过政府力量资助高校公共图书馆建设，既可以培养城市居民文化素养，实现城市资源的集约化，又可以反哺城市建设，达到社会与经济效益最大化。

（3）民间博物馆纳入公共文化服务体系。民间博物馆与国有博物馆一样，是我国博物馆两大体系，承载着收藏与教育的公益性质。但出现了许多美术馆藏品只收藏不对外开放展览的现象，同时，民间博物馆这种自发的组织没有相应的标准化制度，缺乏专业的人员进行指导和资金的支持，长效机制也尚待优化。应该让美术馆与民间博物馆活跃于公共文化服务的领域，纳入公共文化服务体系，使美术馆真正成为艺术的推动者，民间博物馆与公共博物馆一样得到政府支持，相互促进，同时发挥自身优势得以长效传承。上文提到著名的"博物馆之乡"——浙江宁波鄞州区对符合建馆条件的民办博物馆，区财政给予场馆建设补助的最高额度达到400万元。为确保民间博物馆正常运作，区财政对免费开放的博物馆按参观人数、展览次数予以经费补助，对引进大型展览或外出展览进行一次性补助，补助额度每次最高达到10万元。同时对民间博物馆的设立、开馆审核、年检、终止，经费补助申报审核，日常监督考核等做了非常详细的规定。[1]

宁波鄞州区政府与博物馆的合作形式，将民间博物馆纳入公共文化服务体系，进行财政资金的支持和政府支持下的日常运作，使其继续发挥自身优势，发挥教育、研究等功能，是建立民间博物馆持久长效发展的保障。

---

[1] 高功.民间博物馆的春天[J].收藏界，2009（3）.

2011年，文化部和财政部联合出台了《关于推进全国美术馆、公共图书馆、文化馆（站）免费开放工作意见》。2015年，《博物馆条例》正式颁发，其中明确指出，民营博物馆与国有博物馆一视同仁。

（4）各层级公共文化服务的交流沟通与资源共享。现在的公共图书馆管理体制是一级政府建立并管理一级图书馆，它与其他级别的同类馆区是各自独立的，要实现各级图书馆之间的资源共享很困难，这也是现有的体制所决定的。财政向上集中，资源向城市集中，所以底层根基就较为薄弱。一些乡镇级别单位建一个图书馆不仅成本花费很高，而且由于财政资金不到位等各方面问题存在，无法建立长效机制。物联网、互联网等发展迅速的信息技术打破了传统图书馆之前的信息孤岛状况，实现了图书馆各馆藏资源信息之间的共建共享。这不仅为图书馆的升级发展提供了强有力的技术支持，也助推智慧城市的建设和发展。在《公共文化服务保障法》的立法上，如何使各个级别的馆藏资源互通互联，资源共享得以实现，形成上下相联通可持续的图书馆服务体系，值得大家共同探讨。

由上海市委市政府资助建立的上海市文献资源共建共享合作网联合了各区县的公共图书馆馆、高校图书馆、科研院所图书馆、企业图书馆等成员单位共79家，主要进行成员各单位地区的资源共建共享，服务单位包括团体与个人，属于一个跨地区级别的合作共享组织。它在上海图书馆协调辅导处设立了一个领导小组办公室机构，负责管理一些日常事务的运作，与各成员单位保持独立性。而在提供的共享资源方面，上海文献资源共建共享合作网提供各学科领域的信息资源，包括文献服务、网络联合知识导航、一卡通服务等，建设内容包括数据库建设、联合目录数据库、外文资源的协调采购以及一系列的服务平台与系统建设等，是地区信息网络化发展的一个例子。

杭州图书馆走出了一条与行业合作推动分馆建设的经验。通过与各企业合作，建立很多的主题分馆，如与某佛教文化深厚的景区合作建立佛学图书馆，企业以免收租金或提供其他服务的形式让图书馆入驻，与景区文化相得益彰。杭州图书馆的分馆不仅有佛学图书馆，还有棋院、围棋等分馆提供专门的支撑服务，与杭州图书馆总馆形成对比。通过政府公共财政投入的支撑以及企业的支持，支撑其日常运作，同时实现馆藏之间的联通。管理的高要求和专业化水平，使得杭州图书馆越做越好。各级图书馆灵活参与公共文化服务，实现资源共享、优势互补、互惠互利、共同发展，是实现公共文化服务资源共享的一种有效方式。上海市文献资源共建共享合作网和杭州图书馆的总分馆建设模式，实现了各层级公共文化服务的交流沟通与资源共享，对于提供充足的文化知识信息，推动多元社会主体参与公共文化服务具有重要的作用。

加法是公共文化服务参与主体多元化和公共文化服务方式多样化的必经之路。做好公共文化服务构成主体的加法，也就是吸纳了各种各样的社会主体参与。政府、企业、民间机构和个人的加入，令公共文化服务成为所有人共同的事业，共同促进公共文化服务效能的实现。

（二）规范：公共文化资源有效合理分配的机制保障

法者，天下之仪也。强调政府不能大包大揽，但公共文化服务的供给也不是任何人、任何组织都可以提供的。我们每个人是生产者，也是消费者。所以在这样的情况下，规范化、法制化也是必然的，这也是互联网带给我们整个发展的影响。制订《文化产业促进法》《网络安全法》就是希望通过高标准的法制化的要求维护文化产业以及互联网环境整体稳定的环境，这也对管理者管理的形式、方法、处理都提出了更高的要求。因而《公共文化服务保障法》在公共文化服务项目、公共文化服务设施以及公共文化服务相关的人员与经费方面都需要进行必要的规范，这是实现公共文化资源合理有效分配的必要保障。在公共文化服务建设方面可以考虑引入"负面清单管理模式"，对目录内的公共文化服务内容进行数量和行为等方面的限定，对公共文化服务的参与主体进行一定程度的约束，从而增强公共文化服务的效能。

1. 实行负面清单管理

"负面清单管理"是政府通过在清单上列出的在经济或其他领域行为中禁止进入的"黑名单",对某一领域进行限制和约束的管理方式。被列入"黑名单"的对象可能是某些领域,某种措施、行为,也可能是某个企业、集团、国家等。除了名单上的禁区,其他方面的活动都在许可范围以内。2014年7月1日,上海市政府发布《中国(上海)自由贸易试验区外商投资准入特别管理措施(负面清单)》(以下简称《负面清单》),列明中国(上海)自由贸易试验区内对外商投资项目和设立外商投资企业采取的与国民待遇等不符的准入措施。《负面清单》按照《国民经济行业分类及代码》分类编制,包括18个行业门类。这一负面清单中,除了列明的外商投资准入特别管理措施,还禁止(限制)外商投资国家以及中国缔结或者参加的国际条约规定禁止(限制)的产业,禁止外商投资危害国家安全和社会安全的项目,禁止从事损害社会公共利益的经营活动。[1] 如在新闻和出版行业领域,禁止外商投资新闻机构,禁止投资图书、报纸、期刊的出版业务,禁止投资音像制品和电子出版物出版、制作业务;在广播、电影电视领域,禁止投资广播电视节目制作公司、电影制作公司;在体育与娱乐方面,禁止投资大型球场如高尔夫球场的建设和经营,禁止投资主体公园的建设与经营等。这些投资领域的"黑名单",列明了外商不能投资的领域和产业。《负面清单》的发布,有助于明确政府坚决的态度,树立国家形象,也使外商明确投资领域的涉入规则,防止踏入"雷区"。

在公共文化服务领域需要使用"正面清单"或者"负面清单"的地方,如各种投资合作谈判等,清单的类型直接反映了限制程度。"正面清单"明确什么领域可以进入,其他领域则一律排除;"负面清单"则是通过明确不能进入该领域的对象,开放清单以外的领域。公共文化服务的"负面清单",就是政府通过法律明确列出社会资本不能进入的公共文化

---

[1] 刘力菲. 外资准入"负面清单"模式法律分析[D]. 南京:南京财经大学,2015.

服务领域，如新闻出版行业等一些有关国家意识形态和需要政府进行上层设计的领域。而对于清单以外的范围，则对社会市场开放。通过吸纳各种社会力量、社会资本的进入，推动公共文化服务的建设。"法无禁止即可为"，公共文化服务领域通过这种"负面清单"的"排除法"，才能引导社会资本的触角延伸到更宽广的领域。公共文化服务领域"负面清单"的列出，使得公共文化服务的提供主体、提供行为更加透明化，在实际运用中也更具操作性。要健全公共文化服务社会化的法制保障，就要通过立法明确社会力量参与公共文化服务建设的合法地位，完善鼓励社会组织、机构和个人捐赠以及兴办公共文化服务的税收优惠政策体系。推动公共文化服务领域引入竞争机制，实行公开采购、公平竞争的社会化运作模式，逐步建立公共文化服务建设的"负面清单"制度，对于法律未明文禁止进入的公共文化服务领域一律对社会民间资本开放，鼓励和支持社会力量积极参与公共文化服务建设。公共文化服务的供给需要负面清单的管理，会在法制上实现更有效的保障。

2. 建立规范和保障标准

公共文化服务保障的立法范围是指公共文化服务的具体内容。从国家层面的政策文件和现有研究来看，主要包括公共文化机构、公共文化产品（活动）和公共文化相关服务三部分。公共文化机构是指由政府或社会力量兴办的，不以营利为目的、为广大公众提供公益性文化服务的机构、设施等。公共文化产品是指政府或社会力量免费提供的文艺作品、出版物、影视广播节目等。公共文化活动体现人民免费享有的文化服务行为，包括文艺演出、图书阅览、群众文化活动、陈列展览、文化艺术教育、影视广播节目播放等。公共文化相关服务是指政府或公共文化机构为满足公民平等地享有文化之需求所做的工作或提供的服务。[1]

公共文化服务的规范和保障标准是实现公共文化服务标准化、均等化

---

[1] 杜钢建，赵香如.《湖南省公共文化服务保障条例》大纲研究[J].法治湖南与区域治理研究，2012（4）.

的重要组成部分。我国现有基本公共文化服务指导标准是由国务院制定的，省、自治区、直辖市人民政府则根据国家基本公共文化服务指导标准，结合当地实际需求、财政能力和文化特色，制定本行政区域的实施标准。根据公共文化服务出台的一些保障法规，将保障内容分为三个类别：公共文化相关服务是构成公共文化服务的基本内容；公共文化设施是公共文化服务的载体和建设平台；公共文化服务相关经费和人员保障是推动公共文化服务实现标准化、均等化、社会化的重要构成部分。[1] 建立以上三方面的规范性法律法规和保障标准，从而形成完善的公共文化设施网络。对于违反国家限制与禁止的行为与个人，将承担法律责任。

（1）《国家基本公共文化服务指导标准》（2015—2020年）。党的十八届三中全会确提出要"建立公共文化服务体系建设协调机制，促进基本公共文化服务标准化、均等化"。2015年1月15日，《国家基本公共文化服务指导标准》（以下简称《指导标准》）的发布，也是构建现代公共文化服务体系非常重要的制度设计。《指导标准》的制定主要遵循了基本性、普惠性和动态性三个原则，从国情出发，以群众实际文化需求为导向，界定了基本公共文化服务的保障范围，主要围绕读书看报、收听广播、观看电视、观赏电影、观看演出、参加文体活动和免费使用公共文化设施等群众基本文化权益，提出了具体的项目、内容和指导标准，明确了服务范围、程度和质量要求。同时，对公共文化服务硬件设施和人员配备提出了相应标准，为各地加快构建现代公共文化体系提供指导和遵循。截至2016年1月上旬，已有26个省（区、市）出台了相应的实施意见和标准。各地实施意见内容丰富，特点突出：一是坚持问题导向。立足本地实际，着力解决公共文化服务体系建设中的主要矛盾和瓶颈问题。二是注重衔接。与《意见》、"十三五"发展规划等重要文件紧密联系，确保公共文化服务体系建设持续推进。三是明确定位。根据当地经济社会发展水平，提出客观、科

---

[1] 杜钢建，赵香如.《湖南省公共文化服务保障条例》大纲研究[J].法治湖南与区域治理研究，2012（4）.

学的发展目标。上海着眼于为国际文化大都市和具有全球影响力的科技创新中心建设提供精神动力和文化支撑；安徽将主要指标定位在2020年达到中部领先、全国中上等水平；青海着力保障和改善文化民生，重点在保基本上做文章。四是体现特色。结合地域和历史文化特点，因地制宜，培育和创新特色文化服务品牌。山东将打造"图书馆+书院"公共文化服务模式、乡村儒学、社区儒学推进计划等纳入文件内容，形成了鲜明的地方特色。在标准制定上，各地实施标准在国家指导标准的基础上做"加法"，增加了量化指标和特色指标，并略高于国家指导标准，更好地发挥了指导基层的作用。湖南坚持分类创建，针对城镇化率75%以上的中心城市、城乡复合发展县市区、贫困开发县市区分别制定不同的创建标准。国家指导标准与各地实施标准初步形成了上下衔接的标准指标体系。浙江嘉兴、广东佛山、福建厦门、新疆克拉玛依等国家公共文化服务体系示范区创建城市出台了本地实施意见和实施标准，发挥了示范带动作用。

（2）北京出台"1+3"公共文化政策。北京结合全国文化中心城市功能定位、建设国际一流和谐宜居之都的要求和基层实际需求，以制定"1+3"文件为抓手，全面贯彻落实中共中央办公厅、国务院办公厅印发的《关于加快构建现代公共文化服务体系的意见》，推进首都现代公共文化服务体系建设。"1"是指《北京市人民政府关于进一步加强基层公共文化建设的意见》，"3"是指《首都公共文化服务示范区创建方案》《北京市基层公共文化设施建设标准》《北京市基层公共文化设施服务规范》。"1"是统领，"3"是"1"的配套文件和有力支撑。到2020年，北京市率先完成国家基本公共文化服务指导标准的达标任务，基本建成均衡发展、供给丰富、服务高效、保障有力的现代公共文化服务体系。

《北京市人民政府关于进一步加强基层公共文化建设的意见》第二部分从设施建设、服务内容和绩效考核3个方面对公共文化软硬件进行规范，提出乡镇（街道）、行政村（社区）设施标准、服务标准和考核标准，构建基层公共文化服务标准化体系；《首都公共文化服务示范区创建方案》

借鉴国家示范区创建经验，分为七大类 40 项 93 个指标；《北京市基层公共文化设施建设标准》共 26 条，主要特点是 "2+X" 模式，"2" 是每个文化设施应建有 1 个室内多功能厅和 1 个户外文化广场，"X" 是融合各相关部门服务的综合功能；《北京市基层公共文化设施服务规范》则从服务内容、开放时间、服务人员、服务环境和运营保障等方面，规范基层公共文化服务，共九章 64 条。[1]

北京 "1+3" 政策以人民为中心，强化服务基层的理念，努力把服务体系落实到基层，解决基层难点，推动形成基层公共文化服务新常态；以共建共享为着力点，强化机制创新，突出机制统筹、资源统筹、使用统筹、经费统筹 "四个统筹"，提高综合使用效率；以 "标准化、均等化、社会化、数字化" 为主线，把 "保基本、促公平" 贯穿始终，推动基层公共文化服务快速发展；坚持政府主导、社会参与并重，加强政府购买力度，支持社会力量参与公共文化服务体系建设，提高社会化水平；增强公共文化服务的现代性和时代感，突出服务设施数字化，突出物流配送科学化，突出治理结构专业化。

"1+3" 是一个系统化而且非常全面的公共文化政策。为体现首都特色，提出社会化和数字化，提出街道、乡镇综合文化中心面积要不少于 800 平方米和 1200 平方米，社区、行政村综合文化室面积不少于 200 平方米和 300 平方米；明确基本公共文化服务的内容、种类、数量和水平，特别是明确基层综合文化中心、文化室的人均藏书量、人均新增藏书量以及文化辅导培训、公益演出和公益电影放映等文化活动次数；深入推进基层公共文化设施免费开放工作，提出每周不少于 56 小时，并应与公众工作时间错开；在行政区划基础上，综合考虑人口、交通等因素，以一刻钟文化服务圈为半径，编制城乡基层公共文化设施规划，逐步将乡镇（行政村）综合文化中心（室）纳入到全市管理与服务体系，实现公共文化服务

---

[1] 卢扬，陈丽君. 北京率先出台 "1+3" 公共文化政策 [N]. 北京商报，2015-06-12.

一体化配送与运营，打通基层公共文化服务"最后一公里"。这些文件的出台对加快构建北京市现代公共文化服务体系，推动基本公共文化服务实现标准化、均等化、社会化和数字化，保障人民群众基本文化权益做出了全面部署。[1] 通过"1+3"文件的实施推动，北京市四级公共文化服务体系建设取得明显成效，全市公共文化服务的标准化、均等化、社会化和数字化水平明显提高，设施覆盖率实现98%，公共图书馆、文化馆、体育馆、科技馆、科技馆等设施实现免费开放。市、区文图两馆中国家一级馆30个，电影公益放映15.58万场。打造四级文化活动品牌，有146家街乡图书馆实现通借通还。在册文化志愿者3.27万名，志愿服务覆盖全市。2014年全市文化体育方面支出163.9亿元，人均支出761.8元，2015年与2014年总体持平。这些资金用以保障公共文化设施运营和开展各类文化活动，提供20类公共文化服务。

（3）东莞市：国家公共文化服务标准化试点城市。2014年10月，东莞市成功入选首批国家公共文化服务标准化试点城市。东莞市成立了标准化试点工作领导小组，由市长任组长，市委常委、宣传部长和分管副市长为副组长，市相关部门协同参与的工作协调机制。为确保公共文化服务标准化试点工作顺利开展，市财政安排专项资金，用于公共文化服务标准的研究制定、绩效评估的开展、服务人员培训、标准化的宣传推广等。为及时掌握各个标准制定的工作进度，与专业机构定期联络，及时掌握相关标准的制定情况；对标准制定过程中发现的问题及时进行修订，并多次组织两个专业机构进行对接，确保相关标准可以实现无缝对接，例如以外来务工人员为重点保障人群，制定好东莞市的地方实施标准；以数字化背景下，图书馆和文化馆总分馆体系建设为重点内容，制定专项的技术标准；以面对镇人民政府（街道办事处、园区管委会）公共文化服务绩效考核为重点突破，制定相应的评估指标体系及评估方案，建立了具有东莞特色、

---

1 舒琳. 认真贯彻落实《意见》精神 推动首都公共文化发展 [N]. 中国文化报，2015-06-12.

满足现代公共文化服务体系建设需要的标准化体系。

一是制定公共文化服务实施标准。东莞市在国家、省指导标准的基础上，结合自身实际，在实施标准的制定上，侧重以下几个方面：①细化标准指标。对于国家指导标准、省服务标准中的通用性或基础性的条款，根据东莞市的具体情况进行条款的细化、指标的分解或拓展；对于国家、省标准中未量化的指标，都尽可能做了量化处理，大大增强了标准的可操作性。②明确责任单位。在实施标准条款后增加责任单位，强化责任单位责任意识，使责任落实到位，发挥好责任单位主体作用。③注重需求反馈。实施标准中增加了群众基本公共文化服务需求调研标准条款。通过引入第三方，更好把握群众基本公共文化服务需求，实现公共文化服务与产品供给与需求的有效对接。④数字化发展方向。在实施标准中增加依托公共文化服务信息平台与群众互动、通过网络终端享受数字公共文化服务以及建设数字文化馆等条款来推动公共文化服务数字化的工作。⑤突出重点问题。针对东莞市外来务工人员人数众多的突出特点，针对性地提出相关的标准条款，更有效地保障广大外来务工人员的基本公共文化权益。

二是制定公共文化服务技术标准。按照科学合理、全面系统、重点突出、特色明显、适度超前的原则，以满足公共文化需求和服务民生、提高公共文化服务水平为核心，委托专家团队，从公共文化领域的运行规律出发，运用标准化基本原理和系统工程理论，按照基本公共文化服务涉及范围内的标准对象、标准项目相互间的内在联系编制了《东莞市公共文化服务标准体系》（以下简称《标准体系》）。例如，《标准体系》除对公共图书馆、文化馆的服务标准进行规范以外，还对全市的公共图书馆、文化馆总分馆体系的运行，数字文化馆、图书馆的建设，基层综合性文化服务中心的运行等内容进行了规范，制定了相关的技术服务标准。

三是制定公共文化服务评价标准。聘请第三方机构在充分调研的基础上，制定了东莞市各镇（街）公共文化服务绩效评估指标及评估办法，并委托东莞理工学院开发"东莞市公共文化服务绩效评估系统"，通过引入

"第三方"评估的方式，进一步明确基层设施的重点服务指标，重点解决基层公共文化设施使用率不高等问题，推动基层提升服务效能，逐步建立健全全市公共文化服务绩效评估机制。

赋权给多元社会主体与规范公共文化服务内容都是《公共文化服务保障法》的题中应有之义。发挥多元社会主体的力量促进公共文化服务的建设是为公共文化服务做加法，它激发了社会活力，增加了公共文化服务的效能。在促进公共服务方式的多元化、社会化的同时，充分鼓励和支持民营企业和民间组织参与公共文化服务建设，形成以政府为主、社会力量广泛参与的多元投入的新机制；而"负面清单"管理模式与公共文化服务的规范化、标准化制度虽是在表面上限定和规范某些领域，实则扩大社会力量的进入范围，达到变减为加的正效应，即在对公共文化服务做减法的同时，是对公共文化服务的质量做加法。明确多元社会主体参与和制定公共文化服务规范，是《公共文化服务保障法》的重要内容。

第二节　从垂直化到扁平化不是一步之遥

多年来，我国公共文化服务管理一直是垂直化的管理体系，国家、省、市、县、农村乡镇（城市社区）、农村行政村的六级公共文化服务体系覆盖城乡，在推动我国公共文化服务均等化发展、提高公共文化服务水平方面发挥了极其重要的作用。但随着新型城镇化的不断推进，公共文化服务体系的布局已经不断遭受调整。目前农村人口大量向城镇迁移，农村"空心化"现象严重，公共文化设施效能低下，资源浪费严重，需要调整优化公共文化服务体系布局，合理分配公共文化资源，将目前六级公共文化设施建设调整为国家、省、市、县、农村乡镇（城市社区）五级，加大对市、县、农村乡镇（城市社区）的设施投入，满足新市民的文化生活需求。

而在时代的发展洪流当中，互联网更是构建了一个完全扁平化的世界。直接沟通、实时交互已成态势，公共文化服务从生产者直达到每个享有者已经不是天方夜谭。公共文化服务现有的垂直化服务体系如何去适应扁平化的互联网世界，需要不断探索、磨合。

一、完善各级综合协调机制

现代公共文化服务体系建设涉及社会生活的方方面面，光靠文化部门一己之力很难完成,需要整合若干部门的力量共同推动,因此协调机制的建立至关重要。党的十八届三中全会审议通过的《中共中央关于全面深化改革若干重大问题的决定》提出"构建现代公共文化服务体系",其中"建立公共文化服务体系建设协调机制"被作为重点任务予以明确。从2014年起,以国家公共文化服务体系建设协调组为标志的国家层面公共文化服务协调机制建立,协调组成员单位包括文化部、中宣部、中央编办、中央文明办、发展改革委、教育部、科技部、国家民委、民政部、财政部、人力资源社会保障部、国土资源部、住房和城乡建设部、国家税务总局、国家质检总局、国家新闻出版广电总局、国家体育总局、国家文物局、国务院扶贫办、全国总工会、共青团中央、全国妇联、中国残联、中国科协、国家标准委共25个相关单位。从目前看,协调组有效地整合了各方面力量,形成工作合力,协调机制平台作用得到了有效发挥,成为构建现代公共文化服务体系的有力抓手。《关于加快构建现代公共文化服务体系的意见》和《国家基本公共文化服务指导标准》在协调组的推动下得以顺利出台,《公共文化服务保障法》的起草制订进程也大大加快。

在互联网背景下,现代公共文化服务体系建设更加需要整合各方力量,无论从中央政府层面抑或地方政府层面,都需要协调部门资源齐抓共管、统筹推进,深化现代公共文化服务建设协调机制的改革和发展。

1. 完善公共文化服务体系建设协调组的工作机制

现代公共文化服务体系建设需要以国家公共文化服务体系建设协调组为平台,发挥文化部门的牵头作用,加强协调组成员单位之间的协商联络,健全工作机制,明确工作职责,充分发挥各部门职能作用和资源优势,在规划制定、政策衔接等方面加强统筹、整体设计,有关部门分头执行,协调推进。立足当前公共文化服务体系建设实际,需要重视数字公共文化服务建设,将中央互联网信息办公室、工业和信息化部、国家互联网信息办公室等部门纳入国家公共文化服务体系建设协调组成员单位,通过统筹协调积极推动公共文化服务适应互联网的发展。

地方各级政府可以参照"国家公共文化服务体系建设协调组"的组建模式，由文广新局（文化局）牵头，联合宣传、组织、发改、财政、体育、工青妇等部门，组建各级公共文化服务体系建设协调组，统一调配区域文化资源，提高文化服务效率。如北京市在市委深改组文化体制改革专项小组和市委宣传部领导下，由市文化局牵头，北京市新闻出版广电局、北京市体育局、北京市科委、北京市教育委员会等19个部门参加，成立联席会议，制定《议事规则》和《任务分解》，建立协调机制。主要任务是发挥重要协调作用，强化"四个纳入"的保障，即各区政府、各有关部门要将基层公共文化服务工作纳入本地区、本部门和本领域工作重要议事日程，纳入国民经济和社会发展总体规划，纳入政府固定资产投资计划，纳入同级财政预算。山东省成立了公共文化服务体系建设协调机制，由省文化厅、省委宣传部、省编办、省文明办、省发展改革委、省教育厅、省科技厅、省民委、省民政厅、省财政厅、省人力资源和社会保障厅、省质监局、省新闻出版广电局、省体育局、省文物局、省老龄办、省扶贫办、省总工会、团省委、省妇联、省残联、省科协、省党员干部现代远程教育中心共23个部门组成，协调机制办公室设在省文化厅。地方协调组的建立，要注意因地制宜，立足当前公共文化服务体系建设实际，以现代公共文化服务体系建设的目标为指导，参照国家公共文化服务协调机制的模式，不断完善和改进协调组的工作，实现公共文化服务工作各小组的合理有序和整体运作的高效统一。

2. 统筹推进重大公共文化服务法律法规的制定和实施

现代公共文化服务体系建设需要法制做保障。要充分发挥国家公共文化服务体系建设协调组的平台作用，统筹推动《公共文化服务保障法》《公共图书馆法》《著作权法》《互联网信息服务法》《民间文艺条例》《全民阅读促进条例》《未成年人保护条例》《志愿者管理条例》等公共文化服务体系建设相关法律法规的立法进程，完善与公共文化服务体系建设相配套的法律法规，为现代公共文化服务体系建设提供法律基础。同时坚持立改废释并举,增强公共文化服务相关法律法规的及时性、系统性、针对性、有效性,推动相关法律法规的实施,鼓励地方进行基层探索,出台公共文化服务建设的地方行政法规和政策,共同为新型城镇的公共文化服务体系建设提供制度保障。

3. 创新公共文化服务协调模式

南京文化惠民"百千万工程"于2012年3月启动,是由南京市委宣传部、南京市文明办、南京市文广新局、南京市文联等机关单位联合制定推出的一项重要的民生工程。由于各协调机构和市民的共同努力,使得南京文化惠民"百千万工程"被列入第二批创建国家公共文化服务体系示范项目名单。全市围绕打造"不谢幕的剧场""不停演的广场"的目标,以"百场公益演出广场行"为龙头,带动全年各区县近千场、全市群众文化活动过万场;并培养一批群众文化带头人,依靠群众的智慧和力量推动文化繁荣发展、建成全国全省公共文化服务高地。[1] 此外,南京市还支持南京大学、东南大学、南京艺术学院等高校建立社区化剧场和开展"百场星期音乐沙龙、百日美术展览"等活动;南京广播电视报社区艺术团也深入全市各社区开展文化惠民演出;市属剧团及社会团体还深入基层开展送戏下乡活动。[2] 它为满足民众多元文化需求,建立健全公共文化服务体系,提升市民幸福指数和城市文化品位,丰富人民群众的文化生活发挥了重要作用。

而云南省昆明市推出的"公共文化服务包"也是综合协调下公共文化服务提供机制的一种创新模式。昆明市在公共文化服务体系建设中,从创新机制入手,采取打包的方式,对分散在不同部门的公共文化资源和项目进行整合,提出将机制、经费、人才、考核、项目五项内容打包实现"五包一体",建立"基层公共文化服务包"。明确提出向基层提供的基本公共文化服务要做到"六有",即有措施、有内容、有人员、有经费、有机

---

[1] 方屹. 南京民间舞蹈的传承与发展[J]. 金田, 2013 (11).
[2] 邢虹. 南京启动文化惠民"百千万行动计划"[N]. 南京日报, 2012-03-31.

制、有考核，使昆明市免费向城乡居民提供均等化的基本公共文化服务得到政策性、制度化的保障。[1] 通过这种综合协调打包的模式，丰富和充实了昆明市公共文化服务的内容，推动了各级政府对文化建设的投入，创新了基层公共文化服务的方式，促进基层公共文化服务的高效便捷，彰显了公共文化服务的普惠和公益性质，体现了建设服务型政府的要求，受到基层群众的欢迎。

在农村公共文化服务的提供方式上，可以创新地实行定点服务与流动服务相结合，加强公共文化服务的覆盖范围。江西赣州市"基层多功能流动文化服务站"被文化部确定为2011年度科技创新项目，是实施基层公共文化服务提供方式中的一个创举。江西赣州市地区的人口居住分散、交通不便，公共文化服务很难辐射到村落社区。而江西赣州市通过调研，专门针对这种情况研发了"基层多功能流动文化服务站"。这是一种集成公共文化服务功能的"流动车"，但它不是一种普通的"图书流动服务车"，而是能"变形"为图书阅览室、多媒体电子阅览室、文体活动室、小型演出舞台、数字电影放映等多功能公共文化服务站，可以实现公共文化服务多种功能"一车合成"。可以在家门口就能享受看戏、看书、上网、看电影、K歌等公共文化服务。赣州市把这种"基层多功能流动文化服务站"开到偏远的山区，能很好地弥补由于体制、经费、观念造成的基层公共文化服务滞后的局面。根据设计指标，一个流动文化服务站每天的接待能力为300人次。若按一年运行200天，每天平均接待200人次计，一个服务站一年就可服务群众4万人次，社会效益十分显著。[2]

河北唐山市丰南区的"动车组"图书馆流动服务车也是基层公共文化服务的一种流动服务方式。"动车组"是一辆经改装的经济适用且功能完

---

[1] 薛丹.云南昆明：基层公共文化服务包走出文化服务新路子[N].人民日报，2015-01-22.

[2] 汪建根.江西赣州研发多功能流动文化服务站 打通公共文化服务的"最后一米"[N].中国文化报，2011-07-11.

备厢式货车，载着桌椅、移动存储播放和投影设备，携带着文化信息资源，冬春季节下农村、赶大集，夏秋季节入社区、进广场，为基层群众提供公共文化服务，是文化共享工程数字信息服务与传统图书馆流动借阅相结合的组合服务模式。在源配置及服务功能方面，载有馆藏书刊资源3000册；文化共享工程数字资源、讲座视频资源的磁盘、光盘；文化共享工程河北分中心所有数字资源使用卡，通过3G网络共享；管理软件为适应网络化集群管理的广州图创软件。服务功能包括图书借阅、馆藏检索、数字资源查阅、视频播放；通过3G网络办理借阅证和借阅手续等。2012年5月底以来，丰南支中心大幅增加流动服务次数，每周出车4次下社区开展服务，且选择在群众休闲的晚间时段，最大限度地方便大家，每次社区流动服务的受众可达1000多人次，同时，有计划地组织进农村、进企业。全年总计流动服务近100次，服务人次可达10万余人。

通过发挥国家和地方公共文化服务体系建设协调机制的作用，理顺维护稳定各部门的协调关系，强化分工合作，推进各成员单位密切协调配合，形成协调推进的具备强大合力的综合协调体系。而垂直管理体系的不断完善，将与综合协调体系一同构成公共文化服务的两大支柱，对于构建公共文化服务体系具有强大的推力。完善综合协调机制，整合各方的力量，实现垂直化与扁平化的交互，为建设公共文化服务发挥有效的作用。综合协调体系的形成，各部门单位通力合作，更能够有效实现公共文化服务的效能化；因地制宜的公共文化服务订单式、菜单式的开展，更能够充分激发现有村级文化活动室、农村书屋等公共文化设施的服务效能，保障行政村村民的基本文化权益。

二、互联网式的公共文化服务治理

党的十七大以来，随着提升国家"软实力"战略的提出，对于公共文化服务的理解已不仅仅局限于是一个公共文化产品供给的过程，更应该是一个实现社会综合治理，提升国家文化软实力的重要过程。"软实力"一词听来并不陌生，是由美国哈佛教授约瑟夫·奈于20世纪90年代提出。他将软实力定义为一种能够影响他人偏好取向的能力，是通过吸引力达到主观所愿结果的力量，而非通过强制力。他认为软实力主要来源于内在文化、政治价值观和外交政策，具体包括文化、教育、法律环境、国家管理能力、国民精神等诸多方面，包括政治和文化两个维度。

文化软实力的重要性不言而喻，既是民族凝聚力和创造力的重要源泉，更是国家综合竞争力的重要组成因素，而在其中，公共文化服务所扮演的角色更是不可忽视。因为公共文化服务是建设社会主义核心价值体系的重要支撑力，是不断满足人民精神文化需求和保障公民基本文化权益的实现主路径。与此同时，由于文化具有作为价值标准的特殊性，而使得公共文化服务有别于一般的公共服务，具有独特的价值判断性和国家使命。

首先，公共文化服务具有民族使命。文化沉淀了一个民族长期的情感和所形成的民族意识，反映了一个民族成员的价值取向、伦理观念、理想品格等独特文化气质。因此，公共文化服务的一大使命即继续传承和弘扬中华民族文化，传播文化价值，提升文化影响力，重塑全社会的民族自豪感和荣辱观。其次，公共文化服务具有"核心价值观"使命。文化作为社会上层建筑的重要组成部分，具有显著的意识形态属性。因此在全社会范围内树立并使得社会主义核心价值观得以内化，是公共文化服务的又一大使命。再次，公共文化服务还具有"和谐"使命。因为公共文化服务在内涵上，具有整体性、公开性、公益性、一致性等特征，其培养了人们在群体意识、公共观念以及文化价值观念上的群体认同感，是实现社会和谐最核心的软性要素。简而言之，公共文化服务的时代愿景，即其所肩负的国家使命。

随着公共文化服务的时代角色被重新定位，同时也对其所需发挥的社会功能提出了更高的要求。要求公共文化服务应该具有更强的吸引力。无论是在供给内容还是供给方式上，始终以群众文化需求为导向，与时俱进，提供更加符合新时代大众文化需求的产品和服务。只有提高了公共文化服务的吸引力，才能解决公共文化服务设施利用率低，有限公共资源未能被充分利用的问题。要求公共文化服务应当具有更明显的引导力。如上所述，公共文化建设的一大任务就是发展、繁荣中国特色社会主义先进文化。公共文化服务即通过提供各类丰富多彩的文化服务，在吸引大众参与的同时，倡导社会认同的正确价值观、人生观和审美观，由此引导深化公民意识和民族精神。[1]要求公共文化服务还应具有更强的渗透力。公共文化服务在追求覆盖广度的同时还应注重服务的深度，更多地关注基层、接近群众、贴近生活，融科教文卫体于一体，在具有广发的群众基础的基础上，实现"润物细无声"的效果。

无论是公共文化服务"吸引力""引导力"还是"渗透力"的实现，都需要我国政府不断更新理念，从国家使命的高度来认识公共文化服务需求，从知行合一的宽度上不断深化公共文化服务体制机制变革，真正从思维和行动上，实现由"管理"向"治理"转变。并大胆运用互联网思维和技术，缩短转变过程时间，提高变革效率。

党的十八大首次明确提出"源头治理、动态管理、应急处置相结合"，即对社会管理提出了机制创新的要求。并于十八届三中全会确立了社会治理理念，将"加强和创新社会管理"的提法调整为"创新社会治理"，要求改进社会治理方式、激发社会组织活力、创新有效预防和化解社会矛盾的体制。原文如下：

> 改进社会治理方式。坚持系统治理，加强党委领导，发挥政府主导作用，鼓励和支持社会各方面参与，实现政府治理和社会自调节、居民自治良性互动。坚持依法治理，加强法治保障，运用法治思维和法治方式化解社会矛盾。坚持综合治理，强化道德

---

[1] 齐勇锋，李平凡.完善公共文化服务体系 提高国家文化软实力[J].中国特色社会主义研究，2012（1）.

约束，规范社会行为，调节利益关系，协调社会关系，解决社会问题。坚持源头治理，标本兼治、重在治本，以网络化管理、社会化服务为方向，健全基层综合服务管理平台，及时反映和协调人民群众各方面各层次利益诉求。

激发社会组织活力。正确处理政府和社会关系，加快实施政社分开，推进社会组织明确权责、依法自治、发挥作用。适合由社会组织提供的公共服务和解决的事项，交由社会组织承担。支持和发展志愿服务组织。限期实现行业协会商会与行政机关真正脱钩，重点培育和优先发展行业协会商会类、科技类、公益慈善类、城乡社区服务类社会组织，成立时直接依法申请登记。加强对社会组织和在华境外非政府组织的管理，引导它们依法开展活动。

社会治理理论，最早由美国著名国际政治理论家罗西瑙（J.N.Rosenau）所提出，并在其代表作《没有政府通知的治理》《21世纪的治理》等著作和文章中，将治理定义为"一系列互动活动领域的管理机制，它们虽未得到正式授权，却能有效发挥作用。与统治不同，治理指的是一种由共同的目标所支持的活动，这些管理活动的主体未必是政府，也无须依靠国家的强制力量来实现。"[1]"治理是由共同的目标所支持的，这个目标为此出自合法的以及正式规定的职责"，而且它也不一定需要依靠强制力量客服挑战而使别人服从。"[2]

而后在《作为理论的治理：五个论点》一文中，英国学者格里·斯托克（Gerry Stoker）将社会治理的特点总结为五点：第一，治理与管理的一大区别在于，治理需要一系列来自政府但不仅限于政府的社会公共机构和

---

[1] 俞可平. 治理与善治 [M]. 北京：社会科学文献出版社，2000.
[2] 詹姆斯·N. 罗西瑙. 没有政府的治理 [M]. 张胜军，刘小林，等译. 南昌：江西人民出版社，2001.

行为者。即"去中心化",认为只要符合大众需求,各种公共和私人机构都可以成为各个不同层面上的权利中心。第二,治理体现出了对于职能界限和责任主体的模糊性,因为随着国家治理思维的转变,国家开始将越来越多的责任转移给各类私人部门和社会团体,由此呈现出了公共部门和私人部门界限、职责日益模糊的特点。第三,治理过程中,涉及集体行动的各个社会公共机构之间的作用和影响定是双向的。即为达到某个公共目的,各组织之间必须进行资源交换,交换的结果不仅取决于各参与者的资源,还取决于交换的制度环境和政策环境。[1]第四,格里提出在治理过程中,参与者终将形成一个自主的网络,这个网络在特定领域中具有权威性,它与政府在该领域中相互合作,分担政府的部分职责。第五,治理理论认为,政府办好事的能力不在于发号施令或者运用权威,而是有能力使用新的方式来对公共事务进行控制和引导。

2015年1月14日,由中共中央办公厅、国务院办公厅印发的《关于加快构建现代公共文化服务体系的意见》中对公共文化服务建设基本原则所提出的"五个坚持",即充分体现了这种由管理到治理的思维变革。此五个坚持为:坚持正确导向,坚持政府主导,坚持社会参与,坚持共建共享和坚持改革创新。原文如下:

> 坚持正确导向。以人民为中心,以社会主义核心价值观为引领,发展先进文化,创新传统文化,扶持通俗文化,引导流行文化,改造落后文化,抵制有害文化,巩固基层文化阵地,促进在全社会形成积极向上的精神追求和健康文明的生活方式。
>
> 坚持政府主导。从基本国情出发,认真研究人民群众的精神文化需求,因地制宜,科学规划,分类指导,按照一定标准推动实现基本公共文化服务均等化,切实保障人民群众基本文化权

---

[1] 全永波. 区域公共危机治理的逻辑基础与机制构建——基于利益衡量的视角[J]. 中共浙江省委党校学报, 2010 (6).

益，促进实现社会公平。

坚持社会参与。简政放权，减少行政审批项目，引入市场机制，激发各类社会主体参与公共文化服务的积极性，提供多样化的产品和服务，增强发展活力，积极培育和引导群众文化消费需求。

坚持共建共享。加强统筹管理，建立协同机制，明确责任，优化配置各方资源，做到物尽其用、人尽其才，发挥整体优势，提升综合效益。

坚持改革创新。加快转变政府职能，完善管理体制机制，创新公共文化服务内容和形式，促进文化与科技深度融合，推动文化事业和文化产业协调发展。

由此可见，从满足基本文化需求到肩负国家使命，从社会治理到公共文化服务治理，从政府主管到社会参与、共建共享，时代愿景下，对于公共文化服务所提出的治理新要求不仅需要政策牵头，更需要从多维度出发，创新思维；不仅需要理论指导，更需要切实可行的实践路径，方能实现公共文化服务的治理目标。

公共文化的供给方式与互联网视频网站内容的供给方式，方式和特点上有许多共通之处。最早的视频网站内容都是 OGC（Organization Generate Content），即组织生成内容，视频内容全部来自电视台等大型机构，类比至公共文化服务即公共文化产品由政府提供，事业部门生产；而后随着 Youtube、优酷土豆等视频内容以 UGC（User Generate Content）即用户生成内容为主的视频网站的兴起，互联网的开放性和互动性日益凸显。而后又从 UGC 发展出 PGC（Professor Generate Content）即专家生成内容，许多来自各个领域的专业人士或者专业组织，为视频制作提供更加系统化、更具专业性的内容服务。而 UGC 和 PGC 的内容提供方式其本质与公共文化服务治理所要求的"社会参与"具有内在一致性。

公共文化服务治理不仅体现为思维变革，更应是一种实践路径上的创新。互联网之于公共文化服务发展的贡献将不仅表现为技术支撑，更是实践意义极强的方法创新。由此，从公共文化服务供给的组织结构、供给主体、内容生产、供给方式出发，互联网式的公共文化治理模式应该具有四大维度，即共建式、内源式、嵌入式和便捷式。

1. 共建式："由上而下"和"自下而上"的治理主体多元互动

"坚持社会参与"是"坚持共建共享"的前提，只有先让除政府部门外的其他社会主体参与到公共文化治理中来，才有可能实现共建公共文化服务体系，共享公共文化成果。因此实现共建模式的前提是实现"参与式治理"。

"参与"的概念大致于20世纪80年代末被引入中国，与我国理论与实践相结合之后，所产生的第一个成果，即费孝通教授所提出的"双轨制"的现代阐发，其最早的治理领域即中国农村，并着重阐释了"乡绅"这一角色的重要性。费孝通认为，在中国传统社会中，存在着一个既依靠道德发挥社会规范作用，又在实务层面发挥着重要的作用的社会角色，即"乡绅"。他认为乡绅阶层作为地方自治团体构成了中国传统权力体系"双轨制"中自下而上的一轨。为新时期社会治理的政府"自上而下"和群众"自下而上"的"双轨"协同提供了历史依据和实践经验。当然，现代治理"双轨制"的上下衔接环节已不仅仅是乡绅，而是由社会的多元主体组成，包括企业、个人、社会组织、团体等。更需指出的是，多元社会参与社会治理的方式也不再局限于辅助式的"民主协商""民主大会"等形式，而是表现为以主体身份参与管理和建设。

在社会多元主体参与公共文化管理的实践过程中，事业单位的法人治理结构就是最为鲜明的例证。"法人治理结构"一词最早发源于美国经济理论界，又称为"公司治理结构"或者"公司法人治理结构"等。虽然最早的"法人治理结构"是针对公司而言，但并不意味着事业单位不可利用法人治理结构来实现改革和治理目标。以深圳市事业单位体制改革的实践经验为例，2007年8月，深圳市事业单位体制第二轮改革的重点任务就是事业单位要建立和完善法人治理结构。此项改革举措借鉴了现代企业制度和国外社会管理先进经验，通过在事业单位建立理事会、管理层、职工大会，形成决策机构、管理执行机构以及监督约束机构的"三权分立"结构[1]，以实现事业单位向社会管理和社会服务主体的角色转变。其中，深圳市图书馆便是全市首批组建理事会、建立法人治理机构的单位之一。现在改革已经进入起草法人治理结构改革实施方案、理事会章程以及筹建第一届理事会等实际操作阶段。

通过建立和完善法人治理结构，以图书馆、美术馆、博物馆为首的公益性事业单位的管理体制将发生重大转变。决策主体将由原来的主管部门转变为理事会，真正实现社会化管理；决策方式将由原来的部门领导决策转变为理事会决策，更多地汇集社会智慧，使得决策更加科学、合理；监督体系将更为完善与透明，将由原来以行政监督为主转变为多渠道、多层次的监督方式。[2] 法人治理结构，外在表现为所有权与经营权的相对分离，而内在实质是由行政管理向法治治理转变，实现公共文化服务事业单位的体制改革，最终形成相对独立运作、自我管理、自我约束的现代法人治理结构。

而社会多元参与公共文化服务体系建设，最初需要通过"引入竞争机制，推动公共文化服务社会化发展"来实现。如果是法人治理结构的变革是自上而下的，那么竞争机制的引入强调的则是，通过"自下而上"的力量来推动变革的发生。即要以开放的心态，鼓励更多社会力量参与公共文化建设。比如宁波市鄞州区出台的政策导向目录、资金管理办法、绩效评估方法、考核奖励办法等政策，使得社会政府引导社会参与建设，有制度、有机制、有方向。再比如福建省厦门市制定的《厦门市公共文化服务机构运营的公众参与办法》等政策，对社会主体参与公共文化服务机构的

1　刘霞. 事业单位法人治理结构问题初探[J]. 中国人才，2007（21）.
2　肖容梅. 公共图书馆法人治理结构初探[J]. 深图通讯，2008（2）.

运作做出了具体的规定，通过社会力量的参与和政府购买公共服务，使得厦门市的特色文化活动空前繁荣。2008—2012年间，厦门市政府和辖有行政村的四个区政府一同出资，通过政府购买的形式，招标组建了21支农村数字电影流动放映队，并按照每个行政村每月放映2场的指标，为农村地区提供免费的电影放映服务，以丰富人民的精神文化生活。

通过实践，目前发展出了以民营企业参与公益文化活动运作的"活动运作型"，以公共文化设施市场化托管的"设施运营型"，以及以文化义工参与公共文化服务的"义工服务型"等多层次的公共文化服务的社会共建模式。概括来说，共建式的治理模式，即要在以多元社会主体为衔接，承上启下，实现社会治理"自上而下"和社会参与"自下而上"的双轨联动。

2. 内源式：构建基层文化自治平台，充分激发社会活力

"内源式"发展，又被称为"内发式"发展，最初源于经济学理论中的内源性增长这一理论，而后被运用于社会学领域。该理论认为当社会变迁由一个社会内部的发明创造所引发时，就是内发发展，反之如果由外部影响而引发，则属于外发发展。内发发展即从某地域的特定文化传统或文化资源出发，自立而发的自我循环机制。而在我国的社会结构中，兼具特定地域和自发性两个特征的单位即为"城市社区"和"农村乡镇"两大自治单位。

在我国的社会自治实践中，无论是社区还是乡镇都是指在特定地域范围内，具有行政划分特征和文化关联性的社会共同体，同时基层人民进行"自我管理、自我教育、自我服务、自我监督"[1]的基层社会单位。无论是从理论还是实践层面而言，"自治"都是基层组织管理的内在核心。基层自治既是基层民主的重要形式，也是承接基层社会管理和公共服务供给的职能主体。因此基层自治组织兼具了政府管理与基层民主的双重属性，既是"管"也是"治"，定将成为公共文化传播与发展过程中，治理变革的重要

---

1 周晨虹.社会管理创新中社区自治的逻辑演进[J].东岳论丛，2013（5）.

一环。

因此，公共文化内源式发展的第一步，便是基层自治组织的管理变革。就其实现的具体路径而言，应该从基层自治组织结构、自治组织权力关系以及公民参与方式三大方面出发，因为组织结构是基层自治的能动力基础；权力关系是基层自治支撑力的元点；公众参与是基层自治创造力的源泉。通过优化组织机构，均衡权力关系，扩大公众参与路径的治理举措，构建基层文化自治平台，充分激发社会活力让文化资源流动起来，实现公共文化服务的内源式发展。

（1）组织结构。一直以来，基层自治组织因其职能琐碎、功能混杂，而呈现出了全能性的特点，如此特征的形成有其客观因素，但也反映了基层自治组织结构的缺失和自治机制滞后的实质问题。因此，首先应当推动基层政府在组织结构与职能上的转变，以促进自治组织的分化与整合为目标，以服务于基层自治组织为导向，根据城市社区、农村乡镇的具体情况，制定切实可行的方案。其次，除了促进自治组织原有结构优化外，基层政府还应鼓励发展相对独立的社区自治组织机构，使得社区自治获得更加多样化的组织依托，而不仅仅局限于社区居委会、乡镇村委会等固有形态。

以安徽省建设农民文化乐园的试点工作为例。2014年5月，安徽省选择了20个行政村先行试点，建设农民文化乐园。并提出了"一场两堂三室四墙"的基本标准，"一场"即要求有一个综合文体广场；"两堂"即有讲堂、礼堂；"三室"即文化活动室、图书阅览室、文化信息资源共享工程室；"四强"即有展示村史村情、乡风民俗、崇德尚贤、美好家园四方面内容的文化墙。黄山市歙棠樾村作为首批试点乡镇，在此基本标准上，以改扩建为主、新建为辅，以设施建设为基础、内容建设为核心，充分利用好现有的场地、设施以及闲置的学校、祠堂、厂房等，对中心村已有、在建、将建的村文化活动室、文化信息资源共享工程、农家书屋等文化惠民工程以及乡村学校少年宫、留守儿童活动室、农民体育健身工程等进行整合提升，在基层政府引导的基础上，实现了自我治理和自我建设。而在首批试点经验的基础上，安徽省又推动16个市100个中心村建设农民文化乐园计划，并对内容建设、设施配套、资源整合、资金投入、运行管理等方面做出标准化要求。基层政府只需把握基本标准，而给予基层组织更多的发展空间，与自身独特资源相结合，通过整合资源，优化结构才能实现基层公共文化服务的内源式发展，以自我服务的方式，服务更广大人民。

（2）权力关系。基层自治组织权力关系，指的是自治组织与基层政府间权力关系的转变。随着现代社会治理格局的转变，这种关系正逐步由原来的纵向控制转向横向互动。首先，在组织结构转变的基础上，进一步推进自治组织与基层政府间权力关系的协调发展，组织结构的完善其最直接的影响应当便是基层政府行政权与基层组织自治权之间的平衡与协调。其次，自治组织自身平台化的发展策略，积极鼓励基层内的社会组织成为新型的社区权力主体，让更多的社会资源在这个自治组织所搭建的平台上汇集，发挥更强的"纽带"能力。同时，关注基层组织中的新兴主体力量，即年轻的"社区人"。随着我国公民社会责任感的整体提升，以城市为尤，更多年轻的群体开始关注社区公共事务，这为基层自治主体力量的多样化提供了可能。

以北京市东城区为例，区内面积总计41.84平方公里，常住人口86.5万。在政府倡导下，辖区各单位内部文化、教育、体育场馆设施设备对区域内居民免费开放，包括2个区级文化馆、2个图书馆，17个街道文化中心和街道图书室，200个社区文化室，万米以上文化广场2个，500平方米以上的文化广场27个、社区文体休闲场地近400个，还有34家博物馆。在此公共文化资源供给体系的支持下，通过整合文化资源实现了在"一街道一品牌，一社区一特色"的文化布局。对零散资源重新整合，由此调动了区内整体的文化积极性，形成了目前全区内有区、街道、社区文艺团队790支，文艺骨干2万余人，文化志愿者2000余人的文化资源平台。资源的流通和交换，便激发了基层公民的文化创造力和生产力。比如东城区交道口街道与蓬蒿剧场联合出品的原创话剧《南锣鼓巷的故事》，以话剧的形式真实地反映了南锣鼓巷地区的历史文化变迁，诠释了这片特定历史人文区域中变化着的人们和他们的生活。由此可见，不仅公司、企业需要平台化运作，公共文化服务也需要平台化思维，在消解条块分割机制的同时，让更多的文化资源流动起来。

（3）公民参与。在前文中所提到的互联网 UGC 用户生产内容模式，即由用户自主生成内容，并通过互联网平台进行传播的内容生产方式，而除了生产内容之外，如今的互联网公民参与已经进入了一个"众包"完成某项工作的时代。就"众包"所描述的商业实践，其实早就存在，只是互联网所带来的大众沟通成本大幅降低，使得大规模众包成为可能。比如维基百科或是 YouTube，企业的核心价值几乎完全来自用户进行的价值创造。再比如英国的网站 FixMyStreet 最新推出的一个专门供政府部门使用的站点 FixMyStreet for Councils，呼吁公民一同帮助市政解决社区问题。即居民能够通过 FixMyStreet 报告道路坑洞、路灯破碎、随意涂鸦等问题，而后由基层政府完成修缮工作，通过公民参与完成了政府部门的日常维护工作，也降低了社区基础设施的损耗率，同时增进了政府与大众关系的密切程度。

由以上案例可见，随着现代社会和新型城镇的发展，公民参与基层自治的动机已经不再是基于某种政治象征性活动的号召，而是以参与与自身息息相关的日常事务管理为目的，如生活环境保护、医疗监考、住房福利等，其中就包括基层公共文化服务的供给。因此，首先，仍应当充分发挥基层自治传统组织的优势，即发挥社区居委会、农村村委会对于公众参与基层活动的丰富经验，并在此基础上，积极创新公民参与基层活动的方式和渠道，在满足共性的基础上，最大程度发挥个性的积极性，拓展个体公民参与公共事务的空间。其次，基层政府和传统自治组织应当给予新型社会参与主体充分的肯定，让更多地公民参与到新型的基层自治活动中去，同时利用互联网技术，创新政府与基层合作的新路径。

3. 嵌入式：适应社群新变化，转变思路提升公共文化服务供给水平

社会群体泛指通过一定社会关系结合起来进行共同活动的集体。地理

空间上的社群，需要在某一空间内聚集，但并非所有人群集合体都是社会学意义上的群体。比如剧场里的观众，公园里的游客，商场里的顾客等，虽然是出现在同一时空的一群人，但并不是社会群体。因为他们之间缺乏因互动而形成的某种社会关系。除了基于一定地理空间而形成的社会群体关系外，随着互联网技术的发展，还形成了基于互联网虚拟空间的社群现象。因此，互联网生活的到来，不仅打破了人们生活的时空界限，也为公共文化服务供给提供了新的途径和渠道。

（4）地理空间社群治理。广场舞即基于地缘以及共同兴趣偏好而形成的新兴社群化现象。回顾2013年11月发生的"广场舞冲突事件"，其发生是偶然中的必然，表现为一个广场舞发展过程中所积累的社会摩擦与矛盾的爆发点。而后随着各地舆论的爆发，这个具有原生性的社会群体活动却在现代公共空间中发生了异化，即广场舞的正常开展与其他居民的正当权利之间的矛盾。在公共空间内开展一定的文化娱乐活动是居民的公共需求，安静、宜居的社区环境也是居民的公共需求，广场舞事件的异化，就在于未能妥善协调和化解这两种公共需求之间的矛盾，以致具体文化现象升级为群体冲突事件。

广场舞事件所反映出的社会问题既有个性又有共性，就共性而言突出反映出了两个亟待解决的社群化公共文化服务问题。第一，是有限公共空间与居民日益增长的文化娱乐需求之间的矛盾。广场舞因其活动特性，使得公放音乐是其不可或缺的元素，由此就与住宅居民的基本生活休息需求发生矛盾。这个矛盾发生的根本原因在于社群所积聚地理空间的不合理性，即广场舞人群在现代城市中找不到属于自己的活动空间。由此，政府协调和基层配合是解决此类公共问题的关键所在，若能整合学校的操场、公共设施的闲余空间等资源，并在时间上进行错位安排，便可为特定的社群活动提供更多相对独立的活动空间，化解社群活动与社区生活间的矛盾。第二，是不同社群间矛盾，即广场舞群体与非广场舞群体间的矛盾，二者不是绝对对立的，只是在摩擦发生时而形成了相对对立。广场舞冲突事件的激发，一个原因还在于"中间环节"的缺失。正如前文中所提到的"乡绅"的角色，在两个或者多个群体间缺乏可以作为群体代表的协会或者其他社会组织，即便存在如居委会等组织但因其针对性弱、临时性强的特点往往难以实现高效。因而，社群治理的一大关键因素还在于鼓励"社群组织"的兴起和自治，发挥化解社会矛盾的中间缓冲功能。

（5）网络空间社群治理。网络社群，又称虚拟社群。从最早的BBS论坛到后来的博客/播客、社交网站、微博，到现在的移动社交应用微信、telegram等，使得不同偏好的网络用户在不同的虚拟空间中聚集而形成网络社群。网络空间为网民间的信息分享提供了便利，也让一些地区性、局部性甚至偶然性的新闻事件通过网络人际病毒式的传播成为对社会造成极大影响的"网络热点"，甚至影响着社会舆论导向。

以微博为例，其已部分代替了传统媒体的议题设置能力；微博等网络社群作为新兴舆论载体的作用越来越突显，成了大部分网络用户获取信息的第一来源。反而言之，网络社群也可通过信息传播，形成舆论影响，进而影响公共事务的决策与执行，从而参与到公共事务中去。但有时群体活动具有盲从性，即受到群体中的意见领袖影响而扩大了恶意信息、虚假信息的影响力，而造成诸多社会问题，如网络"大V"方舟子即为一个典例。因此对于网络空间的社群治理，政府部门应当积极转变角色，在网络空间中反被动为主动，创新运用"政务社交媒体"，采取更为积极主动的行动，以"互联网"的工具化解网络社群所引发的公共危机和社会矛盾。

"政务社交媒体"即对政府及公务人员参与的社交媒体应用的统称，主要包括两种形式：一种是在已有商业平台上注册的官方账号；另一种是政府自建系统，往往内嵌在政府网站或一些带有政府背景的生活门户上。我的政务社交媒体以微博为主，以2011年的数据为例，因为该年被称为"政务微博客元年"。据不完全统计，截至2011年12月10日，在新浪网、腾讯网、人民网和新华网4家微博客网站上认证的政务微博客总数为

50561个，其中党政机构微博客32358个，党政干部微博客18203个。[1]

但是政务博客的设立并不能说明其网络社群空间治理能力的提升，关键还在于其对于网络社交工具运用的有效性和创新性。首先，信息发布的及时性，在网络热点事件发生时，就不实信息第一时间进行回复和澄清，将大幅降低虚假信息所造成的负面影响；其次，公共事务社群氛围营造的主动性。例如充分利用社交平台的话题设置、直播访谈等功能，使其服务于政府与民众"对话"，打造"问政平台"和"政务热线"。比如长沙市天心区官方微博推出的"微天心""文明天心"政务媒体，就主动在微博上直播区党代会等重要活动，以及长沙市公安局官方微博"长沙警事"在微博上发起宠物管理的大讨论，都引起了良好的社会反响，并成为嵌入式服务实践的第一步。

4.便捷式：数字化升级，"移动"创新实现服务供给成本的双向节约

互联网对于公共文化服务的意义不仅仅是公共文化服务的在线化、数据化，而是以潜入式、便捷化为导线，提高公共文化服务的质量和效率，更大程度地满足人民群众对于基本公共文化的需求。尤其是移动互联网时代的到来，使得公共文化服务的"轻便可携带"成为可能。

以上海图书馆的移动新应用为例，原先许多只停留在想象中的场景，都将通过"移动"创新得以实现。打开上海图书馆手机终端的"扫描条形码"功能，获取条码后便可在手机上看到任何书籍的作者、出版社、出版时间，以及该书在上海图书馆，或者其他分馆的存放地点、索书号以及外借状态等信息。2011年推出的"上海市民数字阅读"计划，即集合了数万种图书、期刊、报纸等数字资源，读者通过读者证卡号和密码登录，便可免费在线阅读。同时，在线阅读时，读者还可以做书签、笔记、重点字句高亮保存、翻译、书内全文搜索等，还可针对内容提问或回答问题，以及

---

[1] 蔡旭.政务微博在创新社会管理中的应用[J].广东省社会主义学院学报，2013（1）.

分享书评。[1] 充分体现了公共文化服务供给方式的便捷化，以及服务内容的精细化。

同时，随着信息化技术和数字化技术的高速发展，智慧城市、智慧文化也将成为公共文化服务便捷化的下一种可能，促成一种更为现代化的文化消费方式。"智慧文化"的提出不仅将使得实地文化体验变得更加便利，还将使得"足不出户，便享文化全景"成为可能，以2013年被列为国家智慧城市试点的敦煌市为例。首先，敦煌以智慧化推动了文化的传承和保护。积极推进遗产数字化保护体系建设，实施莫高窟保护利用工程，投资3.4亿元建成了莫高窟数字展示中心，利用数字摄影、三维扫描等技术，采集洞窟内景和壁画彩塑，借助具有最佳视觉艺术效果的8K影院系统，播放《千年莫高》和虚拟漫游洞窟《梦幻佛宫》两部数字电影，缩短了游客在洞窟滞留时间，减轻了洞窟长时间开放对文物保护的压力。运用高新技术保护非物质文化遗产，采用无线传感器网络技术和智能化手段，加强对莫高窟、玉门关、汉长城、河仓城等文化遗址遗存本体及外围风沙、水文、气象、病害、稳定性、游客流量等影响文物存续的因素进行实时监测、预警和管理，实现了对文物本体由抢救性保护到预防性保护的转变。[2] 建成了博物馆馆藏文物保存环境智能化监控系统，成为区域范围内文物博物馆科学管理的范例。

利用智慧化手段实现了敦煌文化的传播与展示，打破了公共文化服务的时间和空间限制。通过采集、加工、整合，使敦煌独特丰富的文化资源数字化，逐步实现"在地文化"向"在线文化"转变。搭建以敦煌石窟公共网、敦煌学信息资源网等综合性网络服务支撑平台，建成敦煌学研究论著、敦煌手稿文献、敦煌石窟内容总录等23个数据库，收集上传相关资料20多万篇（条），初步形成了集敦煌文化保护、研究、弘扬为一体的

---

1 孟欣.上海图书馆：开启移动服务新模式［N］.中国文化报，2014-01-28.
2 杨璐."把导游装进手机里"［N］.酒泉日报，2015-12-10.

传播体系。建成了全国文化信息资源共享工程敦煌支中心，打通了中国知网—县区知识文化服务通道，整合各类图书文化信息资源，通过网络最大限度地向公众提供文化信息服务。

由此可见，无论是移动化还是智能化，作为公共文化服务便捷化的实现路径，公共文化服务与科技融合，为公共文化服务供给的"现在时"转化和"将来时"发展，带来了诸多启示，即在重视公共文化服务领域文化信息资源多体系、多系统并存的特征与发展趋势的前提下，积极利用各类信息服务手段和最新传播方式，广泛整合各级、各类文化资源生产和服务。在扎实推进数字化服务平台、网络化服务环境的同时，积极发展以贴近群众、贴近民生为目标的文化创新事业，让更多公众在更充分的时间和空间里享受丰富的文化产品和文化服务。展望未来，公共文化服务要实现文化与科技的融合发展，就是要从根本上转变新的观念，制定新的战略，尝试新的模式，构建新的机制，寻求新的途径，推动新的文化变革和技术革新。

第三节　看得见摸得着的效能评价

党的十七大以来，我国将构建"覆盖全社会的比较完备的公共文化服务体系"作为深入推进公共文化服务建设的着力点。2011年在党的十七届六中全会上明确要求，"制定公共文化服务指标体系和绩效考核办法""把文化改革发展成效纳入科学发展考核评价体系，作为衡量领导班子和领导干部工作业绩的重要依据"。2012年颁布的国家"十二五"文化改革发展规划再次提出，要"制定公共文化服务指标体系和绩效考核办法，明确服务标准和服务规范，加强评估考核"。而后发布的文化部"十二五"规划进一步强调，要"积极推动各级党委和政府把文化建设摆在全局工作的重要位置，纳入经济社会发展总体规划，纳入科学发展考核评价体系，真正做到文化建设与经济建设、政治建设、社会建设以及生态文明建设一同部署、一同实施、一同考核"。由此可见，我国对于公共文化服务绩效评价工作的重视，同时也表明我国现仍缺乏有效的规范和绩效标准。

一、现有公共文化服务绩效评价实践

我国现有公共文化服务绩效评价主要有以下四类：一是各类规划

对公共文化服务发展拟定的发展目标，包括《国家基本公共服务体系"十二五"规划》《国家"十二五"时期文化改革发展规划纲要》《文化部"十二五"时期公共文化服务体系建设实施纲要》、国家以及各级地方政府国民经济与社会发展"十二五"规划等；二是已经出台的公共文化服内容和技术务标准、规范，包括《国家基本公共文化服务指导标准》(2016—2020)《公共图书馆建设标准》《文化馆建设标准》《数字资源建设标准》《公共电子阅览室建设标准》《乡镇综合文化站建设标准》《档案馆建设标准》《文化馆建筑设计规范》《图书馆建筑设计规范》等；三是已经出台的公共文化服务评价和考核标准，包括国家公共文化服务体系示范区创建标准、文化信息资源共享工程、广播电视村村通、农家书屋、农村电影放映工程等相关重大文化惠民工程考核标准，图书馆评估定级、文化馆评估定级、乡镇综合文化站评估定级、博物馆评估定级、美术馆评估定级标准等；四是地方公共文化服务标准化建设过程中的成功经验。例如，云南省昆明市推出的"公共文化服务包"、浙江省拟定的《浙江省基本公共文化服务保障标准及五年行动计划》、江苏省出台的《江苏省公共数字文化系统建设标准》等为国家标准制定提供了参考与借鉴。

1. 公共文化服务标准化建设不断推进

早在 2007 年，文化部就出台了《文化标准化中长期发展规划 (2007—2020)》，对文化标准化工作进行了战略布局。到 2012 年，基本公共文化服务标准化建设取得了重大突破。国务院出台了《国家基本公共服务体系"十二五"规划》，这是国家在"十二五"乃至更长一段时期内，构建国家基本公共服务体系的综合性、基础性和指导性文件，是政府履行公共服务职责的重要依据。在该规划第十章"公共文化体育"章节中，规划分三个部分重点阐述了新时期文化体育服务的重点任务、基本指标和保障工程。

该章节首先强调"国家建立公共文化体育服务制度，保障人民群众看电视、听广播、读书看报、进行公共文化鉴赏、参加大众文化活动和体育健身等权益"。然后提出了四大重点任务：一是包括"逐步实现公共文化场馆向全社会免费开放"等内容的公益性文化服务；二是包括"继续推进农村电影数字放映"等内容的广播影视服务；三是包括"逐步扩大基本免费或低收费阅读服务范围"等内容的新闻出版服务；四是包括"加强基层公共体育设施建设"等内容的群众体育服务。

该章节最大的亮点和具有重大指导意义的是第二大部分："基本指标"。该部分首次具体、明确地制定了公共文化体育服务基本国家标准，围绕重点任务，从服务项目、服务对象、保障标准、支出责任、覆盖水平等五个方面进行了规范。例如"公共文化场馆开放"服务项目，其服务对象是"城乡居民"，保障标准是"公共空间设施和基本服务项目免费，全年开放时间不少于10个月"，支出责任是"中央和地方财政按比例共同负担"，覆盖水平是"除文物建筑及遗址类博物馆外，各级文化文物部门归口管理的公共文化场馆全面向社会开放"。由于基本标准的明确，为政府履行公共服务职责、为人民群众实现自己的文化权益和监督政府履职情况都提供了依据。因此该规划出台后，有力地促进了国家基本公共文化体育服务的建设。

但由于该规划是基础性和指导性的规划，所以在具体落实和执行中，还需要相关部门对标准服务项目、指标和支出责任等方面进行进一步的丰富、明确与完善。

首先，从基本标准的服务项目来看，主要涉及的是公共文化服务产品和资源配置标准，而对公共文化服务设施布局和建设标准、公共文化服务人才配备和队伍建设标准、公共文化服务经费投入标准等重要标准，规划基本没有提及。

表 3-1 "十二五"时期公共文化体育服务国家基本标准涉及内容

序号	服务项目	子项目
1	公益性文化服务	公共文化场馆开放
		公益性流动文化服务
2	广播影视	农村广播电视
		农村电影放映
		少数民族语言广播影视
		应急广播
3	新闻出版	公共阅读服务
		民文出版译制
		盲文出版
4	文化遗产展示	文化遗产展示门票减免
5	群众体育	体育场馆开放
		全民健身服务

其次，从基本标准的保障指标上看，还缺少一些必要的、需要深化的保障指标。例如"公益性文化服务"中没有文化活动和艺术鉴赏方面的指标；"新闻出版"中没有数字内容服务方面的指标。而这些指标对当前的基本公共文化服务是不可或缺的。因此还需要具体执行部门补足补齐指标。

再次，从政府的支出责任来看，虽然规划指明了中央和地方政府是服务支出的主体，并列出了"中央和地方财政按比例共同负担""地方政府负责，中央财政适当补助"等多种出资形式，但是对中央和地方政府的出资比例以及出资的数额并没有清晰、刚性的规定，这需要执行部门进一步明确和刚性化。

表 3-2 "十二五"时期公共文化体育服务国家基本标准的保障内容

服务项目	子项目	保障标准
公益性文化服务	公共文化场馆开放	1. 公共空间设施和基本服务项目免费，全年开放时间不少于 10 个月
	公益性流动文化服务	2. 免费享有影视放映、文艺演出、图片展览、图书销售和借阅、科技宣传为一体的流动文化服务 3. 每个乡镇每年送 4 场地方戏曲 4. 每学期中小学生观看 2 部爱国主义教育影片
广播影视	农村广播电视	5. 无偿提供中央第一套广播节目、中央第一套和第七套电视节目及本省第一套广播电视节目等 4 套以上广播和电视节目服务，逐步增加节目套数和提高播放质量
	农村电影放映	6. 行政村一村一月放映一场电影，每场财政补贴 200 元
	少数民族语言广播影视	7. 通过有线、无线或卫星等方式能够收听收看到本民族语言广播影视节目
	应急广播	8. 在突发公共事件发生前后及时获得政令、信息等服务
新闻出版	公共阅读服务	9. 农村行政村建立农家书屋，图书不少于 1500 册，报刊 20～30 种，电子音像制品不少于 100 种（张），并及时更新 10. 城市和乡镇主要街道、大专院校、居民小区等人流密集地点设公共阅报栏（屏），提供各类新闻和服务信息
新闻出版	民文出版译制	11. 可以获得本民族语言文字出版的、价格适宜的常用书刊、电子音像制品，政府给予出版物资助
	盲文出版	12. 可以获得价格适宜的盲文出版物，政府给予出版物资助
文化遗产展示	文化遗产展示门票减免	13. 减免参观文物建筑及遗址类博物馆的门票
群众体育	体育场馆开放	14. 有条件的公办体育设施（含学校体育设施）向公众开放，免费项目或收费标准由地方政府制定 15. 开放时间与当地公众的工作时间、学习时间适当错开，不少于省（区、市）规定的最低时限，全民健身日免费开放，国家法定节假日和学校寒暑假期间，应当适当延长开放时间
	全民健身服务	16. 免费享有健身技能指导、参加健身活动、获取科学健身知识等服务 17. 免费提供公园、绿地等公共场所全民健身器材

表 3-3　"十二五"时期公共文化体育服务国家基本标准的支出责任

服务项目	子内容	支出责任
公益性文化服务	公共文化场馆开放	中央和地方财政按比例共同负担
	公益性流动文化服务	地方政府负责，中央财政适当补助
广播影视	农村广播电视	中央和地方政府共同负责
	农村电影放映	中央和地方财政按比例共同负担
	少数民族语言广播影视	中央和地方政府共同负责
	应急广播	中央和地方政府共同负责
新闻出版	公共阅读服务	中央和地方财政按比例共同负担
	民文出版译制	中央和地方政府共同负责
	盲文出版	中央和地方政府共同负责
文化遗产展示	文化遗产展示门票减免	中央和地方财政分别负担
群众体育	体育场馆开放	地方政府负责，中央财政适当补助
	全民健身服务	地方政府负责，中央财政适当补助

由于《国家基本公共服务体系"十二五"规划》对"公共文化体育"相关标准是一种指导性标准，存在着一定的宏观性、模糊性和简单化。与此同时，具体执行部门进行对相关标准进行细化、深化、丰富，还需要一定的时间。因此，随着经济、社会和技术的快速发展，人民对基本文化服务需求的极大提升，我国基本公共文化服务在发展过程中，就遇到了一系列的问题。

2015年1月，《国家基本公共文化服务指导标准》（以下简称为《指导标准》）正式发布。此标准是国家颁布的指导性标准，各省、自治区、直辖市和新疆生产建设兵团要根据国家指导标准，结合当地群众需求、政府财政能力和文化特色，制定适合本地区的实施标准，建立国家指导标准与地方实施标准相衔接的标准体系。《指导标准》是推动基本公共文化服务均等化的重要举措，体现了"国家标准兜底线，地方标准促特色"的分级保障思路。截至2016年1月上旬，已有26个省（区、市）出台了地方实施标准。各地实施标准在国家指导标准的基础上做"加法"，增加了量化指标和特色指标，并略高于国家指导标准，更好地发挥了指导基层的作用。

湖南坚持分类创建,针对城镇化率75%以上的中心城市、城乡复合发展县市区、贫困开发县市区分别制定不同的创建标准。国家指导标准与各地实施标准初步形成了上下衔接的标准指标体系。浙江嘉兴、广东佛山、福建厦门、新疆克拉玛依等国家公共文化服务体系示范区创建城市出台了本地实施意见和实施标准,发挥了示范带动作用。

2. 公共文化服务绩效评价的地方探索

随着我国绩效评估管理的推进,政府越来越倾向于采取绩效评估的方式对当地公共文化服务状况进行整体评估,通过绩效评价发现问题,了解民众的文化需求,从而推进当地的公共文化服务体系建设。

北京2007年制定了评价公共文化服务指标体系,其中设置了公共文化产品与服务的内容指标、社会需求度指标、文化资源数量和状态指标、设计功能和服务载体的文化科技含量指标、管理操作运营者的职业素质指标、服务功能的效益指标、社会满意度和成本运行状态指标、行为流程规范性指标及资金运用指标等。深圳2006年初步创建了"公共文化服务体系建设指标",指标分为三类:一是发展规模指标,下设"公共文化服务机构总数"等23个指标;二是政府投入指标,用于评估政府投入的大小、方式、效益,设有"政府文化事业财政拨款"等11个指标;三是社会参与指标,用于评价社会参与公共文化服务的程度,下设"社会办非营利文化机构数"等8个指标。2007—2008年,深圳学者还曾提出了包括12个指标在内的"深圳市民基本文化福利指标体系"。上海文广局初步制定了《上海市社区文化活动中心绩效评估指标体系》(2008版),并依此对40余家社区文化活动中心进行了试评估。2011年经再次反复调研论证,更新升级制定了2011版指标体系,并依此委托第三方——上海东方公共文化评估中心,对166家社区文化活动中心进行了评估。浙江省在2006年制定了《浙江建设文化大省统计指标评价体系》,浙江省社联2008年还曾立项发布重点课题《浙江省文化发展评价指标体系研究》。2010年浙江研究制定了《浙江省农村公共文化服务评估指标体系》,这属于国内较早针对农村公共文化服务创建的指标体系。浙江省以此为依据对全省各县（区、市）进行了排名。这套指标体系涵盖了政府投入、设施建设、队伍规模、公共服务、社会参与和文化惠民创新等7个方面，共设立了23个指标，总分为100分。该体系既坚持政府主导，也鼓励社会参与，坚持投入与产出并重，不但要看政府对公共文化的投入，还要考查最终产出的公共文化产品和服务的数量和质量。[1]

表3-4 我国公共文化服务绩效评价代表案例对比分析表

评价实施方	评价对象	主要指标
北京市	北京市公共文化项目的投入、产出、组织管理、信息技术、公共参与绩效情况	资金运用指标
		公共文化产品与服务的内容指标
		文化资源数量和状态指标
		社会满意度和成本运行状态指标
		管理操作运营者的职业素质指标
		行为流程规范性指标
		服务功能的效益指标
		设计功能和服务载体的文化科技含量指标
		社会需求度指标
浙江省	浙江省公共项目投入、效果、组织管理、设施建设、公众参与情况	政府投入指标
		设施建设指标
		队伍规模指标
		公共服务指标
		社会参与指标
		文化惠民指标
深圳市	该市公共项目的投入、产出以及公共参与情况	发展规模指标
		政府投入指标
		社会参与指标
文化部	公共项目产出、效果、组织管理、信息技术以及设施建设情况	公共文化服务设施网络建设
		资金人才和技术保障措施落实
		公共文化服务组织支撑
		公共文化服务供给

---

[1] 徐清泉.公共文化服务评估研究：现状、需求及要素[J].毛泽东邓小平理论研究，2012（8）.

从以上实践经验来看，现有绩效评价指标主要从两个方面来衡量，一是公共文化服务的有效供给：基础设施及其利用、公共文化服务及其利用；二是公共文化服务保障：人才、资金、组织管理、立法等。但是，公共文化服务体系的绩效评价工作有别于工业、农业等传统领域。其具有明显的外部性，因而在评价方式上，应该更加注重对其社会效益的考察，包括公众参与、舆情引导、文化传播等社会效益层面的绩效表现，而不再仅针对其既定目标的完成效率来进行考察。

公共文化服务绩效评估活动的开展一定要坚持群众主体地位的主导原则、注重实效的原则、多方位综合判断的原则、动态发展常态实施的原则、规范化制度化科学化的原则这五方面的原则。进行绩效评估首要的是弄清主体，公共文化服务的对象是广大人民群众，一切工作的核心都是服务群众、方便群众，因此评估的目标也是满足群众需求。我们要把群众作为评估的重要主体，确立群众的主体地位，并以此为主导。在评估方式、评估模式、评估指标的设计建立过程中，要把群众需求、消费方式、行为习惯等放在首位，以此为基础，进行综合分析、准确解读、精心设计、优化服务，使得评估目标与群众需求紧密结合，充分体现公众对文化服务的满足度。

二、如何实现绩效评价工作以需求为导向

美国对公共文化服务绩效评价研究较早。以美国公共图书馆服务为例，其将图书馆服务分为技术和公共服务两大部分来研究并设计评价体系。技术服务由两大部分组成，一是内部的效率，二是外部的长期效果。而判定公共服务的核心指标是"用户满意度"。相较而言，我国公共文化服务绩效评价实践始终未能真正体现"以大众需求为导向"。首先，绩效评价开展、评价、结果不透明，大众不仅是公共文化服务的消费者，同时也是检验者；其次，评价主体缺失，大众更应该是绩效评价的参与者；再

次，现有指标对社会效益的研究始终浮于表面。

公共文化服务绩效评价活动的开展需要坚持群众的主体地位。公共文化服务的对象首先是广大人民，一切工作的核心即为人民服务，因此满足大众需求是绩效评价工作的目标，从而确立公众的主体地位，并需以此为主导。与此同时，在评价方式、评价指标建立过程中，需将大众需求、公共文化服务消费方式、行为习惯等放在首位，进行综合分析、有效解读，由此精心设计，以评促改，提升公共文化服务水平，只有将绩效评价工作与大众需求紧密结合，才能通过绩效评价工作有效地反映大众对于公共服务的满意程度。[1]

因此，公共文化服务绩效评价实现以需求为导向需要有两条基本路径。

路径一：以大数据思维发现大众公共文化服务需求，实现绩效评价目标设置须真正做到以需求为导向。目前我国公共文化服务的绩效评价工作普遍对于"社会效益"的关注度不足，其中一大原因在于许多如"受众满意度"的指标无法量化，难以测量。因此应该运用大数据思维，多渠道收集大众数据，包括公共文化服务消费行为、各项服务的使用效率、大众消费偏好、意见反馈内容等信息，而后通过一定的评价设计，使得大众文化需求得以量化。假设经过分析发现，大众对于公共图书馆服务更倾向于图书电子化，那么此需求将决定下一轮公共图书馆绩效考核的一大侧重点即图书电子化，真正做到以评促改，不断提升公共文化服务水平。

路径二：在政务公开、信息不对称得以消除的基础上，增加和创新评价方式，实现公众作为主体参与公共文化服务绩效评价工作。首先政府部门应当转变思维，因为信息本身就具有极强的公共性，政府有义务和责任及时而全面地向公众传达服务信息，提供公共服务并不是只有提供某一种产品这一种形态，还包括信息服务。与此同时，信息传播的通达，也是公众参与公共文化服务绩效评价工作的前提，因为公众以主体身份参与绩效

---

[1] 张亮亮.我国公共文化服务绩效评估机制研究[D].长春：长春工业大学，2012.

评价工作是绩效评价以需求为导向的必然要求。在此基础上，还需要通过渠道创新，实现公众"有处可评"，即公众以何种方式参与评价。评价的内容应该是多层次的，或是单项评分，如接受某项公共服务，如博物馆导览服务后就此项进行评分，或是综合评价，如针对整个公共图书馆的所有服务，甚至是某个地区的公共文化服务体系；同时评价的方式应该是多样的，包括柜台打分、网上问卷评分、移动应用随时评分等。

需要明确指出的是，两条路径是相互作用，相辅相成的。政务公开不仅是公众参与绩效评价的前提，也是大数据挖掘需求的前提，信息的通达与否也定将影响公众对于公共文化服务的满意度，其本身就是评价的对象之一。同时，二者的目标一致，即获得公众真实需求和评价，只是所采取的方式不同，路径一通过挖掘数据实现目的，路径二则通过明确受众的主体地位，鼓励受众主动参与绩效评价，为受众能"发声"、爱"发声"提供渠道。因此无论是路径一还是路径二，其实现的关键在于"渠道"，包括服务柜台、政务网站、社交媒体等，它们是各类受众信息的载体，同时它们也是公众参与评价的通道。以下将以新旧渠道作为区分，对各种较为常用的公共文化服务渠道进行归纳并分析。

1. 公共文化服务信息的传播"旧渠道"

在过去的公共文化服务过程中，有几种最为常用的信息传播工具，政府服务受理窗口（柜台）、公共信息栏、短信服务和电话服务。在新技术诞生之前，人们获取公共信息及服务的方式基本是需要付出一定时间成本才能获得的，且获得的信息往往标准化程度高且是相当有限的。如前往服务受理窗口需要付出来往的时间成本和交通成本；而公共信息栏、短信服务所提供的信息则具有临时性和保存时间短的特点。以上"旧渠道"虽然具有明显的局限性，但同时也具有其他渠道所不可替代的普遍性和稳定性。首先，我国已建立了完善的多层级政府服务网络，网点分布面广，基本可覆盖全国各级行政区域。其次，对于不习惯使用新技术或者难以使用到新技术的人群而言，公共信息栏和电话服务仍具有较高的使用率和稳定性。还有短信服务因其覆盖面广，传播能力强的特点，对于实效要求高的信息传播具有其天然的优势。

由于各渠道的功能优缺点各有不同，因而"旧渠道"也需要通过现代化转换，实现扬长避短，提升公共文化服务效率。以公共信息栏为例，原有公共信息栏的传播实质是纸媒传播，具有在一定时间段内传播信息量有限且难以实现定制化的局限性。因此传统信息栏的电子化为避免此弱势提供了解决方案，通过公共电子信息栏提供在线服务，尤其是在通信技术没有普及的边远地区，使得社区和居民获得涉及当地情况的新知识、新信息，比如提供就业信息、教育资源、种植技术等农业信息、文化活动信息以及文化娱乐服务，电子公共信息栏将成为提供各种帮助公众获得公开信息和服务的重要媒介。比如新加坡政府在所有居民区中成立了"居民中心"，并在中心中设立了电子信息栏，为居民尤其是老人提供便捷的公共服务，包括帮助他们在线办理政府业务，辅助他们从政府网站上找到信息等。

2. 公共文化服务的互动"新渠道"

利用"互联网+"建立公共文化服务反馈机制，打破现有的单向传播是公共文化服务互动的新渠道。随着城市文明的不断进步，人们的文化需求愈来愈强烈且呈现多元化个性化的趋势，也给城市公共文化服务建设提供了广阔空间，"点单式"服务应运而生，其核心理念就是个性化需求，这也正契合了当下最热的"互联网思维"——不是做产品，是做个性化需求。"点单式"文化服务，最大的特点是给市民选择权，让服务和需求对接，给服务提供者和服务对象搭建沟通的桥梁。"点单式"服务思维的转换意味着城市管理者开启了面向市民需求的个性化政务服务模式。[1]

电子政务产生于20世纪90年代，根据联合国经济社会理事会的定义，电子政务是政府通过密集性和战略性的信息通信技术来组织公共管理的过程。电子政务首先是一套管理系统，以提高效率、增加政府透明度、改进

1　姜雄. 想看什么点什么 文化到家 So Easy [N]. 杭州日报，2015-06-26.

公共政策决策科学性和公共服务质量为目的；其次电子政务更是一套信息系统，以政务公开、增进政社沟通、建立良好的政社互动关系为目标。电子政务实现了传统行政方式的电子化，包括行政过程无纸化、信息传播网络化、行政法律关系虚拟化等多方面。电子政务实现的渠道也因新媒体的不断创新而体现出了显著的多样性，就电子政务应用于公共文化服务而言，包括电子邮件、政府门户网站、社交媒体、移动应用几大"新渠道"。

根据《联合国电子政务调查报告》将电子政务的服务提供方式分为三个层次：电子信息、电子咨询、电子决策。这三个层次的公众参与依次从"被动型"向"主动型"转变。电子信息，即向公众提供公共信息服务；电子咨询，是指政府开放咨询通道，使得公众的政策意见得以表达、进而参与政策评价，实现较深层次的公众参与；电子决策，即通过与公众共同制定政策、共同提供公共服务来增强公众参与权利。

第一，政府部门的官方网站是电子政务提供公共服务的最普遍方式。根据《联合国 2014 年电子政务调查报告》，在联合国所有成员国中均拥有某种形式的政府网站。该报告还表明提供更多的在线服务、拥有更多的用户能够提高效率并降低政府行政成本。以英国为例，通过推出在线公共服务，英国政府的每笔公共服务交付能节省 3.3～12 英镑。2012 年 10 月，英国发布了《政府数字化策略》强调所有的服务应该默认为数字化。该策略列出 11 条原则和 14 项行动，以决定中央政府部门和机构如何实现服务数字化并提高公众和企业的使用率，并重新设计建立了 25 项重要的示范服务以使它们变得更便捷。与其他渠道相比，官方网站具有承载信息量大且时间长的特点，同时具有最完备的线上服务功能。因此政府部门官方网站在公共文化服务绩效评价过程中应发挥其及时、全面传播服务信息和对用户使用情况和行为偏好进行收集和分析的作用。由此，将为有针对性的公共服务供给和有目标的绩效评价工作提供"数据"依据。

第二，政务社交媒体将成为政府与社会有效互动的新常态。根据国家行政学院电子政务研究中心所发布的《2013 年中国政务微博客评估报告》，截至 2013 年，新浪网、腾讯网、人民网、新华网四家微博客网站，已有政务微博客账号 258737 个，[1] 较 2011 年井喷式的发展，已经进入了相对平稳和常态化的阶段。《国务院办公厅关于进一步加强政府信息公开回应社会关切提升政府公信力的意见》（国办发〔2013〕100 号）明确提出"要着力建设基于新媒体的政务信息发布和与公众互动交流新渠道，要求各地区各部门应积极探索利用政务微博、微信等新媒体，及时发布各类权威政务信息，并充分利用新媒体的互动功能，以及时、便捷的方式与公众进行互动交流。"正如在上一章节中所述的以政务社交媒体实现网络空间社群化治理，充分利用社交媒体"话题式"讨论的特点，引发受众积极性，营造公众参与公共文化服务事务的网络社区氛围。引发公众大量关注和大范围讨论的话题和领域，也就是公众最关心或最需要的服务内容。因此充分利用政务社交媒体的互动功能，绝不是简单的"你评我回"的过程，而是一种关注大众需求，发现大众需求的解决新方案。

第三，"移动"政务将成为公共文化服务供给新趋向。随着智能手机的大范围普及，手机已不再仅仅是一种通信供给，它已经普遍存在于日常生活之中，基本涵盖了人们所有的生活场景。手机打破了人们在行为上时间和空间的限制，使得人们能够用手机"办事"。因此，在电子政务基础上发展而来的移动政务将具有更加广泛的延伸能力和为受众提供随时随地的个性化服务。如乌干达政府为公众，特别是年轻人所提供一个基于短信的免费系统"Ureport"，通过此款软件乌干达公众可以发布全国各社区正在发生的事情信息，并与其他社区的领导共同合作以解决问题。同时，Ureporter 会每周发送短信及民意调查，收集公众"声音"，了解公众需求。移动政务具有其他渠道所不具备的及时沟通的特性，由此体现出受众使用率高、活跃度高的优势。因此移动政务是对公共文化服务部门服务能力的考验，也为了解大众需求提供了一条更为直接的路径，即通过功能设计，

1　丁艺，王益民，余坦.2013年中国政务微博评估报告：发展特点与建议[J].电子政务，2014（5）.

比如增加如上所述的民意调查功能，以获得更具针对性和更具普遍性的受众需求调查结果。

公共文化服务的传播渠道各有长短，关键在于发挥各自优势，以满足不同使用需求。因此旧渠道也许无法实现互动，但就临时性、普遍性的信息传递，具有其不可替代的作用，因而应当着重发挥其此方面特长运用于公共文化服务信息传播，如新的文化服务内容、节庆活动、简单的短信便民服务等。而新渠道因其普遍具有互动性强的特点，因此必须充分利用其功能，创新与公众互动的方式，逐步引导公众参与公共文化服务的评价、建设、管理等多个环节中去。

同时，对于渠道的关注，体现了现代公共文化服务绩效评价工作内容精细化和方式多元化的要求。内容精细化要求在评价指标设置阶段，就充分关注受众需求，多方位收集有效数据，为评价目标的设定提供依据；同时，评价内容除了原有公共文化设施和服务外，还应该包括对于"渠道"本身的评价，即对于公共文化服务信息供给的评价。因为在评价某公共服务的价值时，若用户获得积极正面的体验，那么渠道本身便能增加该服务的价值；相反，若用户得到不好的体验，那么渠道就会降低服务的价值。而方式多元化则要求运用各种渠道，更大范围内收集公众评价，使得评价结构更具有普遍性和真实性。

第四节　公共文化服务麦田的下一个春与秋

一、春天的播种者：公共财政投入之"智"

国家财政是政府作用的基本形式，政府职能决定了财政职能。公共服务型财政对要求财政政策以提供公共产品和公共服务为基本的出发点，主要用途为生产或提供包括公共文化产品在内的公共产品、服务，并作为一只有形的手发挥调节、促进宏观经济的作用[1]。同时，由于公共文化服务具有极强的正外部性和公益性，即便在市场经济发达的条件下，通过私人产品和服务的供给也是难以满足社会成员的公共文化需求，因此就需要公共财政投入公共产品的生产和服务供给，以满足大众的精神文化需求。这便是公共财政与公共文化服务的基本关系，公共财政既是公共文化服务供给的播种者，为其输源供氧，是其得以实现和发展的最基础支撑，又是公共文化服务的收割者，财政投入不是为了投入而投入，而是为了实现既定目标与愿景，达到社会效益和经济效益双丰收而投入。因此，财政支持公共文化服务不仅是投资，更应该是投"智"。

1　齐勇锋.中国文化发展战略与公共财政研究［M］.北京：中国经济出版社，2014：93-94.

1. 目标明确之"大"智：以大数据与大部门观推动财政投入的源头治理

（1）大数据技术：大众需求得以被发现。公共文化服务必须以大众需求为导向，这不仅反映了大众对于文化需求的诉求，同时也反映了公共财政投入的诉求。因为大众日益增长的需求与公共财政的有限性是存在矛盾的，所以财政投入产出的公共文化产品和服务是否能真正满足大众文化需求，是衡量公共财政是否高效的最重要标准。上一章节由政府职能出发已经对大数据的运用有所论述，本章节将从公共财政角度出发，简要论述大数据技术的运用与发展。

2013年，在国家有关规划、上海市"十二五"科技发展规划及《上海市中长期科学与技术发展规划纲要》指导下，上海市科学技术委员发布了《上海推进大数据研究与发展三年行动计划（2013—2015年）》，旨在通过大数据研究进一步推动科学研究、经济建设、社会发展、文化生活等各个领域的变革。我国对于大数据的关注其实可回顾至2012年，国家发改委将数据分析软件开发和服务列入专项指南，而后2013年科技部将大数据列入973基础研究计划以及国家自然基金指南中。[1]

但大数据技术最早还是成熟与爆发于西方国家，以美国为尤。美国从很早便开始重视对于数据的收集和应用、IT基础设施的完善。各种精准营销理论和实践美国都是走在世界前列，比如基于消费数据、信用卡数据挖掘的精准营销等，还有电话、DM印刷品和邮件营销在美国都很兴盛。而后随着互联网兴起，谷歌、IBM、YAHOO等美国企业对基于网络的精准营销又是走在全球的前列。大数据最典型案例中就包括传统企业沃尔玛的"啤酒+尿布"案例，以及谷歌公司通过大数据分析成功地预测流感爆发等。近期引发所有人关注的莫过于美国在线影片租赁服务商Netflix通过前期大数据研究，缔造了美剧收视神话《纸牌屋》的案例。Netflix的海量数据积累，来源于其在全球所拥有的3300万订阅用户，每天用户在Netflix上产生的3000多万

---

[1] 王光远，李磊．关于天津市大数据产业发展的思考与探索［J］．天津经济，2015（3）．

个行为，比如暂停、回放或者快进等，新订阅用户每天会给出的400万个评分，300万次的搜索请求等，这些都为其大数据分析与挖掘提供了可能[1]。

虽然以上都属于商业行为，挖掘数据、发现需求、生产产品、面向目标受众是其基本思路，但以需求为导向的公共文化服务的生产和提供过程在思路上，与此并无差异。因此，大数据在商业社会所取得的实践经验和技术进步，同样可以运用于公共事务。如《上海推进大数据研究与发展三年行动计划（2013—2015年）》在行业应用推进计划中所提出的：

互联网。针对互联网领域精准营销、销售趋势预测、广告精细管理和市场决策支持等方面的需求，建设面向互联网的大数据分析和服务系统。汇聚融合门户、论坛、微博、社交网络、搜索、购物、阅读、点评等互联网数据，提供用户细分、个性化推荐、行业报告、竞争分析、商业洞察、定价策略等互联网营销服务，实现以效果计费的创新营销商业模式。系统服务覆盖100家以上电子商务企业，促进企业从传统营销向互联网营销转型。

数字生活。针对日益增长的现代化生活需求，建设数字生活大数据服务系统。收集整合流行时尚、行业发展指数、用户消费习惯、收视记录、社交媒体、地理位置等大数据，充分挖掘用户的消费习惯和兴趣偏好，提升企业辅助决策能力，形成有市场竞争力的创新商业模式，面向300万以上消费者提供个性化衣食住行等生活互动信息。

公共设施。针对公共设施养护、管理的需求，建设公共设施大数据服务系统。采集、整合上海各类道路、桥梁、隧道和商业楼宇的结构性能、运行状态等数据，为公共设施养护、运营决策以及安全管理提供依据，实现对公共设施的实时监测和预警，在全市的路桥隧道和商业楼宇等开展规模应用，形成公共设施运营与养护新模式。

虽然是针对建设数据产业链、价值链而提出的计划，当因其服务对象与公共文化服务具有一致性，因而同样存在借鉴意义，其部分成果同样可

---

1 葛承志. 多屏融合与产业变革[J]. 中国药店，2013（7）.

运用于公共文化服务的前期论证、过程生产、后期评价等多个环节之中。正如维克托·迈尔·舍恩伯格在《大数据时代》中所说，"大数据已经影响了世界的方方面面，从商业科技到医疗、政府、教育、经济、人文以及社会的其他各个领域""大数据还将改变市场、组织机构，以及政府与公民的关系"。[1]

（2）大部门观：公共财政管理效率加倍。由于对大众需求缺乏深入研究和了解，而出现公共文化服务供给的错位和低效。而在财政支持公共文化服务的过程中同样存在着"越位"或者"缺位"的现象，其同样会引发产品与服务供给的错位和低效。而这些越位和缺位现象的发生，根本原因在于我国从2007年起所实施的政府收支分类体系，其所带来的问题是，一个事业单位所提供的公共服务几乎涉及公共部门运行的所有重要领域，同时一家事业单位往往提供不止一种服务，或者某种服务由多个事业单位共同提供的交叉现象。[2] 由此，财政工作在预算阶段便开始出现多种问题。

而所谓"大部门观"，即指大部门制度指导下的政府行政思维主动由"对人"转向"对事"的观念。首先，"大部制"的改革思路最初源自十七大报告，其是大部门体系和机制的有机统一，缺一不可。大部门体系是一种由核心化的行政决策中枢及其办事机构、综合化的政府组成部门和专门化的执行机构三个要素形成的政府组织架构。[3] 其次，公共财政的"大部门观"不在于实体部门间的整合，而在于实际工作中的资源共享与协作机制。如瑞典所推行的"以服务类型为基础的跨部门预算管理模式"，在瑞典总预算中，共分成27个支出领域和大约500个拨款项目，其预算主要是根据支出领域和拨款项目加以分类。由此根据公共文化服务的类型与模式，对文化事业单位的收支分类进行重新划分，有利于逐

---

[1] 维克托·迈尔·舍恩伯格.大数据时代［M］.浙江：浙江人民出版社，2014.
[2] 马蔡琛.基于公共预算视角的事业单位管理改革［J］.学术月刊，2007（1）.
[3] 宋世明.论大部门制度的基本构成要素［J］.中国行政管理，2009（10）.

步打破部门界限。[1]

值得注意的是，在政府职能转变的过程中，信息技术因其能够打破时空界限的优势，将在其中发挥至关重要的作用。早在1999年下半年，我国便开始规划"政府财政管理信息系统"，并于2002年初，国务院正式命名财政部"政府财政管理信息系统"为"金财工程"。"金财工程"即政府财政管理信息系统（简称GFMIS），是利用先进的信息技术，支撑以预算编制、国库集中支付和宏观经济预测分析为核心应用的政府财政管理综合信息系统，是财政系统信息化建设目标和规划的统称。其更倾向于一套财政工作数字化和信息化工程，尚未发挥其"大系统"的功能，从财政收支管理方面，打通部门壁垒，促其向"大部门"的工作机制转变。如韩国战略与金融部所设计的数字预算与会计系统（DBAS），作为一个创新工具，该系统管理着整个财政流程，从预算制定到会计核算，通过连接所有公共部门的财政信息对其进行整合，巩固了51个中央政府机构，连接了55个外部系统和当地政府、公共部门和下属机构。该系统也被称为"数字大脑"（DBrain），因为其功能类似于一个财政管理的数字大脑。除了韩国的数字预算与会计系统（DBAS）外，英国的公共支出管理信息系统（PES）和政府在线数据管理系统（GOLD）同样以"大系统"建设模式作为财政管理信息系统的发展方向。其将整个财政管理信息集成到一个系统中，并力求凭借强大的数据处理能力为财政管理的各个环节提供数据服务为发展方向。

无论是部门行政机制还是信息化系统，过于分散的业务不仅增加了建设成本，降低了工作效率，而且将统一的各项财政业务人为分割开来，增大了实际业务处理的复杂度，降低了工作效率和信息网络资源的利用率。大部门制改革的核心是政府部门职能的转变，"大部门观"，包括"大系统"观点的提出都是要求政府行政思维的转变，打破原有条块分割的格

---

[1] 马蔡琛.基于公共预算视角的事业单位管理改革[J].学术月刊，2007（1）.

局，走向协同与共进。

2. 杠杆利用之巧智：从鼓励捐赠到鼓励创新，着力培养社会公益基因

随着我国经营性文化事业单位转企改制工作的基本完成，转企改制后的文化事业单位已经成为独立的市场主体。但公益性较强的公共文化事业单位仍属于国家高度垄断的领域，投入主体相对单一，社会的第三部门始终未能发挥其作用。第三部门指除了政府部门、以盈利为目的的企业之外的社会组织，包括非营利机构、社会志愿服务团体、民间协会等。同时，随着政府采购、资助、补贴等形式正在趋于多样化和规范化，如何转变思路，激发社会活力，将社会创新能力融入社会公益事业都是一个值得讨论，且具有深刻发展意义的话题。

（1）供给新主体：社会企业。在本书写作过程中，调研了北京市朝阳区呼家楼街道社会建设综合服务中心，该中心由街道社区办作为指导部门，民政科作为监督管理部门，财务科作为运维资金监管部门，并由第三方运营机构负责日常运营和维护，采取"政府购买服务、专业团队管理、政府公众监督、社区居民享受"的运行模式。据第三方运营团队负责人介绍，中心建立之初遇到的第一难题，便是中心的定位问题，既不是完全的官方机构，也不是完全的非官方机构，因而最终将中心定位为民办非营利组织。

由呼家楼北综合服务中心这种"政府资金支持、社会力量运作"的模式来看，更接近于美国20世纪60年代所提出的"社会企业"的运作模式。在美国于20世纪60年代所实行的"伟大社会"计划中，联邦政府在贫困、教育、医疗、社区发展、环境和艺术方面投资了几十亿美元。而这些资金并没有进入大规模的官僚机构，而是进入了相关领域的非营利组织，并产生了大量的就业岗位，由此开始被称为"社会企业"[1]。英国社会企业联盟（The Social Enterprise Coalition）将社会企业定义为："运用商业手段，实现社会目的"。所以社会企业既不是纯粹的企业，也不是一般的社会服务组

---

[1] 徐君.社会企业组织形式的多元化安排：美国的实践及启示[J].中国行政管理，2012（10）.

织，而是通过商业运作获得盈利并用于贡献社会的社会组织。

从具体的社会状况而言，美国社会与我国社会有诸多不同。但财政的有限性和社会需求未能被满足之间的矛盾是具有共性的，由此催生了社会企业的产生，也为我国社会资本参与公共文化服务建设提供了有别于一般政府购买行为的新的解决方案。因此美国社会企业组织形式多元化的实践可以为我国"社会企业"的发展提供如下启示。

第一，应当积极探索并创新社会企业的组织形式。而法制保障是社会企业创新丰富组织形式的前提。美国多个州都通过了相关法律鼓励以社会目的为诉求的多形式法人组织的成立。因此，我国可在发达地区率先开展试点工作，由地方立法出发，或者修订增补相关的法规。试点成熟后，可将经验规律加以总结提炼，适时上升为中央层面相关法律文件的修订和完善。抑或出台符合我国国情的社会企业组织形态的非官方认证标准，可以通过与国外同类非营利组织权威认证机构合作，自下而上推动我国社会企业规范化发展。

第二，应当培育和加强社会企业的责任和担当意识。在美国企业担当和履行社会责任是其社会企业运动的一大特色。值得关注的是，我国企业承担社会责任已经成为社会各界的普遍关注的话题。2004年颁布的《基金会管理条例》，为企业承担社会责任做出了非公募基金会的制度安排，而后于2005年修订的《公司法》，第一次就企业履行社会责任做出了法律规定。在此基础上，我国社会企业的发展还可以借鉴美国经验，支持市场部门与非营利部门实现跨界合作，并通过第三方机构对社会企业进行社会影响力、社会责任等方面进行评价，多方位鼓励我国社会企业的发展以及企业积极履行社会责任。

第三，应当充分认知社会企业的实质。美国社会对于社会企业具有"获得盈利"和"社会创新"双重维度的认知是值得借鉴的，这对于我国社会企业的自身在定位和企业实质认同具有指导性作用。因为在英文的概念中，"企业"具有创新、价值创造、改变社会等含义，"创业"包含创造和社会创新的含义；而在汉语中，"企业"则被看作是盈利的工具，"创业"往往被认为仅仅是盈利活动。因此，对于社会企业实质的认知是社会企业得以繁荣发展的前提和基础。

之所以认为社会企业将成为公共文化服务供给的新主体，原因在于：首先，社会企业关注创造社会价值大于经济价值，与公共文化服务注重社会效益，而非经济效益的特性不谋而合；其次，社会企业较原有的非营利机构具有更高的运营效率和可持续能力，通过我国法律制度和社会运行机制的不断完善，社会企业定将作为一个独立的主体，在其中发挥重要的补充或者支撑性作用。

（2）资金新来源：公益众筹。众筹翻译自英文 Crowd Funding，广义的众筹是指利用互联网和社交网络传播的特性，让中小微企业家、艺术家和个人对公众展示他们的公司、创意或项目，争取公众的关注与支持，进而获得所需要的资金完成融资目标。目前的众筹形式大概可分为四种类型：一是债券众筹，即通过还本付息的方式筹集资金；二是股权众筹，需要出资人对所投项目具有很好的预期，希望从中得到一定分红；三是回报众筹，由于出资人对项目和产品理念的兴趣，因而往往不以金钱作为回报；四是捐赠众筹，就是无偿性的捐赠。[1]

而公益众筹，则是指公益机构或个人在回报众筹平台发起的公益筹款项目，出资者对项目进行资金支持。因为相较其他众筹方式，回报众筹更为常用，更符合公益众筹的初衷和诉求。目前全球最大的公益众筹平台是于 2009 年成立于美国的 Fundly，其专注于公益项目和公益活动的众筹。截至 2014 年底，该平台已经募集 3.2 亿美金，并促成了约 17.5 个项目。[2] 另一家知名的国际公益众筹网站是 Crowdrise，是一家专注于为第三方机构举办的慈善募捐项目提供在线筹资服务的公司。随着众筹网站的兴起与发

---

[1] 李涛. 公益众筹为公益捐助带来新发展［N］. 中华工商时报，2015-01-27.
[2] 陈洋. 全球最大公益众筹平台获中资入股［N］. 中国证券报，2014-05-31.

展，我国也出现了一些具有一定规模的公益众筹平台，对比分析如下：

表 3-5　我国公益众筹平台对比分析

平台名称	公益领域	运作模式特点	项目发起条件
创意鼓	综合	个人或者机构都可发布1000到10万元的项目，若筹款失败将转入创意鼓梦想公益基金	个人或机构均可发起；提交的认证资料有效且完整；提交的认证资料即方案具有可行性和创意
积善之家	综合	仅限机构发布2万元内的项目，并在预定的时间内获得超过设置目标金额才算成功，筹款失败将退还自助者	个人或机构均可；项目发起人需要通过实名认证
新公益	助学支教	个人、机构都可发布1万元以内，原则以100元为下限的项目；项目超过预投目标时结束，期限内未达到预期仍拿到已筹集的善款	个人、民间组织、正式公益团体、基金会等均可发起
追梦网	青年人	预定的时间内获得超过设置目标额才算成功；若项目失败，将把所有筹集资金返还到支持者的个人追梦账户	不接受完全公益的项目，必须是有趣或有启发性的项目
众筹网	综合	预定的时间内获得超过设置目标金额才算成功，分两次打款；留存项目众筹总金额的30%作为保证金；筹款失败退还资助者	规定了不能发起的项目种类；个人不得为慈善或者其他人筹资
中国梦网	综合	预定的时间内获得超过设置目标金额才算成功，分两次打款；留存项目众筹总金额的20%作为保证金；筹款失败退还资助者	具有相关资质的公益组织才能上线为公益类项目筹款

将公益众筹运用于公共文化服务领域，可取之处在于，其将成为社会力量投入公共文化服务建设和供给的最新方式，社会资金的投入不再局限于企业或者其他社会组织，而是拓展到了更广大的领域，即集合了每一个个体群众的力量。公益众筹与传统的金融筹资方式最大的不同在于，其门槛较低，且借助于网络的力量，而具有非常强大的大众参与性。当然，公益众筹也存在其力所不能及之处，即大型的公共文化服务设施难以通过众筹来实现，一方面原因来自于众筹平台所具有的不确定因素，无论发起人是个人还是机构，在监管难以落实的情况下，筹集金额越大，存在的法律风险和道德风险越高；另一方面原因是大型公共文化服务项目的提供或者

设施的建设,是一个复杂的系统工程,难以通过个人或某个机构实现,而政府更不可能作为发起人,因而发起方的合理性是难以实现的。因而公益众筹更加适合为特定的某一个地区或者特定的某一个领域,且具有较强公共性的文化服务项目筹资,如农村留守儿童暑期特长培养计划、物联网进孤寡老人家等项目,即可充分利用众筹平台优势,又可补充公共财政支持公共文化服务的不足,以实现公共文化服务水平的整体提升。

3. "软""硬"兼施之足智:实现公共文化服务均等化

随着时代的变化和社会的发展,人们对于公共文化服务的建设也提出了更新的要求。首先,公共文化设施现代化是我国国家现代化战略下的必然要求;其次,随着技术进步,因接受新鲜事物能力不同而形成的公共文化服务享受程度不均衡的情况,需要通过提供公共"知识"服务来解决;同时,满足广大人民群众的文化需求,其中当然也包括具有某方面身体缺陷的特殊人群,技术的进步将为他们享受公共文化服务提供更多的可能性。由此,也对公共财政支持公共文化服务建设提出了新的期待和要求。

(1)设施现代化。公共文化设施的现代化并不是一定要弃旧取新,而是以效能为导向,通过新设施替代旧设施,或者是新供给方式取代固有方式,以实现提高公共文化服务的质量和效率。公共文化服务现代化一方面指的是公共文化服务供给方式的现代化,另一方面指的是公共文化服务设施的现代化。

公共文化服务供给方式的现代化的最集中表现方式,便是电子政务的普及化。因为电子政务不仅有利于节省公众的时间成本和交通成本,同样有利于节省政府的行政成本。如英国计算的本国的"电子化效率",为开展"政务电子化服务",每年投资1.13亿美元用于改革电子化服务,而这部分资金最终通过多种节约开支的办法得到抵消,比如通过网上支付退休金就能节约59亿美金。

而公共文化服务设施的现代化则是社会发展的必然要求,不仅满足受众需求,还有利于推动国家现代化战略发展。《全国公共图书馆事业发展

"十二五"规划》指出在城市社区、文化馆新建基层服务点,加强已建基层点的管理,发展完善覆盖城乡的服务网络,到"十二五"末达到基层服务点 100 万个,入户覆盖全国 50% 以上的家庭;利用"云计算"和"三网融合"技术,提升整个网络的服务能力与管理能力;大力推进进村入户,广泛开展惠民服务,实施以"农村实用技术人才培养计划"为重点的网络培训;与公共电子阅览室建设计划相结合,加快建设以公共图书馆、学校电子阅览室、社区文化活动中心为载体的未成年人公益性上网场所,更好地满足人民群众特别是广大青少年的精神文化需求。以《上海推进文化和科技融合发展行动计划(2012—2015)》为例,其中提出了促进公共文化服务现代化发展的详细目标,包括建成数字化网络化的公共文化服务体系,完成全市 580 万户下一代广播电视网建设,完成市区两级图书馆和全市主要博物馆的数字化和网络化建设,完成全市 250 家社区文化活动中心的数字化改造。[1]

(2)公共"知识"服务。截至 2014 年,全球已有 64% 的国家政府门户网站提供完整档案信息链接服务,这些档案信息与弱势群体即穷人、残疾人、老年人、移民和青年都息息相关。[2] 由于数字鸿沟的存在,其中一大部分人无法获得健康、医疗、教育、文化等政府服务。特别是在少数电子政务发达的国家,比如一些欧洲国家推行"传统方式的数字化"战略,许多服务只提供在线方式,这虽然大大节省了政府的行政成本。但也使得无法使用网络的其他群体或个人将难以享受此类服务。因此在公共文化服务数字化的过程中,应当时刻注意因数字鸿沟所带来的社会分化问题,通过同步推进与基础现代化技术应用的知识普及,来化解数字鸿沟,促进公共文化服务的均衡供给。

---

[1] 张麒.论科技创新是推动公共文化服务建设的重要引擎[D].成都:四川省社会科学院,2013.

[2] 王益民.从《联合国 2014 年电子政务调查报告》看全球电子政务发展[J].电子政务,2014(9).

值得注意的是，公共"知识"服务不仅需要通过信息的传递和知识的教授来实现，还需要一定的技术设备作为支持。正如前所述，有的弱势人群并不是学习能力存在问题，而是缺乏接触信息化、现代化技术设备的条件。以玛利亚团结网为例，其是一个总部位于巴西阿雷格利港市的非营利组织，它关注于一些旨在提高社会包容性、加强社会团结的社会项目。南里奥格兰德州的圣玛丽市是全州人口发展指数最低的地区，因此玛利亚团结网在该市新星圣塔马尔塔社区建立了一个数字中心，并于 2005 年，在巴西的一个计算机修复中心启动该项目。这个计算机修复中心专注于把旧电脑重新修理和改造，而后转赠给各个学校和电子中心，由此使数千名用户从中受益。同时，此项目还为社会弱势群体中的 100 名年轻学徒提供关于电脑硬件和免费软件的培训，即为我们提供了一个具有创新性的解决方案，以化解偏远地区人民或者城市弱势人群获得知识服务难的问题。

（3）"少数"文化需求与"大众"文化服务。随着城市化的进程加快，现代城市中的流动少数民族人口也在迅速增长，同样呈现出了"大杂居，小聚居"的分布情况，并且已开始出现了许多少数民族文化"部落"，这都为公共文化服务的均等化带来了新的挑战。少数民族到城市经商务工，为城市提供了多元化的文化生态环境，他们的迁移、流动行为不仅是一种劳动力的流动，还是一种文化上的空间流动。[1]因此所带来的挑战，不仅是如何让少数民族在保持自己的民族特色文化的基础上更好地融入城市文化中，如何实现"供需"上的均等化，因为少数民族流动人口同样有保持和传承原生文化的需求，因而公共文化服务的均等性，还应该是供给和需求对等上的需求，即既要能满足一般城市居民需求，又要能满足外来流动居民的需求。

北京市常营回族乡，曾是明朝初年大将常遇春北攻元大都在乡域内屯兵扎营之地，成村后名为常营，而后发展为回族聚居地，距今已有 500 多

---

[1] 陈晓毅.城市外来少数民族文化适应的社会意义——以深圳"中国民俗文化村"员工为例[J].广东技术师范学院学报，2005（5）.

年历史，是穆斯林群众进行宗教活动的场所，每年都有来自伊朗、伊拉克、沙特阿拉伯等国家的国际友人到清真寺进行参观和礼拜，也已经成为北京对外文化交流传播的窗口。39%的人以"做礼拜"为休闲放松的主要活动，其他的闲暇活动的比例基本为，"聊天"（24%）、"睡觉或休息"（14%）、"外出逛街"（6%）、"看电视"（2%）、"读书看报"（1%）。[1]虽然近年来，文化消费的方式不断更新，但从消费内容上看，少数民族人民的闲暇生活仍然是以自我娱乐的方式为主。因此常营地区文化中心在公共文化服务供给过程中，不仅提供基础性公共文化服务设施，还针对在大城市中的"小聚居"回民群体提供能满足其特殊需求的文化服务，包括为特色文化活动提供公共文化场所；组织回族民族文化活动，如开斋节庆典活动等；在文化中心图书室提供回文图书，保证回族居民可方便阅读到本民族书籍。

二、秋天的收获人：公共财政产出之"质"

公共财政不仅是公共文化服务的播种者，还是其成果的收割者。首先，公共财政肯定不是公共文化服务成果的享有者，因为公共文化服务的生产和供给起点和重点都是为了满足最广大人民的基本文化需求，人民群众才是其成果的享有者。同时，收割者的角色决定了公共财政有责任和义务监测和把关公共文化服务的产出成果，特别是由公共财政直接投入的公共文化服务项目，这不仅是其基本职能的表现，更是其对人民负责的表现。因此，做好财政支出项目的绩效管理工作，是从财政这一环节把握好公共文化服务的产出质量的关键所在。

1. 新要求：公共财政投入的过程监管

一个具有公共财政完整职能的财政绩效管理体系框架，包括财政绩效预算、财政绩效评价与财政设计和监督三大部分。其中绩效预算体现了事

---

[1] 汤夺先，王增武．城市少数民族流动人口权利贫困问题论析［J］．贵州民族研究，2011（5）．

前管理机制的重要性，正如前文所述，公共财政投入公共文化服务之前，应该就预算机制提升效率，实现公共财政的源头治理。而如今我国对于财政支出事中和事后管理的缺失和短板问题已日益凸显，即对于过程监测与绩效评价机制的缺失。

监测与评价体系是一种以结果为导向的有效的公共项目绩效管理工具和绩效反馈机制，其全面关注与投入、活动、产出、成果和影响。监测包括结果监测和过程监测，主要是指收集和分析信息，将项目、计划或者政策的实施情况与预测结果进行比较，以结果为导向的监测与评价体系强调对结果的评价。[1]

一套绩效监督系统可以帮助政府管理者们理解投入如何转化成产出和结果，因为有效的监管不仅体现为机制的完善，更进一步则是对于"质量"的高度重视。以欧洲国家对于科研经费投入与研究项目管理的经验为例，如芬兰科学院立项评估需要经过三道程序，专家评估采取两种方式。基于资助最好的课题和最好的学者这一宗旨，从立项环节开始进行质量把控。比如其申请表所要填写的研究内容部分，主要栏目是填写经费使用，共五项，需要对工资、劳务报酬、津贴等逐年逐项做出预算。而后由芬兰科学院通过严密的学术评议和评审程序来决定项目的资助。项目评审一般经过初审、专家评估和终审三道程序，立项资助决定最终由研究委员会做出。其中，评估专家需要根据芬兰科学院提供的评审表对申请项目进行评价，评审内容包括三个方面的 10 个问题。第一个方面是对研究计划的评估，包括课题设计合理性、研究计划科学质量和独创性、研究计划的可行性、道德问题等 4 个具体问题。第二个方面是对研究环境的评估，研究人员的学术成就和分工、研究人员的国际合作、博士和博士后培养、关于协会等 4 个具体问题。第三个方面是总体评估，主要评价研究方案的优点和缺点，以及提出相关建议。10 个问题之下又由若干小问题组成，专家必

---

[1] 项勇.财政支出绩效管理框架体系研究[J].河南财政税务高等专科学校学报，2010（3）.

须逐一回答这些问题,并对其中的 7 个问题给出相应的等级。鉴定等级共有五等:杰出、优秀、良好、一般、差。每个项目投入实施后,在实施期间,都要进行评估,评估是持续不断的。项目要有年度报告,对项目的实施情况,如何开展研究等,要提交正式的报告。有些科研项目,从选题论证到审批立项经过整整三年,而整个项目研究过程花了同样的时间,由此体现了其对于项目初始立项合理性和科学性,以及项目中期或者监测合格性的高度重视。[1]

2. 新认识:财政支出绩效评估之于公共文化服务

财政支出绩效评价是财政部门和预算部门根据设定的绩效目标,运用科学合理的评价方法、指标体系和评价标准,对财政支出和效果进行客观、公正的评价。财政支出的主体是财政部门和预算单位,客体是纳入预算管理的财政性资金。没有建立绩效预算制度,就很难建立绩效评价机制和体系,同时绩效评价是绩效预算的反映与结果,没有建立绩效评价制度就很难完善绩效预算机制和体系。因此进入 21 世纪以来,伴随着财政体制改革的不断深化,我国财政部先后颁布了多项绩效评估相关的政策文件,同时在细分支出领域开展了绩效评估试点工作,具体政策如下:

时间	政策文件	主要内容
1992 年	《社会文教行政经费使用效果考核办法(试行)》([92]财文53号)	旨在加强社会文教行政经费管理,提高资金使用效益,促进文教事业的发展和行政工作目标的完成
1998 年	《财政部对省(自治区、直辖市、计划单列市)文教行政财务管理和经费使用效益考核办法》(财公字[1998]234号)	进一步加强文教行政财务管理,推动文教行政财务改革,提高资金使用效益
2005	《中央级教科文部门项目绩效评价管理试行办法》(财教〔2005〕149号)	规范和加强中央级教科文部门项目管理工作,提高财政自己的管理效能和使用效益

---

1 黄浩涛,朱渊寿. 芬兰、瑞典的科研经费投入与研究项目管理[N]. 社会科学管理与评论,2006(1).

续表

时间	政策文件	主要内容
2004年	《中央级财政教科文事业转向资金项目委托评估审及付费管理暂行办法》（财教〔2004〕110号）	为贯彻落实十六届三中全会关于"建立预算绩效评价体系"的精神，规范和加强中央部门预算绩效考评工作，提高预算资金的使用效率，体现政府公共服务目标
2005年	《中央部门预算支出绩效考评管理办法（试行）》（财预〔2005〕86号）	旨在稳步推进各部门预算绩效评价工作
2009年	《财政支出绩效评价管理暂行办法》（财预〔2009〕76号）	加强财政支出管理，强化支出责任，提高财政资金的使用效益，体现政府公共服务目标
2010年	《财政部关于进一步推进中央部门预算支出绩效评价试点工作的通知》（财预〔2009〕390号）	依据《通知》进一步明确了财政绩效评价工作中，各方的职能和责任
2011年	《财政支出绩效评价管理暂行办法》（财预〔2011〕285号）、《关于推进预算绩效管理的指导意见》（财预〔2011〕416号）	进一步推进预算绩效管理工作，规范财政支出绩效评价行为，建立科学、合理的绩效评价管理体系
2012年	《预算绩效管理工作规划（2012—2015）》（财预〔2012〕396号）	明确指出预算绩效管理要实现"建立一个机制""完善两个体系""健全三个智库""实施四项工程"的目标
2013年	《预算绩效评价共性指标体系框架》（财预〔2013〕53号）	以此《框架》作为各部门具体展开评价工作时的指导与参考

由此可见，绩效评价工作在我国公共财政工作整体实施过程的作用愈加凸显，并逐步由原有的"事后"验收式的评价方式，专向对于全过程的评价，从预算便开始实施绩效，以实现更加科学、高效的管理。

首先，应该以"全过程"视角来看待财政支出绩效评价。因为财政绩效预算、财政绩效评价与财政审计和监督的本身便是一个完整的过程。如此不仅可实现结果管理，也可实现目标和过程管理，按照"以政控财，以财行政"的财政分配关系要求，财政预算编制部门、预算支出部门、预算执行部门与监督检查部门应建立互通有无的工作协调机制，既有所侧重又密切配合,共同做好财政支出项目绩效管理工作。[1]

其次,应该以"双效益"为出发点重新认识财政投入绩效评价工作的目标。财政投入绩效评价与第五章中所述的公共文化服务绩效评价工作有所不同,主要是其评价主体不同,后者多由文化主管部门作为评价实施方,而前者则以财政部门作为评价实施方,因此对于其评价目的有所不同。就现在的财政投入公共文化服务方式而言,主要通过政府购买的形式得以实现,因此其要求经济效益与社会效益双丰收。所以对于绩效评价的目的需有更新的认识,其目标不再是原有的对于政府部门财政工作提供审计式的验收,而是要以评价公共财政投入公共文化服务的效率性和效益性作为目标,并且在评价的同时,发现问题,为公共文化服务部门的下一步工作改进提供依据和决策意见。

更重要的是,应该以"内联外通"的新内涵来认识财政投入绩效评价工作。公共文化服务较其他的公共产品而言具有更强的正外部效益,并且其正外部效益表现为对大众潜移默化的精神或者文化生活的影响。因此,无论是公共文化服务的绩效评价工作,还是财政文化支出项目的绩效评价工作,都越来越重视大众对于其工作成效的评价,如对于"受众满意度"的重视,并正在尝试让大众参与绩效评价工作,使得大众不仅是公共文化服务成果的享有者,同时也是其检测者。由此可见,绩效评价工作不仅贯穿了行政或者项目实施的全过程,涉及相关的所有主体,还将起到连接外部群体,即社会大众的作用。以美国国家艺术基金会(NEA)的绩效评价经验为例,其对于文化艺术项目实施基于结果的绩效评估(Outcome-Based Evaluation,OBE)。OBE模式包括明确目标、具体评估和总结报告3个核心步骤。该模型从输入方面需考虑项目成本和支出、使用资源等要素;从输出方面需考虑项目最终为哪些特征群体服务和带来的影响所涉及的要素。通过该模型指导管理者从项目服务的目标受众和实际受益群体出发,

---

[1] 李进省.基于预算绩效的财政支出绩效评价架构及要素浅析[J].河南科技,2014(5).

判断项目工作的可行性，由此实现项目价值同决策者的内在管理与外部群体的权利与需求相统一。

公共财政投入公共文化服务的管理变革，是一个系统性工程，从财政投入机制，资金、项目管理模式到绩效管理规范，每一个部分都将影响公共财政投入公共文化服务所产出的最终效果。同时，每一个环节的变革与创新也都需要其他环节的协同共建。把握互联网思维，应用互联网技术，实现公共文化服务的诸多可能性。

第五节　合格的互联网原住民该怎么做

近年来,互联网领域爆炸式的发展与我国法律法规滞后已形成了鲜明的对比,也逐渐暴露出了诸多问题与弊端。网络欺诈行为、假冒伪劣信息、虚假广告、恶意攻击等,都反映出互联网环境中存在的不和谐因素。互联网时代的公共文化服务法治,不仅是政府部门的立法,而且也是广大公民依法参与文化活动的社会性问题。合格的互联网公民与各个互联网的机构组织应该充分行使参与互联网公共文化生活的权利,同时履行应尽的义务,在政府和各领域互联网机构领跑者的引领下,共同营造一个健康、安全、稳定的互联网文化生态。

一、现代公民参与互联网文化生活的权利和义务规制

1. 互联网时代文化生活权利的实现

互联网技术的出现,促进了传统行业转型升级,也形成了人们的互联网思维。1969 年互联网起步时,还只是一个小型公共计算机网络;到 20 世纪 80 年代,互联网开始国际化疾行,并逐渐将网络触角延伸到各个角落;1998 年,互联网覆盖世界各国,实现了全球互联互通。互联网在不断渗透到我们每一个人的日常生活,深入影响我们的行为方式和思想观念的

同时，也在潜移默化地改变我们作为公民行使权利的平台和方式。

互联互通的特性引发互联网领域的知识爆炸和信息公开化，实现资讯信息的全民共享，互联网原住民的知情权得以实现。互联网诞生之初的网页就给我们提供了广泛的信息渠道。到现在互联网迅速发展，实现资源全球网络覆盖，政治、经济、社会各个方面信息通达，与自身利益相关的各方面信息都触手可得。对于公共文化服务领域，政府政策和政府文件信息通过官网随时下载、公开共享；图书馆、博物馆、美术馆的资源开放和展览信息所有人可见；各地区公共文化服务平台建设也逐渐完善，互联网为公众的知情权的实现提供了一个更加便捷和公共的平台。

公共文化服务的提供是保障公民文化权利实现的重要途径。这些文化权利除了知情权的实现，还包括文化参与、享受、创造权和文化传播权、文化选择权、文化成果受保护权。而随着移动互联网技术的发展，移动社交媒体迅速普及，人们不仅仅满足于只知晓信息，还可以在各种博客、微博、微信等自媒体自由发表言论，与政府网站以及文、博、图网站进行互动，交流公共文化服务需求，反馈公共文化设施体验。通过借助互联网的力量，与公共文化服务提供主体进行对话，从而参与改善公共文化服务的行动，努力实现公共文化服务的均等化、社会化发展。此外，移动互联网转变了以往构建群体的传统方式，微信、微博、QQ 等自媒体让文化部落的形成变得更加方便和有效。这种群体拥有共同的兴趣爱好，群体的形成是成员间的共同所求。基于这种情况，公共文化服务群体在文化参与、享受和创造、传播方面的文化权利得到更好的实现，也令公共文化服务的建设、管理变得越来越透明化。

2. 互联网时代公共文化服务的政府规制

2015 年 1 月，CNNIC 发布的《中国互联网络发展状况统计报告》对互联网络安全环境的调查显示，2014 年，全体网民中有 46.3% 的网民遭遇过网络安全问题，我国个人互联网使用的安全状况不容乐观。在安全事件中，电脑或手机中病毒或木马、账号或密码被盗情况最为严重，分别达到 26.7% 和 25.9%，在网上遭遇到消费欺诈比例为 12.6%。公民权利的损害，客观上需要外力介入并进行控制。互联网规制问题也正是由于国际上随着互联网发展以及网络上出现的各种侵权问题而兴起的一个争论不休的话题。

互联网政府规制是指各国政府（或主管部门）在其主权管辖范围内依法对其互联网进行的经济性和社会性规制。我国政府对于互联网的社会性规制主要包括对互联网媒体属性的内容、网络交易（电子商务）规制、网络欺诈、网络色情、网络犯罪、垃圾邮件、知识产权、数据保护权和隐私权、互联网的安全与防护等问题进行的规制。[1] 虽然互联网规制伴随着互联网的出现就已经提出，但是人们对于政府是否应该规制众说纷纭。宣扬互联网自由的斗士约翰·佩里·巴洛主张实施开放的、不受规制的互联网，崇奉赛博空间的自由，美国自由主义学派也认为，政府对互联网进行规制是扼杀和创造革新的表现。而著名传播学家丹尼斯·麦奎尔认为世界上任何地方的网络都不是属于一种法律上的实体，也不在任何一套国家的法律或法规掌控的范围里。然而，那些使用网络的人仍然必须遵守居住地国家法律规约的控制还有国际法的管理。[2] 互联网的政府规制虽然从互联网发展至今都没有得到一致的意见，但从近年来互联网领域内出现的各种网络侵权行为以及公民权利受到侵害的现象可以得出，互联网的规制已经成为绝大多数互联网原住民的一个公共需求。互联网赋予我们文化生活的权利，但遭到侵害也会对社会造成负面影响。因此政府的监管和规制也成为互联网时代公民网络生活中的一把"扫帚"。

我国政府一般通过立法和行政管理手段对互联网领域进行规制。据有关学者统计，我国与互联网相关的法律法规超过 70 部，是世界上利用法律

---

[1] 何跃鹰.互联网规制研究——基于国家网络空间安全战略[D].北京：北京邮电大学，2012.

[2] 丹尼斯·麦奎尔.大众传播理论[M].崔保国，李琨，译.北京：清华大学出版社，2010.

法规规制互联网领域数量最多的国家。但是数量上的优势并不代表质量上的强势。英国思想家哈耶克曾说："法律的目的不是废除和限制自由，而是保护和扩大自由。"政府通过立法规制，让互联网领域有法可依。但我国法律法规适用于互联网领域的可操作性方面还需要进一步优化和改善，而对于互联网时代的公共文化服务领域的政府规制也不应该过度插手，规制过度不利于互联网领域自由发展，牺牲公民个人的权利；规制不够又会助长损害公民利益的行为，影响社会稳定。而将规制权力下放到多元化主体，有利于减轻政府规制，降低规制成本。全民规制和政府适度规制是互联网发展最有效的方式。

互联网作为现代公民参与公共文化生活的一个重要渠道，是提供公共文化服务的重要载体。随着互联网原住民的数量和范围的持续扩张，依法促进和保障互联网行业健康发展变得非常重要。实行互联网领域的政府规制，是对互联网进行监管和治理，推动互联网行业转型升级的表现。互联网从幼期发展到现在遍布各个角落，在全球发挥着至关重要的传播媒介的作用，是为公民提供公共文化服务的一个重要平台，必须有一套良好的互联网规制体系，才能更好地确保其平稳和顺利地运行，确保公民得到健康安全的公共文化服务。

3. 互联网时代的自律精神

强调政府规制的权力下放到多元主体，也就是鼓励多元主体自律机制的形成并完善。我国现有的自律机制，是政府规制外的行业机构以及个人的自律。与政府规制相比，自律机制的管理和规制成本低，有利于政府工作效率的提高，也有助于行业机构与个人责任意识的觉醒，对于全民共同参与互联网领域的规制有重要作用。

英国对互联网非法内容的监管实行一种所谓的"知会和卸载"政策。这种监管和规制不是靠政府部门，而是靠一个产业赞助的机构：网络观察基金会。[1]我国也存在一些与互联网相关的行业机构。如中国互联网协会，它是2001年由国内从事互联网行业的网络运营商、服务提供商、设备制造商、系统集成商以及科研、教育机构等70多家互联网从业者共同发起成立的组织；[2]中国互联网协会网络推进联盟是一个开放、自愿、中立、公益的互联网组织机构，旨在推动互联网行业的诚信经营，营造良好的互联网发展环境。此外还有中国互联网推进协会、中国互联网信息协会、中国互联网金融协会、中国电子商务协会网络知识产权推进中心、中国互联网协会网络诚信推进联盟等。互联网行业机构的自律主要通过建立组织，订立公约或规范性文件，鼓励成员共同营造良好的互联网环境。互联网协会近年来陆续出台了互联网行业的各种自律性公约和法规，如《中国互联网行业自律公约》《中国互联网网络版权自律公约》《搜索引擎服务商抵制违法和不良信息自律规范》等，旨在倡导公约成员遵循公约和法律法规，增强自律意识，自觉营造健康、文明、高效的网络搜索环境，维护国家和全行业的整体利益。

互联网上有大量涉及公共文化服务领域的内容，也有许多不良信息。为了阻止不良信息的继续扩散，光靠政府与行业规制是不够的。除了政府规制和行业机构的规范，我们公民自身也必须加强公众自身强烈的自律意识，形成良好的道德约束感，共同守护互联网安全和个人身心健康，自觉抵制和消除互联网上不适宜传播的信息，控制不良信息的扩散，自觉做一个合格的互联网原住民。

二、法制契约下互联网公共文化服务生态圈的构建

公共文化服务已经进入了互联网时代，数字化技术将对公共文化服务

---

[1] 詹姆斯·柯兰，娜塔莉·芬顿，德斯·弗里德曼.互联网的误读[M].何道宽，译.北京：中国人民大学出版社，2014.
[2] 张化冰.互联网内容规制的比较研究[D].北京：中国社会科学院，2011.

供需模式、传播模式、管理模式造成革命性变革。国家启动的公共文化电子政务系统、全国文化信息资源共享工程和中国数字图书馆工程三大工程，为实现数字化资源共享营造了良好的平台。

信息是人类传承文明、把握未来的载体，公共文化服务信息关乎广大民生的现实需求。各种新技术的出现为公共文化服务提供了强大的技术支撑。除了互联网技术的出现，还有信息技术、数字技术等都通过创新公共文化服务提供方式、丰富公共文化服务内容和形式，加快了公共文化服务提供速度，为实现信息资源共享、推进现代公共文化服务体系的建设做出贡献。

1. 公共文化服务的数字化建设

公共文化内容的数字化建设是互联网时代下公共文化服务生态圈构建的一大重点。数字图书馆的建设、数字博物馆的建设等都有已经形成的数字化资源，像故宫已经推出了数字故宫"微故宫"、国家图书馆也形成了数字图书馆，以及文化部建立的数字资源共享工程等，这些传统实体的内容数字化实际上就是在层级上从上到下将一个个站和点相互联系，从而实现它的公共文化资源共享服务的问题。这是公共文化产品通过数字化、利用数字化的形式向群众提供服务的模式。

国家鼓励图书馆、文化馆（站）、博物馆、美术馆、科技馆、青少年宫、体育馆等公共文化服务机构积极推进公共文化服务内容产品的数字化转化；鼓励利用现有公共文化服务设施网络，逐步提供辐射到城镇—乡村—街道—社区—企业—工厂—学校—园区等不同层级的数字化文化服务，打造全域化、可持续发展的数字化、公共文化服务网络，探索信息共享工程与农村文化建设结合的新途径。各种信息共享的实现让农村与落后地区也能享受到发达地区的公共文化服务。在现代互联网技术发展背景下，需要对各种各样的文化信息资源进行集成与共享，并通过覆盖全国的文化信息资源网络传送到城市、乡镇等各个地区，实现优秀文化信息资源在全国范围内的数字化共建共享。

除了公共文化内容横向的地毯式数字化建设，还需要通过互联网将国家—省—市—区—县—乡等各级垂直化平台的公共文化内容和资源进行整合，搭建群众需要的各种公共文化服务垂直平台，缩短公共文化服务与个人之间的距离。比如集成一个专门的公共文化服务网站，把所有上下层级的资源整合到一起，无论是公共文化服务，还是广电、民政、党员教育系统、公共教育系统等，都可以整合在一起。它们的性质都是一样的，只为了提供国家公共财政支持的公共文化服务。互联网原来从单纯的信息收集和信息存储的平台转变成改变我们整个生活、生产模式、经营模式、管理模式的平台。"互联网+"公共文化服务的结合，通过掌握互联网行业发展规律，带动互联网公共文化服务行业的转型升级，引领各行业和各界人士的不断前进，为构建更好的互联网公共文化服务生态圈而努力。

腾讯研究院发布的《"互联网+"微信政务民生白皮书》对全国31个省、自治区、直辖市（不含港澳台地区，下同）的党政部门、直属事业单位和社会团体等主体开设的政务微信公众账号调查后得出，政务微信公众账号在全国的总量已突破4万个，覆盖了全国31个省、自治区、直辖市，其中广东省占比15.0%，排在全国第一位，浙江省则以14.8%位居第二。这些微信公众账号覆盖了各省、自治区、直辖市的党政部门、直属事业单位和社会团体，涵盖公安、旅游、食品药品监督管理、党委政府办、交通、教育、医疗、人力资源和社会保障、法院和检察院、司法、科技等绝大多数政府职能。服务内容多集中在计划生育、公安、交通、宣传发布、旅游等与民生强需求的领域。电子政务微信公众账号的出现，使得微信从"第三种政务公开途径"的功能升级成为政府与民生、人与公共服务之间的沟通连接的桥梁，县级及以下行政部门用政务微信与上级和民众实现交流沟通，简化了工作手续，提高了办事效率，连接公共文化服务的"最后一公里"。

2014年11月26日，文化部发布《关于推动互联网上网服务行业转型升级的意见》，通过进一步加快上网服务场所行业转型升级步伐，全面改善和提升行业形象，对互联网上网服务行业管理思路、管理政策进行了重大的完善和调整。互联网上网服务行业的转型升级不是简单地取缔中小网吧，打造高端网吧，而是根据市场的需求和发展，改善经营环境，转变经营模式，提升服务质量，促进行业健康、有序发展，由原来的单一经营转变为多元经营。

"宜昌李好网络会所"是上网服务场所转型升级、构建良好互联网行业生态的典型。2015年6月5日，宜昌夷陵区图书馆第一个馆外图书漂流点落户"宜昌李好网络会所"，是全国首个馆外图书漂流点落户的网络会所。"宜昌李好网络会所"成立于2003年，位于东湖大道86号，经营面积740平方米，拥有电脑175余台，现有从业人员21人，日接待上网人员500人次以上。2015年2月投资约200余万元对上网场所进行了升级改造，增加了咖啡饮品等增值服务，设置了读者休闲阅读区，营造了一个更优雅的上网环境的同时，也把该上网场所打造成了夷陵区图书馆数字图书馆体验区。读者可以在这里借书还书，图书馆工作人员将不定期更新推荐读物；读者通过关注夷陵区图书馆微信公众号，可以阅读电子图书、报刊等。"全民阅读进网吧"切合了国家要求的上网服务场所转型升级的需要，也提升了上网场所的文化品位，方便了读者，是一个三赢的举措，将全力把漂流点办好。它的成立进一步方便了读者就近阅读，降低阅读门槛，是为实现全民阅读、数字阅读的良好助力。该区图书馆初步计划还设区新华书店、夷陵博物馆（夷陵楼）两个馆外图书漂流点，所有漂流点图书可通借通还。

2. 良好互联网生态的构建需要引领者

拿破仑曾经说过，狮子统领的绵羊部队，能够战胜绵羊统领的狮子部队。在公共文化服务领域，狮子作为统领，其实指的就是公共文化领域的带头人。它可能是政府、行业机构或者是有志于奉献精神的个人。一个具有前瞻性和为民生做出贡献的引领者，将有助于该领域或者行业的壮大与创新。互联网上信息冗杂，而公共文化服务的信息在于普及社会大众，直达人心。公共文化服务就需要那些熟悉互联网发展的规律，把脉民生需求，对自己领域有独到的见解，同时又愿意投身于公共文化服务领域的引领者。

早在 20 世纪 90 年代，斯托曼倡导编纂基于网络的百科全书，后来吉米·威尔士和拉里·桑格于 2001 年创建了维基百科。维基媒体基金会是维基百科的运营者，用户可以阅读和修改维基百科大部分页面。维基百科的内容与规则是由志愿者共同决定，访客只需要依据方针，便能够改善维基百科、修正百科解释，社区成员们会适时的提出建议或者修复错误。自创建到 2011 年的 10 年之间就发布了 1900 万篇的文章，涉及 200 多种语言，覆盖极其广泛的主题领域，并成为世界上最受欢迎的第七大网站。由于维基用户广泛参与和共建共享的特点，维基百科也被称为创新 2.0 时代的百科全书、人民的百科全书。这本全球各国人民参与编写，自由、开放的在线百科全书也是知识社会条件下用户参与、大众创新、开放创新、协同创新的生动诠释。[1] 良好互联网公共文化服务生态的构建，就需要像维基百科这样的引领者，这样的"狮子"。

互联网的出现为公共文化服务带来了无限的机遇。互联网不完全是类似于传媒方式的一种简单的扩张，更多的还是它在彻底改变着我们社会服务的提供模式，以及社会的管理模式。在这样的背景下，公共文化变得更加丰富多彩，它的传播途径更加广阔，影响人的方面就更加个人化。我们在享受互联网带来公民文化生活权利的同时，应该履行作为一个合格的互联网原住民应尽的义务，遵守法律法规，行业规范，进行道德的自我约束，为构建稳定、安全、健康的互联网生态而努力。政府与各互联网行业机构不但要通过努力推进公共文化服务设施的数字化建设进程；还需要通过创新公共文化服务的共建共享机制，推动公共文化服务整个社会化的进程。

---

[1] 王薇，徐芳. 维基百科的创新传播研究[J]. 中国广播，2013（5）.

第四部分

对话互联网+公共文化服务

全国人大教科文卫委文化室主任、全国人大《公共文化服务保障法》立法工作小组组长朱兵、北京市朝阳区常营回族乡副乡长闫丽娟、成都温江区社区文化工作者周文军、呼家楼街道社会建设综合服务中心李文兵、Intel芯世界公益基金CEO黄冰峰，他们分别从管理者、从业者、社会参与者的角度与作者共同探讨交流了互联网时代公共文化服务的新趋势和新变化。

第一节　朱兵："互联网+"带来公共文化服务的彻底变革

朱兵，全国人大教科文卫委文化室主任，全国人大《公共文化服务保障法》立法工作小组组长。他见证了中国公共文化服务的发展历程，推动了公共文化服务的法制化进程，并对"互联网+"对公共文化服务的影响有独到的见解。作者有幸在研究过程中采访到朱兵主任，他的思考高屋建瓴、深入浅出，对本研究裨益良多。

作者：李克强总理提出"互联网+"之后，文化领域也一直在关注思考文化建设如何适应"互联网+"。您如何看待"互联网+"对公共文化服务的影响？

朱兵：现在全球都进入信息时代，而中国处在工业化和信息化同时推进的阶段，呈现出工业化和信息化"双融"的特点。信息化从20世纪90年代一直持续到现在方兴未艾，中国的信息产业在全球异军突起。中国信息化发展速度高于全球信息化速度的平均水平约2～3倍，保持着极为强劲的发展势头和发展规模。目前，中国在信息产业尤其是互联网应用领域都走在世界前列，这也是外界公认的。

在这样的背景下，国务院总理李克强提出"互联网+"，这个"+"我的理解，它不是一个简单的附加，而是互联网在社会各个领域的整体应用。互联网已经从原来单纯的信息收集和信息交流平台，转变成改变我们生活、生产、经营、管理模式的存在。过去没有互联网，在传统的工业模式和传统的社会形态模式当中，物理空间非常重要。比如我们上大学，为什么要考名牌大学，因为名牌大学的建筑空间里面聚集了一群知名老师。这个固定的物理空间代表了知识的最高层次，使人们主动地物理集中，这是传统的文化教育模式。城市也是一种物理空间的集中，为什么全国人民都跑到北京来看病呢？那是因为协和等医疗水平高的医院都在北京这个物理空间里面。

互联网的出现打破了这个物理空间的集聚。依旧以教育为例，互联网改变了整个教育模式。哈佛大学等世界一流的大学已经把课程放在互联网上，这意味着人们不用到哈佛大学这个特定的物理空间就可以获得高水平的教育。同理，随着物理空间的打破，其他行业的模式也将发生变革，这将是互联网带给我们一个最大的改变。当然这只是刚刚开始，在互联网影响下我们社会的变革也是刚刚开始。

公共文化服务也是如此。过去我们必须要去图书馆或者博物馆享受公共文化服务，但现在一些公共文化产品可以通过互联网的形式来提供，人们就不需要为了获得公共文化服务专门进入相应的物理空间了。但这并不代表传统的公共文化服务模式就丧失了功能和作用。2015年4月份召开的全国人大委员会全体会议上关于公共文化服务发展提出了二个重大问题，一是如何提高公共文化服务效能，二是公共文化服务如何适应互联网环境。6月份全国人大常委会听取国务院关于公共文化服务情况的汇报会上，又把互联网环境下公共文化服务建设作为一个重要议题。因此，现代公共文化服务体系的建设必须正视互联网对公共文化服务的变革力。

作者：那您认为公共文化服务该如何适应互联网的发展？

朱兵：在互联网背景下，公共文化服务的发展模式可分为三大类。

第一类是传统公共文化设施数字化。比如说故宫建设数字故宫，国家图书馆建设数字图书馆，文化部重点实施推广的数字资源共享工程等，这些都是公共文化设施本身提供的公共文化产品通过数字化向群众提供服务。在《公共文化服务保障法》当中，专门对加强公共文化设施数字化建设做出了规定和要求。

第二类是建立专用的公共文化数字网络。互联网最早进入中国基本是以商业形态出现，至今中国的互联网主体仍然是企业，很多互联网企业在海外上市发展迅猛。商业网站创新了商业模式，对社会影响巨大。有些商业性运营网站也尝试提供一定的公共文化服务，但其主体仍是以营利为目的。如何建设全国性的公益性的互联网平台，使其为居民提供优质丰富的公共文化产品，是未来互联网环境下公共文化服务发展的重点方向。近年来，政府投入大量财政资金建立专门提供公共服务的互联网通道，取得了很多成绩。比如刚才提到的文化共享工程，还有党员的教育系统工程，人事培训工程等。未来需要将各个领域的公共平台进行有效整合，比如建立地方性集成网站，把文化共享信息系统、广电系统、民政系统、党员教育系统以及公共教育系统等都整合在一起，通过国家公共财政支持建设。

第三类是社会力量。比如说商业系统通过互联网的形式来提供公共文化服务。这种例子也很多，当然现在对这个说法还不太一致，像电信现在也免费提供IPTV，当然不能简单地说这是一种公共文化服务，但实际上对老百姓来说这是一种公共文化服务，但它现在通过宽带的收入有它的利益。所以公共文化服务的提供形式可以多样，比如说我们多功能门户网站提供一些信息服务，我个人觉得它算是一个准公共文化服务，它还是带有一些其他广告性的收入。互联网时代为个人提供文化产品创造了可能，这在过去是完全不可能的，过去你要出版一本书，那得跟出版社且谈呢，把它变成一个文化产品难度非常大，但现在是完全可以做的，只要你有才能，只要你得到社会的广泛认同，那它就有可能变成一个文化产品或是一个公共文化产品。这是由于互联网不仅是一种传播方式，它还可以创造产品，它是一个创造性的时刻，比如说互联网视频的出现就是一个创造性的时刻。包括摄影的方式，图片的集成，这都是因为互联网软件出现的形式下新型的表达方式，可以说是一种表达方式，也是一种产品的集成方式，这是过去完全没有过的。

所以，这三类模式都能够通过互联网的形式体现出来，这也是构成我们国家现在公共文化服务平台上一个很重要的特点。所以我觉得互联网不完全是类似于传媒方式的一种简单的扩张，更多还是它在彻底改变我们社会服务的提供模式，社会的管理模式。所以在这样的背景下，公共文化变得更加丰富多彩，它的传播途径更加广阔，影响更加个人化。过去虽然说的那么多，但群体有限，传统的设施也有限，去专门的设施中直接欣赏、鉴赏文化产品的人毕竟还是有限。但是公共文化服务随着互联网的传播可以更加个人化，更加个性化，然后让个人有更多的选择。所以反过来对我们整个提供公共文化服务、产品的，无论是设施本身也罢，还是机构也罢，它要求你本身做出越来越多丰富多彩的公共文化产品。这是一个相互影响的过程，我觉得互联网对我们整个公共文化服务本身产生重大的影响，这是毫无疑问的。

作者： 您怎么看待互联网时代的文化安全问题？

朱兵： 如今互联网在中国是跟信息的管理和信息的传播密切相关的。现在全国常委会制订的《网络安全法》就是非常重要的一个法律，《国家安全法》讲得是一个"大安全观"，"大安全观"包括经济安全、军事安全、信息安全，也包括文化安全，综合在一起叫作国家安全。一方面我们要充分看到和利用互联网技术对公共文化服务的影响，我们要适应它，要发展它。另一方面要看到互联网信息发展对文化安全产生一定的影响。所以《国家安全法》里面谈到不良文化的侵入，明确提出如何维护国家安全及核心价值观的问题。文化安全包括几个大的方面，比如说社会核心价值观的问题、如何保障公民文化权利的问题、如何弘扬我们中华民族优秀的传统文化的问题。通过法律的途径可以实现对文化安全的保护，比如说我们通过《文物保护法》来保护我们的文化遗产、非物质文化遗产；再有就是通过法律的制定限制外部文化产品的输入，比如说像《电影法》里面规定的外国电影进口，必须由独家经营，然后给外国电影片有一定的限制。比如讲我们的文物出口、出境，都得有限制。外国来调查我们的非物质文化遗产也得有限制，这个在法律上限制也非常清楚。

还有一个重要的问题，就是网络安全的发展和维护问题。网络安全怎么发展？它大体分为技术安全、内容安全和信息安全。我们国家在2000年就关注了技术安全，解决黑客等问题，现在更加强调内容安全、信息的安全问题。包括像《国家安全法》，过去狭义的国家安全，主要是维护国家的领土完整等方面的安全，国家只要政治安全就好了。但是现在扩张到"大安全观"以后，文化安全上升到一个重要的位置，文化安全怎么抵御那些不良入侵，这就是互联网面临的一个很大的问题。

作者："互联网+"是否也是《公共文化服务保障法》的必然要求呢？

朱兵：过去我们讲文化产品，它是有限的。比如说出版社是有限的，报纸是有限的，最多涉及新闻记者，新闻记者写出来的人物也是有限的。互联网带给我们的影响，第一个是全球化，第二个是个人化，个人参与之后要主张自己的权利，要自己确立规则。如今每个人既是生产者，也是消费者。所以在这样的情况下，规范化、法制化肯定是必然，这也是互联网带给我们整个发展的影响。

所以为什么要制订《公共文化服务保障法》，为什么又在其他方面制订法律，包括《网络安全法》，就是这个原因。反过来也是一样，如果没有高标准的法制化的要求，那就鱼龙混杂，很容易引起社会纷争、矛盾冲突等。所以这也是对我们管理者本身提出一些要求，管理者管理手段必须要适应这种形式，也就是说管理的形式、方法、处理都面临很大的挑战，这个也是互联网形势下带来的一个必然的改变。

另一方面，中国目前所处的特殊时期也为法律的制定提出了更高的要求。前面提到，从工业角度来看现在是"两融"时期，即工业化和信息化的融合。在我看来，我们不光是"两融"，我们现在应该是"三融"，就是指中国处在农业化、工业化、信息化的融合发展的特殊时期。从很大程度上我们没有完成我们的工业化，很多地方还处在农业化的时期，甚至有些地方还有点刀耕火种，农业机械化没完全完成。当然我们现在某些领域的装备制造确实不错，比如说高铁，高铁我们整体水平比别人好，我们整合能力非常强，很有代表性，但是整体来说我们的工业化还没有完成。现在德国工业化4.0，我们可能2.0还没有完成，但同时我们又进入信息化。所以中国目前是1.0、2.0、3.0的融合，在这样的环境下，我们怎么来考虑我们公共文化服务的发展？包括我们整个其他社会的发展，现在都面临这个问题。从这样一个特点来说，我们的优势在于跨越性，不一定非要完成1.0才能进入2.0，可以跨越性地在几十年时间内一下子进出到3.0，甚至更高的4.0版本时代。这是我们有利的地方。但是从不利的地方来说，1.0、2.0、3.0之间确实存在一些矛盾，会产生一些相互制约的障碍。也就是说1.0没有完成的时候搞3.0，不搭界，不对称，所以有时候会发生一些冲突。

公共文化服务的发展也同样面临这样的问题，我们有传统的文化服务模式要发展，又有进入2.0版本的公共文化服务，同时又进入3.0版本的公共文化服务，所以要共同的、融合的发展。怎么样找到这样的一种关系，要理顺确实面临很多的挑战。我们制订法律的时候，你适应了互联网不一定能适应其他，有时候很难达到一致性的规范。但是不管怎么讲，这是我们中国作为一个发展中国家、一个大国，向人类社会、向外界社会发出的一种特点，那我们国家有可能融合起来，融合起来展示出你的特点，这样的特殊性对于法律的制定提出了更高的要求。

第二节　闫丽娟：互联网离基层公共文化服务的距离还很远

访谈人：北京市朝阳区常营回族乡副乡长闫丽娟。

作为分管公共文化服务的基层干部，闫丽娟副乡长真实反映了基层公共文化服务和互联网之间的真实距离。

作者：常营作为乡一级的公共文化服务提供者，在互联网背景下提供公共文化服务和以前相比有何不同？

闫丽娟：常营文化中心是一个乡一级的文化中心，属于北京市朝阳四级文化体系中的第三级。目前主要的服务对象还是老年人和儿童，年轻人参与较少。目前开展的活动包括组织舞蹈、健身操、合唱、京剧、模特、卡拉OK、书画、编织、摄影等各类比赛。

目前我们通过三个途径运用互联网：一是建立门户网站，然后依托乡政府的网站下设文化模块。二是运用社会交流平台，比如QQ、QQ群、微信公众号以及APP等。这些平台的最终目的都是希望能够把文化服务传递到每一个个体终端，与百姓需求契合，实现供需平衡。三是利用互联网，实现资源共享。目前我们将一些资料通过云盘技术传到云端，进行资源共享，居民能够更方便吸取一些资料。此外，我们会在中心里面做网络覆盖。包括图书馆数字化，群众可以自由上网获取对于文化的需求，浏览文化网站，比较方便。

虽然社会上都在提倡互联网，"互联网+"也比较热门，但是从街乡这一级我们反应速度并不迅速，在文化活动与互联网结合方面，目前结合的不是特别紧密，而且工作人员也缺乏互联网相关的专业技能。

作者： 您觉得目前基层公共文化服务有没有遇到什么困难？

闫丽娟： 第一，在人力上严重不足。目前文化中心编制内的只有4个人，所从事的工作特别多，既要完成上一级布置的任务，还要兼顾日常工作。我们需要发挥志愿者，包括借助社会力量，采取政府购买服务来补充人手不足。人的问题对于基层开展公共文化服务是很重要的一个限制，确实是制约了公共文化服务产品的提供。它相当于那个短板，只有把这一短板解决好了，可能整体的服务水平就能够上升一个阶段。

第二，涉及供需之间的统一。目前常营地区17万人，整个人口分布中原住民只有1万人左右。剩下的人口主要有两大部分：一部分是购买商品房者，大概占整个地区的2/5。另一部分是保障房者，11个社区里有5个社区是保障房搬进来的，几乎占地区的一半。流动人口方面，主要集中在购买商品房人群中。目前社区文化覆盖到所有人群。但是我们能够做到这种区域的全覆盖，保证不了个体的全覆盖。像我们这个地区，人员面大，需求、人员素质不一样，所需要提供的服务内容存在差异明显问题。实现这种需求供给的统一，对于基层来说存在一定的困难。如何去满足，或者说如何引导到一个共同的方向上来，发挥文化引导的作用很关键。我们的保障房人员构成来自于原来的城八区，他们对属地的认同感特别低，如何把他们转变过来，融入地区的发展建设当中。怎么增强他们对属地的认同感，我们在提供文化服务时就需要考虑他们需要什么。提供方面，不能一味地供给。现在对文化有一个更高层次的思维方式。以前文化是一个调味品，但是现在，文化不仅是有文艺爱好者的事，文化牵扯到每一个人。它是精神文化生活的一部分，要把它当成一种民生工作来做。现在政府由这种"办文化向管文化逐渐转变"。就是想发挥文化引导作用，吸引社会力量参与进来。因此，文化是一件众人拾柴火焰高的事，并非单方面力量就可以做的事情。

第三，对基层来说，受硬件的局限较大。比如夏天搞活动很丰富，但是冬天因为缺少室内活动场地，尤其在我们区域内缺乏高校，在活动场所上无法实现共建和资源共享。

作者：常营是回族聚居区，对少数民族的公共文化服务供给有什么特殊考虑？

闫丽娟：对少数民族主要还是挖掘民族文化，一是保护清真寺，它是回族标志性的建筑。二是弘扬民族文化，我们会依托他们的节日，开展一些文化活动，有开斋节送书画等。还会根据回民的特色做一些增强他们民族自豪感的活动，把他们回族群众所特有的精神、特点提炼出来编一些作品。比如说我们曾经有过一个《汤瓶舞》，这个是根据回族很爱干净，以汤瓶为元素来展现他们喜欢洁净，对美好生活的向往。还有作品《口旋声声》，也是体现回族勤劳、热爱生活。并且这些作品的舞蹈人员都是社区的大妈。在弘扬民族文化上，一方面要增强他们的民族自豪感，同时也鼓励其他民族多了解回族文化。我们设立了一个民族文化展览室，然后分主题做一些民族文化的内容展览。在展览时间上不设限制，接受群众任何时间的参观，只要提出这个需求，我们就开放。社区也会组织一些居民集体参观，有一些学校孩子他们也会到这儿了解这种民族文化。前一期主题是常营故事，现在在做的一期是饮食，关于清真食品。下一期我们打算做一期关于民族服饰，包括婚丧嫁娶、日常行为的主题，从细的地方入手，然后把一件事做深、做细，通过这么一个载体增进民族之间相互了解，加强民族之间的融合。

第三节　周成军：生活中的互联网

访谈人：周成军，成都青羊区康庄街道文化信使。

周成军，作为成都青羊区文化馆的一名工作人员，也是成都首批"文化信使"，肩负着指导社区规划本辖区群众文化工作、配合社区搞好文化体育阵地建设、利用社区文化资源开展居民喜闻乐见的文化活动、加强社区文化辅导员队伍建设、指导社区文化骨干进行文艺创作、开展文明城市创建工作等任务。作为一名基层文化工作人员，他的感悟发人深思。

作者：现在在"互联网+"大趋势下，社区的文化建设有没有新的变化和新的需求？

周成军：人民生活水平的提高，人人都有智能手机，民众对于新科技的需求越来越大。在活动中心、社区这一块的服务中，图书的借用、传统活动的展开已经大不如从前，现在大家可以直接在自己家里完成这样的学习、社交，公共文化服务机构在"互联网+"的趋势下亟待转型。因此，公共文化服务还需要从上到下建立起一个更完善的体系，原来远程教育的绿色网吧，可以尝试改为居民所喜欢的现代化互联网体验活动场所，通过各种宣传推广、活动策划来促进辖区居民参与进来，帮助提升他们自我修养，拓展民众业余生活，也可以增进社区民众团结、邻里和睦。在这方面我觉得必须改进。

目前社区中建设了可视的文化传播宣传移动电视，能够让民众们及时了解一些国内时政、文化活动信息等。上级文化局和区政府对文化活动中心的投入在逐步增加。今年我们将引进新的科技设备，投入到广场空地，做一些 LED 的户外宣传大屏幕和音响系统，以这样的方式满足各种文化队伍的需求和学习、培训活动的开展。

作者：现在阅读在线化，包括微信、微博这样的社交化媒体使用越来越多，图书馆、文化馆和新的社交网络有哪些可以结合的地方？

周成军：我们不断在促进图书馆与"互联网+"相结合，比如在公共文化服务的二三圈层社区中，或者一圈层的区域图书馆、文化馆中，都开设了成都市图书的分馆，都进行了精心规划设计，去满足群众需求。随着互联网不断推进，应该充分把互联网和文化服务结合起来，让居民可以通过自己的方式，直接进入我们的图书馆，寻找他们所需要的书籍，同时在新媒体手段下阅读、评论、分享这些内容。除了借阅图书，我们文化服务的方式还有很多，有的地方开展了送书活动，这样的送书活动也应该充分结合"互联网+"。现在成都提出智慧城市建设，应该考虑把文化服务纳入进去，真正实现现代化。同时也要提升服务空间、水平，促进文化阵地各方面的建设，必须让老百姓参与进来，让他们觉得非常方便、实惠，才能达到我们想要的目的。

作者：老年人在使用公共文化设施的时候，新的科技手段对于他们可能不太方便，我们有没有一些专门的培训？

周成军：有的社区、活动中心结合互联网开展了一系列的符合中老年朋友的活动和学习培训。我们有一个 e 教学，就是教中老年怎么上网，使用 QQ、微信等这样的一些服务。中老年人也越来越多的依赖于这些新鲜的手段来开展文化活动。社区中的舞蹈队、旅游生活英语等班，都建了微信群、QQ 群，进行活动交流、心得交流，非常方便。这样的一种方式，真正要更多居民参与进来，还需要一个过程。

作者：成都在对农民工、留守儿童等特殊群体的公共文化服务上都有积极的探索，在实际工作中，针对特殊群体的文化需求保障有哪些比较好的建议？

周成军：这部分特殊人群，在地理环境各方面受到很大的限制，对于这些少数群体的关怀和服务，还需要政府多一些投入。另外偏远的地方经济条件比较落后，还有一部分人群属于隐秘性比较强的群体，需要一些志愿者的介入。除了政府的支持，加大这方面的投入以外，根本上还需要多一些服务他们的资源，让更多有需求的群体能够享受到成果。比如我们自己的一些队伍，经过几年的发展已经很成熟，每年都会创作出许多精品节目，想走出去，把自身的文化活动带出去，去有需求的地方进行义演活动。从中央到地方政府已经有很多成熟的做法，应该让更多的更有需求的群体能够享受到这样的文化活动给居民朋友带来的实惠，所以我建议要把我们的服务真正送到家。

作者：面对特别事件、突发事件，比如像天津爆炸案，社交网络上存在许多谣言，有的民众也是利用互联网来表达自己的愤怒，您如何看待我们文化机构在"互联网+"这样的趋势之下，还能保持真相的传播，同时保证核心价值观的传播？

周成军：面对突发事件，网络上每个人的观点存在不同，有的人可以坚持追求真相，有辨别是非的能力，但有部分人群是属于见风就开炮，没有一定的判断能力。文化工作者应该引导互联网社会下的群众以事实说话。互联网和现在的移动互联网给大家提供了一个各抒己见的平台，可以表达各自的想法，我们在引导、管理上可能存在监管不到位，财力、物力、人力不足的情况，这需要我们改进。政府应该在互联网内容监管上增加一些力量，运用新的科技手段来解决问题。谣言的传播，容易造成是非不清，反而给人造成一种错觉，上级部门要更努力让互联网真正成为我们生活中很重要的所需品。坚持正确的东西继续发扬光大，我们在整个互联网的推进过程中，还要避免一些会给当今社会造成不良影响的情况。通过和群众的沟通，包括智能手机 APP 的使用反馈，来给居民真正创造一个健康绿色人性化的空间。

第四节　李文兵：社区中的互联网服务

访谈人：北京市朝阳区呼家楼街道社会建设综合服务中心负责人李文兵。

呼家楼街道社会建设综合服务中心由民办非营利组织作为第三方运营机构负责日常运营，属于街道级服务社区，中心日常工作人员5名。文化类社会组织参与公共文化服务的案例。

作者：呼家楼北社区服务中心的现状和定位是什么样的？

李文军：服务中心目前完全没有行政编制的概念，我们是社会组织，政府来购买服务。现在常驻的工作人员大概四五位，我们还有大概30～40支的志愿服务队伍。我们机构本身是非营利组织——民办非企业在民政局登记注册。服务中心的定位是助推社会治理的智库、激发社会活力的引擎、订制社会服务的工厂、扶持社会组织成长的家园。它有四个功能：第一，培养社区组织。我们面临市场经济发展后，组织化程度非常低，从单位人到了社会人后，人与人之间没有了连接的纽带，所以我们想在新形势下，能将人有效地组织起来，通过各类社会组织、社区组织，提高大家的组织化程度。我们现在非常关注社群经济，就是通过互联网的方式，因某种需求或者要解决的问题将大家组织起来，也是一种社区组织。第二，统筹辖区的公益资源。比如说人民日报海外网的公共账号"学习小组"等。第三，整合社会资源。因为很多社会资源里是缺乏有效的组织，原来是单位组织，而现在就迫切需要走出单位组织，进行跨界整合。我的一个观点是：市场经济改革的一个标志是政企分开，那么社会改革的一个标志，未来一定是政社分开，政府不要把社会所有的事情都做了，是社会的事情就交给社会去做，政府减政放权，做好加减法。整合资源是中心的一个很重要的功能，还有一个功能是培育社工人才，如何提高社工的专业服务水平。现在的一些社区工作者，年龄结构、专业结构都发生了变化，如何实现他们的专业知识转化，把专业知识运用于社会实践成为一个问题。这个问题比较复杂，因为涉及社区体制改革问题，所以很重要的一点就是，我们这个社区服务中心能够和社区工作一起来开展我们的社区服务：一方面促进我们的社区工作者专业转化，另一方面提高社区的服务专业水平和质量。第四，开展和组织公益活动，包括社会公益创投、购买服务等，通过这些方式调动社区内的社会组织参与社区活动的积极性，提高社区的组织化程度。

作者：对于订制社会服务这个工作目前是否有实体的案例呢？

李文军：我们面临非常现实的问题，呼家楼地区尽管是在CBD地区，但是其中有很多社区是老旧小区，人口结构老化是一个普遍问题，老年人居多，很多社区老年人占比达到20%~30%，高于国家平均水平。其中还有一个突出问题就是空巢老人，这是一个社会问题，其中有一个新街社区，我们扶持成立了"小红帆驿站"，把党员志愿者组织起来，和空巢老人结对子，每天或者每周去探访老人，驿站每天有人值班。这既培育了社会组织又订制了服务项目。比如说苏宁易购为一些困难老人提供上门家电维修；祥龙家电，提供小件维修，为我们的空巢老人检查家中的电线是否老化，家中的马桶、下水道坏了，都采取有偿、无偿和低偿的方式服务。毕竟他们是市场化主体，但我们有一个准入要求，就是为特殊困难的老人提供免费服务。这些特殊老人都有社区登记并且经过筛选，有多少户为他们提供免费服务在社区都有底数。

作者：目前社区公共文化服务的主要对象是哪类群体？

李文军：现在社区中，一老一小是其服务的重点，年轻人参与率非常低，因为活动关联度低。有关联度的多是一些自治服务项目。比如呼家楼北社区，社区自治、物业管理时，因为原来没有物业，停车、绿化、保洁、治安防范等问题无人管理，我们就要把居民组织起来，这时就和年轻人有关系了，他们就会来参与规则的制定，所以对于年轻居民的服务我们因人而异。还有"四点半课堂"，年轻父母会来。他们要来"四点半课堂"的前提就是要参加我们的公益服务，比如"小手拉大手"。

我们的社区服务是市场部解决、不挣钱，但居民需要。社会服务是社会提供的不以营利为目的，与市场服务是有差别的。所以要针对年轻人服务就要针对他们的需求，比如公益文化节，做了一个公益墙，星巴克、苏宁易购、国家电网来了。

在基层，文化不完全等于文化活动，文化活动只是文化的一种表现形式，而不是文化的全部。所以在基层办文化，就涉及不同层面，比如说物质文化，更多是指文化设施。我举一个简单的例子来说明物质文化和环境文化对人的影响，一个五星级酒店，就极少有人随地吐痰，人在那里会自然地自我约束，这就是环境对人的影响。我们希望讲文明，不乱扔垃圾，但我们整条街有两公里都没有垃圾箱，那自然会乱扔垃圾了，也就是说外在的基础设施是很重要的。

作者：在文化节当中，星巴克是以一个什么样的形式来参与？

李文军：我们有一个文化墙，上面有公益项目认领。比如我们有多少户老人一年有多少家电需要维修，只要能解决问题就好，家电坏了你能派人去修就可以。还有我们给高龄老人办生日会，企业认领多少次。一定是这个企业有关系的，有实践经验的活动，可以参与的，小到生日会上给老人演个节目，给老人包个饺子。

作者：您如何看待"社会企业"？

李文军："社会企业"目前在学术界比较热，但是从法律角度看，企业就是企业，社会组织就是社会组织，两者不可以混淆，两者的等级主体、法律性质要求都是不同的。只要在工商局注册，都要按照法律交税，即使从事公益活动。我们的民办非企业，每年必须接受第三方审计，去民政局做年审。而公司只需要交税就可以，是否有盈利，是否有分红没有人管。而民办非企业不可以分红，这就是它与一般企业的区别，举个例子，举办小孩子夏令营，如果这个项目有盈余，比如说5000元，是不可以分红，需要再次投入社会服务，而社会企业是可以分红的。应该讲用企业化的思维来运行社会组织，同时它做的是公益，公益本身强调的是社会效益，它的目的就在于如何用最小的投入获得最高的社会效益。在中国目前的法律上来说，要么注册成为民办非企业，不能分红，其产生的部分盈余用于机构的运转，这本身就是社会企业的运作方式。而现在国内的社会组织提供的服务基本都是政府购买服务，资金来源比较单一。

社会企业最早源于英国，开始是由政府购买服务，后来政府没有了资金，社会组织要生存，就只能靠组织想办法，所以他们只能想一起市场化的方式来供养机构，这样就形成了社会企业——以履行社会责任和使命的企业。但是对于每个市场化的企业来说，都在履行企业社会责任，他们解决了就业问题、交了税，就这两条，其实就是他们在履行社会责任。所以也有人提出"社会企业"是一个伪命题，它只是一种运营的形态，而不能够说它是一类新的主题，至少在目前的法律环境来看，是这样定位的。并且英国的社会企业大部分是免费的，他们有一整套的法律制度来保障，认定你的社会企业身份，而且还有一整套的制度来将他们区别出来。现在国内对于民办非企业的认知不普及，很多在税务上都是没有区别的，所有去工商局都是按公司的税率来处理。

互联网已经成为人类文明的一部分。公共文化服务正在改变，并将继续改变。互联网的孕育和激荡将开创公共文化服务的全新时代。

主要参考文献

[1] 毕娟.新时期完善北京科技公共服务体系的思考[J].经济研究参考,2011(25).

[2] 蔡旭.政务微博在创新社会管理中的应用[J].广东省社会主义学院学报,2013(1).

[3] 曹爱军.公共文化服务的兴起及其发展取向[J].重庆社会科学,2010(5).

[4] 陈超.用"互联网+"和"图书馆+"成就全民阅读[N].文汇报,2015-04-24.

[5] 陈原.公共文化服务:如何提高效能[N].人民日报,2013-12-19.

[6] 党西民.以大数据提升群众路线的教育功能[N].南方日报,2014-04-12.

[7] 邓倩,胡登全.留守儿童文化生活需求下的农家书屋建设研究——以重庆市留守儿童为例[J].图书情报工作,2013(20).

[8] 丁未,张国良.网络传播中的"知沟"现象研究[J].现代传播,2001(6).

[9] 丁艺,王益民,余坦.2013年中国政务微博评估报告:发展特点与建议[J].电子政务,2014(5).

[10] 东方. 众包在国外图书馆中的应用及有益启示 [J]. 新世纪图书馆, 2012 (12).

[11] 杜钢建, 赵香如.《湖南省公共文化服务保障条例》大纲研究 [J]. 法治湖南与区域治理研究, 2012 (4).

[12] 方屹. 南京民间舞蹈的传承与发展 [J]. 金田, 2013 (11).

[13] 冯彦乔, 陈建新. 新公共服务理论的超越性与局限性 [J]. 珠江论丛, 2014 (4).

[14] 傅才武. 公共文化服务体系建设的现代性研究 [N]. 光明日报, 2013-12-27.

[15] 傅才武. 公共文化服务体系建设在国家文化战略中的价值定位 [J]. 华中人文论丛, 2010 (1).

[16] 傅尔玲. 关爱留守儿童推动公共文化服务均等化 [J]. 四川图书馆学报, 2015 (1).

[17] 傅荣校.《关于加强和改进新形势下档案工作的意见》的理论思考 [J]. 档案学研究, 2015 (2).

[18] 高福安, 刘亮. 基于高新信息传播技术的数字化公共文化服务体系建设研究 [J]. 管理世界, 2012 (8).

[19] 高功. 民间博物馆的春天 [J]. 收藏界, 2009 (3).

[20] 高书生. 关于文化产业发展若干问题的思考 [J]. 中国编辑, 2011 (1).

[21] 高书生. 让文化资源"活起来"[N]. 光明日报, 2014-05-29.

[22] 葛超, 王文静, 刘小石, 王涛. 以文化之手打造最美城市公共文化空间 [N]. 西安日报, 2013-09-30.

[23] 葛鸿义. 法理学 [M]. 北京: 中国法制出版社, 2007.

[24] 葛剑雄. 用文化空间提升城市的魅力和品质 [N]. 文汇报, 2015-11-09.

[25] 国务院发展研究中心课题组. 中国新型城镇化: 道路、模式和政

策［M］. 北京：中国发展出版社，2014.

［26］韩玮. 多地政府成立"大数据管理局"急需行使两类职能［N］. 时代周报，2015-09-09.

［27］洪伟成. 上海公共文化资源打包入"云"［N］. 中国文化报，2014-04-02.

［28］胡税根，宋先龙. 我国西部地区基本公共文化服务均等化问题研究［J］. 天津行政学院学报，2011（1）.

［29］胡小武. "老年友好型"城市的宜居空间与建构逻辑［J］. 上海城市管理，2014（3）.

［30］黄小勇. 新公共管理理论及其借鉴意义［J］. 中共中央党校学报，2004（3）.

［31］贾爱萍. 推进石河子市文化建设的若干思考［J］. 兵团党校学报，2013（6）.

［32］贾华瑞. "公""私"合力，共促阅读［J］. 出版人，2014（5）.

［33］姜雄. 想看什么点什么 文化到家 So Easy［N］. 杭州日报，2015-06-26.

［34］蒋永福. 文化权利、公共文化服务体系与公共图书馆事业［J］. 国家图书馆学刊，2007（4）.

［35］竟明亮. 当前影响老年大学发展的主要问题及解决策略［J］. 当代继续教育，2016（1）.

［36］李华成，徐前权，叶蓓. 农村留守儿童文化权实现的困境及其对策——基于对湖北省L县B村的调研［J］. 广西社会科学，2014（6）.

［37］李佳. 我国城乡公共文化供给协调发展问题研究［D］. 北京：首都经济贸易大学，2009.

［38］李晟. 43家公共图书馆帮农民工网上抢车票［N］. 重庆晨报，2014-01-21.

［39］李晓东. "数字鸿沟"与公共文化服务体系的构建［J］. 图书馆

学刊，2011（1）.

[40] 李晓松. 透过国外应对措施看全国文化信息资源共享工程在缩小数字鸿沟中的作用[J]. 图书馆建设，2008（2）.

[41] 李彦宏. 大数据已走到技术变革的临界点[J]. 上海经济，2014（5）.

[42] 李越乾. 台湾文化创意产业的发展、经验及启示[J]. 统一论坛，2014（3）.

[43] 刘惠金，黄洪雷. 合肥城乡文化一体化发展现状分析及对策[J]. 重庆科技学院学报（社会科学版），2012（15）.

[44] 刘力菲. 外资准入"负面清单"模式法律分析[D]. 南京：南京财经大学，2015.

[45] 刘士林. 以人文引领智慧城市建设新常态[N]. 文汇报，2015-05-15.

[46] 刘霞. 事业单位法人治理结构问题初探[J]. 中国人才，2007（21）.

[47] 刘先琴. 书香润乡村"微光"获点赞——记河南内黄农家女李翠利和她的微光书苑[N]. 光明日报，2015-02-25.

[48] 刘燕，刘懿. 服务均等化视角下公共图书馆残疾人服务体系的构建[J]. 江西图书馆学刊，2009（4）.

[49] 刘志亭. 智慧青岛目标下的数字公共文化服务平台建设[N]. 青岛日报，2015-05-16.

[50] 卢扬，陈丽君. 北京率先出台"1+3"公共文化政策[N]. 北京商报，2015-06-12.

[51] 吕方. 我国公共文化服务需求导向转变研究[J]. 学海，2012（6）.

[52] 吕慎，柳路. 贵阳孔学堂：产业为传统文化插上翅膀[N]. 光明日报，2014-11-30.

［53］吕学财.高校图书馆学术共享空间建设研究初探［J］.教育教学论坛,2014（38）.

［54］马树华."中心"与"边缘":青岛的文化空间与城市生活（1898~1937）［D］.武汉:华中师范大学,2011.

［55］满新英.山东省公共文化服务体系建设的新探索与未来思路［J］.理论学刊,2011（9）.

［56］孟欣.上海图书馆:开启移动服务新模式［N］.中国文化报,2014-01-28.

［57］彭远春.农民工身份认同及其影响因素［D］.武汉:华中科技大学,2005.

［58］齐勇锋,李平凡.完善公共文化服务体系 提高国家文化软实力［J］.中国特色社会主义研究,2012（1）.

［59］祁述裕.提高国家文化软实力"三题"［J］.人民公仆,2014（2）.

［60］全永波.区域公共危机治理的逻辑基础与机制构建——基于利益衡量的视角［J］.中共浙江省委党校学报,2010（6）.

［61］石东坡.文化立法基本原则的反思、评价与重构［J］.浙江工业大学学报（社会科学版）,2009（2）.

［62］石怀成,黄鹏,杨志维.国外推行电子政府公共服务的重点做法［J］.信息化建设,2007（9）.

［63］苏雁,丁姗.农民工文化生活"孤岛化"现象亟待解决［N］.光明日报,2009-05-09.

［64］谭发祥.西部少数民族地区公共图书馆实现乡村全覆盖模式探索——以四川省攀枝花市大地书香农村家园工程为例［J］.四川图书馆学报,2011（5）.

［65］唐德龙,高翔,王梦娇.服务型政府的研究理路——基于《中国行政管理》杂志2002~2013年的分析［J］.北京科技大学学报（社会科

学版),2014(6).

[66] 汪建根.江西赣州研发多功能流动文化服务站 打通公共文化服务的"最后一米"[N].中国文化报,2011-07-11.

[67] 汪文萍."文化养老"支持政策分析与研究[J].科教文汇(中旬刊),2016(3).

[68] 汪媛,王星明.安徽城乡实现公共文化服务均等化的路径探析[J].安徽工业大学学报(社会科学版),2014(6).

[69] 王雷,刘刚.移动互联网背景下旅游目的地电子口碑营销研究[J].企业改革与管理,2016(3).

[70] 王一淼.浅谈我国文化传播的新趋势[J].青年文学家,2013(19).

[71] 温源.激活文化消费北京应带什么头?[N].光明日报,2013-09-17.

[72] 吴潜涛.深刻理解社会主义核心价值观的内涵和意义[N].人民日报,2013-05-22.

[73] 肖容梅.公共图书馆法人治理结构初探[J].深图通讯,2008(2).

[74] 辛向阳.准确把握文化产业与文化事业的辩证关系[N].中国青年报,2012-01-04.

[75] 邢虹.南京启动文化惠民"百千万行动计划"[N].南京日报,2012-03-31.

[76] 薛丹.云南昆明:基层公共文化服务包走出文化服务新路子[N].人民日报,2015-01-22.

[77] 杨翠萍.西部欠发达地区少数民族中学生阅读现状分析[J].图书馆工作与研究,2014(2).

[78] 杨璐."把导游装进手机里"[N].酒泉日报,2015-12-10.

[79] 杨兴.谷歌艺术计划:互联网能否取代真实的博物馆?[N].

中国艺术报，2013-09-11.

［80］俞可平.治理与善治［M］.北京：社会科学文献出版社，2000.

［81］袁锦贵.科技与公共文化服务高端融合发展的趋势与促进策略［J］.广东广播电视大学学报，2014（1）.

［82］张力平.智能新技术让博物馆更"智慧"［N］.人民邮电报，2016-02-19.

［83］张亮亮.我国公共文化服务绩效评估机制研究［D］.长春：长春工业大学，2012.

［84］张斯絮.Duang! 互联网＋来了！［J］.中国青年，2015（7）.

［85］张玮玲.浅析宁夏文化馆开展公共文化服务工作的现状与创新［J］.经济与社会发展研究，2014（11）.

［86］张翔.国内智慧城市与公共服务研究现状评析——基于共词分析法［J］.信息资源管理学报，2015（2）.

［87］张晓霞.论微媒介在新闻传播中的作用——以微信为例［J］.今传媒，2014（4）.

［88］赵明刚.河南省农村文化发展中存在的主要问题与对策——以河南省南阳市农村文化发展为例［J］.渭南师范学院学报，2014（20）.

［89］赵霞.论新型城镇化进程中的公共文化服务体系创新——以德州市为例［J］.新西部（理论版），2016（3）.

后 记

公共文化服务，所承载的责任和重任是为公民构建一个文化的"理想国"。人人可以感受文化对身心的浸润，人人可以享受、参与、创作文化。而互联网的到来，对传统公共文化服务产生了颠覆性的影响，有的已见端倪，有的正在不远处静候。

互联网时代还在路上，公共文化服务的变革同样也在路上。选取这一时期进行观察、展望，定有许多局限之处，因此本书的许多观点、论证恐怕还需要时间去检验。此书的成稿，参考借鉴了社会各界的许多优秀成果，对前人的辛勤劳动深表感谢。

书稿的成型，离不开中国传媒大学文化发展研究院吴学达、林帆、练紫嫣、房远四位硕士研究生的心血，也得到了全国人大教科文卫委朱兵主任等访谈嘉宾的大力支持，我的领导范周教授、导师祁述裕、同事田卉老师以及本书责任编辑李石华先生都是此书得以付梓出版的功臣，在此一并致以由衷的感谢。最后，特别感谢齐亮先生和齐妙小姐的默默支持和无私奉献。

由于个人专业所限以及知识储备不足，本书虽经反复编辑和修改，仍难免存在疏漏、不周、错误之处，恳请广大读者和专家批评指正。

刘东明
2016 年 7 月